内蒙古社会保障事业发展报告

2022

共同富裕与社会保障高质量发展

安 华 白维军 主编

中国经济出版社
CHINA ECONOMIC PUBLISHING HOUSE
·北京·

图书在版编目（CIP）数据

内蒙古社会保障事业发展报告．2022：共同富裕与社会保障高质量发展／安华，白维军主编．--北京：中国经济出版社，2022.12

ISBN 978－7－5136－6979－5

Ⅰ.①内…　Ⅱ.①安…　②白…　Ⅲ.①社会保障－研究报告－内蒙古－2022　Ⅳ.①D632.1

中国版本图书馆 CIP 数据核字（2022）第 254889 号

责任编辑　王　帅
责任印制　马小宾

出版发行　中国经济出版社
印 刷 者　北京建宏印刷有限公司
经 销 者　各地新华书店
开　　本　710mm×1000mm　1/16
印　　张　20.75
字　　数　304 千字
版　　次　2022 年 12 月第 1 版
印　　次　2022 年 12 月第 1 次
定　　价　88.00 元
广告经营许可证　京西工商广字第 8179 号

中国经济出版社　**网址** www.economyph.com　**社址** 北京市东城区安定门外大街 58 号　**邮编** 100011
本版图书如存在印装质量问题，请与本社销售中心联系调换（联系电话：010－57512564）

前言 Preface

社会保障是指国家和社会通过立法对国民收入进行分配和再分配，对社会成员特别是生活有特殊困难人群的基本生活权利给予保障的社会安全制度，包括社会保险、社会救助、社会福利等内容。新中国成立后，内蒙古自治区养老、医疗、失业、工伤、生育等社会保险制度从无到有，从初步建立到逐步完善，从局部实施到全区覆盖，实现了历史性突破。1986年内蒙古自治区企业职工养老开始由企业负责向社会保险转变。1992年内蒙古自治区开始实行养老保险费用由国家、企业、个人三方共同负担的筹资机制。1994年内蒙古自治区建立了城镇企业职工社会养老保险制度。1998年建立了全区统一的企业职工基本养老保险制度。2011年内蒙古自治区企业职工基本养老保险实现自治区级统筹，标志着内蒙古自治区企业职工基本养老保险实现里程碑式的跨越，养老保险的互助性与风险分散性功能得以充分发挥。内蒙古自治区城镇职工基本医疗保险制度改革始于1999年，经过20多年的实践探索，现已初步建成了以职工、城乡居民基本医疗保险制度为主体，以大额医保、大病保险、企业补充医疗保险、医疗救助等制度为补充的多层次医疗保障体系，覆盖全区的全民基本医疗保障体系基本形成。社会救助是维持困难群众基本生活的基础性制度安排，关系困难群众安危冷暖，是兜底性的民生工程。内蒙古自治区已建立起以最低生活保障、特困人员供养、受灾人员救助、医疗救助、教育救助、住房救助、就业救助、临时救助和社会力量参与为主要内容的“8+1”社会救助体系，救助标准不断提高，救助管理科学化、规范化水平日益提升，实现了由传统社会救济向现代社会救助的历史性跨越。内蒙古自治区社会福利事业取得前所未有的发展，逐步形成以权益保护、津贴补贴、福利服务、社会优待为主要内容的社会福利制度体系，在扶老、助残、救孤、济困等方面发挥了重大作用。

进入新时代，党和国家提出共同富裕和共享发展的社会治理理念，社会保障对于实现共同富裕和共享发展具有重要作用。内蒙古在实现共同富裕与共享发展进程中，需要通过社会保障制度的不断完善和社会保障事业的高质量发展，助力共同富裕的实现。新中国成立70多年以及改革开放40多年的成功经验证明，社会主义道路符合中国国情，中国特色的社会保障体系具有强大的生命力。内蒙古社会保障事业发展迎来了难得的机遇期，应在国家社会保障顶层设计的基础上，采取精细化管理和信息化公共服务手段，推进社会保障的治理现代化和高质量发展。只有建立完善的社会保障制度体系，才能更好地促进共同富裕，只有实现了共同富裕，群众才能享受更高质量的社会保障，促进全社会的民生福祉发展，提升民众的幸福感、安全感、获得感。尽管内蒙古社会保障事业已经取得累累硕果，但与人民群众对美好生活的要求、对民生福祉的期盼仍有差距，需要在提高社会保障制度的普惠性、缩小不同群体社会保障待遇的差异性、增进社会保障的可持续性等方面发力，通过制度协同、政策协同、管理和服务协同，充分运用大数据等信息技术促进社会保障事业高质量发展，实现共享发展和共同富裕。

本报告立足内蒙古地区的实际，以共同富裕理论为指导，以社会保障高质量发展为目标，对目前内蒙古社会保障事业发展状况进行客观评价，提出存在的问题，并探求解决对策。本报告拟作为定期连续出版物写作，是理论和实证研究的结合，具有较高的参考价值。本报告核心内容包含1个总报告9个分报告，涉及养老、医疗、失业、工伤、生育、社会救助、脱贫攻坚与乡村振兴、养老服务、健康卫生等专题。本报告旨在对脱贫攻坚后，乡村振兴和共同富裕发展背景下的社会保障高质量发展问题进行系统梳理和研究，并提出完善建议。本报告数据资料和实践案例丰富，可以为社会保障理论工作者提供研究参考，可以为社会保障实务工作者提供决策参考和工作指导，也可以为高校相关专业学生拓宽学术视野提供课外阅读材料，还可以向社会公众普及社会保障基础知识。

本报告是内蒙古大学社会保障研究团队集体智慧的结晶，是团队成员长期合作所取得研究成果的集中发布。本报告由内蒙古大学公共管理学院劳动与社会保障系安华教授、白维军教授担任主编，对全文进行篇章结构设计和最终统稿。各部分具体分工如下：前言由安华撰写；总报告由白维军、郝金彬撰写；养老保险分报告由安华、李晓宇撰写；医疗保险分报告由宋娟撰写；失业保险分报告由王坤撰写；工伤保险分报告由李杰、付冀珊撰写；生育保险分报告由苏敏、刘斌、张苇乐撰写；社会救助分报告由王晓东、吴雅琪、王智宏、李昕怡撰写；脱贫攻坚与乡村振兴分报告由安华、屈智华撰写；养老服务分报告由王晓东、李昕怡、王智宏、吴雅琪撰写；卫生健康分报告由苏敏、李东旭、张天娇撰写。

尽管我们已经尽最大的努力完成本报告，但难免仍存在错误和不足，请读者见谅并批评指正。同时，本报告在写作中参考了大量的学界研究成果和实务部门工作报告，在此表示衷心的感谢。

最后，感谢编辑的辛勤付出，感谢中国经济出版社的大力支持。

安　华

2022年9月1日于内大桃李湖

目录
Contents

I 总报告

II 分报告

I

总报告

2022年内蒙古社会保障事业发展报告

白维军　郝金彬[①]

社会保障是运用经济手段，解决社会问题，实现政治目标的重要制度安排，习近平总书记明确指出："社会保障是保障和改善民生、维护社会公平、增进人民福祉的基本制度保障，是促进经济社会发展、实现广大人民群众共享改革发展成果的重要制度安排，发挥着民生保障安全网、收入分配调节器、经济运行减震器的作用，是治国安邦的大问题。[②]"这是对我国社会保障制度的精准定位和深刻认识。

"十三五"以来，内蒙古社会保障事业取得显著成效，覆盖城乡的社会保障体系基本建成，基本养老保险、医疗保险、失业保险、工伤保险参保人数不断增加，社会救助、社会福利制度更加完善，社会保障安全网进一步织密兜牢，这些成效的取得为"十四五"期间社会保障事业的继续发展奠定了坚实基础。"十四五"期间，内蒙古社会保障事业进入了高质量发展阶段，将继续加快健全覆盖全民、统筹城乡、公平统一、可持续的多层次社会保障体系。目前，内蒙古依然存在发展不平衡、不充分的问题，社会保险基金收支矛盾凸显，民生保障还存在短板。社会保障制度是推动共同富裕的关键性制度安排，在共同富裕背景下，内蒙古需完善社会保障制度体系、提升社会保险经办服务、强化社会救助、增进社会福利以促进共同富裕。基于此，内蒙古改革社会保障体系，加强制度间的协调与衔

① 白维军，内蒙古大学公共管理学院教授；郝金彬，内蒙古大学公共管理学院博士研究生。

② 习近平．促进我国社会保障事业高质量发展、可持续发展[EB/OL]．(2022－04－15)．求是网，http://www.qstheory.cn/dukan/qs/2022－04/15/c_1128558491.htm.

接、推进社会保障法治化建设，实现社会保障事业的高质量、可持续发展。

一、内蒙古社会保障事业发展的成效

社保一直以来都被称为“民生之依”。“十三五”以来，内蒙古围绕建立更加公平、更可持续的社会保障制度，积极落实“广覆盖、保基本、可持续”的方针，紧紧抓住关系群众切身利益的重大问题，深化改革、强化服务，社会保障能力明显提高。2021年，内蒙古自治区人力资源和社会保障厅印发《内蒙古自治区“十四五”人力资源和社会保障事业发展规划》（以下简称《发展规划》），《发展规划》依据人力资源和社会保障部《人力资源和社会保障事业发展“十四五”规划》和《内蒙古自治区国民经济和社会发展第十四个五年规划和2035年远景目标纲要》编制，主要阐明“十四五”时期内蒙古人力资源和社会保障事业发展的总体思路、主要目标、重点任务和政策措施，是未来5年内蒙古人力资源和社会保障事业发展的指导性文件①。

“十三五”期间，内蒙古继续深化社会保障体系改革工作，社会福利、社会救助稳步发展，社会保险覆盖面逐步扩大，社会保障能力持续增强，受益人群不断增加，在民生改善和社会稳定方面发挥了重要作用。内蒙古推进建设覆盖全民、城乡统筹、权责清晰、保障适度、可持续的多层次社会保障体系。

（一）建设覆盖全民的社会保险制度

“十三五”时期是全面建设小康社会的决胜阶段，5年中，内蒙古认真贯彻党中央、国务院和自治区党委、政府的决策部署，时刻以民生为本、服务大局为发展要义，出台并实施一系列重大措施与改革，为“十四五”期间社会保障事业的持续健康发展，奠定了坚实的基础。

---

① 内蒙古自治区人力资源和社会保障厅．内蒙古自治区人力资源和社会保障厅关于印发《内蒙古自治区“十四五”人力资源和社会保障事业发展规划》的通知［EB/OL］.（2021－12－15）［2022－06－20］. http://rst.nmg.gov.cn/zfxxgk/fdzdgknr/sjfb/ghxx/202112/t20211215_1979114.html.

1. 参保人数持续增长

内蒙古深入实施全民参保计划，社会保险的覆盖范围实现了从城镇到农村牧区、从企业职工到各类人员、从就业群体到全体居民的拓展。“十三五”期间，预计规划参加基本养老保险人数为1350万人，2020年内蒙古基本养老保险参保人数为1570.6万人。预计规划失业保险参保人数为240万人，2020年内蒙古失业保险参保人数为276.5万人。预计工伤保险参保人数为320万人，2020年内蒙古工伤保险参保人数为336.1万人，完成了“十三五”期间的规划目标。内蒙古坚持社会保险“应保尽保”，社会保险覆盖面稳步扩大。2020年，内蒙古城镇职工基本养老保险参保人数为785.9万人，城乡居民养老保险参保人数为784.7万人，分别比2015年增长35.7%和7.0%。基本医疗保险参保人数为2183.9万人，比2015年增长1.21倍。失业保险参保人数为276.5万人，工伤保险参保人数为336万人，生育保险参保人数为334.8万人，分别比2015年增长14.3%、13.2%和10.5%。截至2021年末，内蒙古参加基本医疗保险人数为2192.2万人，比上年增长0.4%。参加城镇职工基本医疗保险人数为564.7万人，比上年增长2.1%，参加城乡居民基本医疗保险人数为1627.5万人。参加城镇职工基本养老保险人数为823.1万人，比上年增长4.7%。其中，参加基本养老保险的离退休人员为320.0万人，比上年增长2.8%。参加失业保险人数为290.9万人，比上年增长5.2%，累计领取失业保险金人数为5.7万人，比上年增长14.4%。养老金社会化发放率100%，基本实现了应参尽参、应保尽保。

2. 社会保障水平不断提高

“十三五”时期，内蒙古进一步加大社会保障力度，最低生活保障标准逐年提高。城市最低生活保障标准由2015年的497元/人·月提高到2020年的732元/人·月，覆盖了31.4万城镇居民低保人群。农村最低生活保障标准由2015年的288元/人·月提高到2020年的526元/人·月，覆盖了133.4万农村居民低保人群。人社部数据显示，2012年至2020年，企业职工月人均养老金由1686元增长到2900元左右，全国月平均失业保险金水平由686元提高到1506元。2021年职工基本养老金实现“十七连涨”，“十四五”期间，按照“十四五”规划要求未来有望继续上涨。企业退休人员养老金实现“十五连涨”，人均养老金水平由1986年的32元/月提高到2019年的2613元/月。城乡居民养老保险基础养老金从55元增长到现在的128元，人均月养老金达到190.5元，较2012年提高了27.4个百分点。工伤保险待遇水平稳步提高，人均待遇支付分别为工伤职工伤残津贴2843元、生活护理费1690元、供养亲属抚恤金1623元。一次性工亡补助金标准大幅提高，由2004年的统筹地区上年度平均工资的52个月调整为全国城镇居民可支配收入的20倍。失业保险金发放标准从1987年的30元/月提高到现在的1548元/月，增长了51.6倍。同时，2014年以来，为援助困难企业稳定就业岗位，内蒙古出台了一系列关于使用失业保险基金援助困难企业稳定就业岗位的政策，由失业保险基金给予稳岗补贴，累计向5362户企业补贴13.87亿元，惠及职工142.64万人。各项优惠政策的实施，促使内蒙古社会保障水平进一步提高。

3. 社会保险公共服务能力持续提升

近年来，各地区不断加大人力、物力等多方面的投入，不断完善社会保险经办服务体系。通过加强作风建设、改善服务环境、优化办事流程、加大信息化建设力度等措施，显著提升了经办服务水平，社会保险经办服务更加便捷高效。目前，内蒙古已建立了自治区、盟市、旗县（市、区）、苏木乡镇（街道）、嘎查村（社区）五级社会保障管理体系和服务网络，为参保单位和群众广泛开展社会保险登记、待遇支付、政策咨询等服务。同时，全面推广社会保障卡应用，建立203个即时补换卡业务服务网点，实现旗县（市、区）全覆盖。截至2021年5月底，内蒙古社会保障卡持卡人数达到2157.05万人，完成国家计划比例99.72%，人民群众享受到了更加方便、快捷、高效的社会保险服务。2020年内蒙古自治区人社厅发布《关于压缩制发周期优化社会保障卡管理服务的通知》，进一步做好“不见面”服务工作，提高线上服务便利性和普及性。目前，内蒙古已实现自治区政务服务平台和人社自助服务一体机电子社保卡“扫码”登录和蒙速办 App 电子社保卡签发功能。为进一步提高社保卡便捷化、精准化服务水平，进一步支撑电子社保卡的签发和应用，内蒙古在已开通的 26 个电子社保卡签发渠道的基础上，进一步拓展签发途径。在各级各类政务门户网站、政务服务平台、公共服务平台、政务 App，银行网站、银行 App 及群众关注度较高的网站、手机 App 等渠道开通电子社保卡签发功能，加快推进电子社保卡签发和应用工作。到“十四五”期末，内蒙古社会保障卡参保人员持卡人数达到 2270 万人，申领电子社保卡人口覆盖率达到 67%。

为贯彻落实党中央、国务院和内蒙古自治区党委、政府关于新冠感染疫情防控的决策部署，纾解企业困难，稳定和扩大就业，2020 年内蒙古自治区人力资源和社会保障厅发布《关于阶段性减免企业社会保险费的实施意见》。该意见明确提出参加社会保险的各类企业、各类社会组织单位和民办非企业单位、以单位形式参保的个体工商户，列入阶段性减免三项社会保险单位缴费部分的实施范围。实施中小微企业、以单位形式参保的个体工商户，2020 年 2— 6 月的单位缴费予以免征，大型企业及其他单位 2020 年 2— 4 月的单位缴费减半征收。减免政策执行期为费款所属期。按项目参加工伤保险的，减免期内新开工的工程建设项目，按国家规定享受阶段性减免工伤保险费政策。其中，受新冠感染疫情影响，生产经营出现严重困难的企业，可以申请缓缴社会保险费，缓缴期间免收滞纳金①。该意见的实施，促使社保局业务信息系统的完善，更好地为内蒙古参保人员提供便捷服务。

（二）医疗保障制度更加完善

医疗保障是减轻群众就医负担、增进民生福祉、维护社会和谐稳定的重大制度安排。习近平总书记指出，“要加快建立覆盖全民、城乡统筹、

① 内蒙古自治区人力资源和社会保障厅．关于阶段性减免企业社会保险费的实施意见[EB/OL]．(2021－12－16)[2022－06－22]．http://rst.nmg.gov.cn/zfxxgk/fdzdgknr/zhengcewenjian/202112/t20211216_1980572.html.

权责清晰、保障适度、可持续的多层次医疗保障体系”①。内蒙古按照国家制度设计，积极探索、稳步推进医疗保障制度改革。目前基本形成以职工、城乡居民基本医疗保险为主体，大病保险等为补充，医疗救助为托底的多层次医疗保障制度框架。

1. 医疗保险参保人数不断增加

内蒙古建立健全医疗保障制度体系，基本医疗保险较之前更加公平普惠，集中统一医疗保障管理体制，基本医疗保险盟市级统筹已全面做实。2020年末内蒙古职工基本医疗保险参保人数为553万人，基金收入为256.96亿元，基金支出为197.01亿元；居民基本医疗保险参保人数为1630.9万人，基金收入为139.85亿元，基金支出为113.05亿元。2021年，内蒙古基本医疗保险参保人数达到2183.9万人，参保率达到95%以上。五年基本医疗保险基金总收入达1450亿元，总支出为1223亿元，统筹基金累计结余346亿元，基金运行平稳可持续。截至2022年第一季度，职工基本医疗保险期末参保人数为553.2万人，基金收入为67.01亿元，基金支出为29.69亿元。居民基本医疗保险期末参保人数为1533.39万人，基金收入为64.51亿元，基金支出为19.58亿元。

2. 加快推进城乡医保制度整合

内蒙古建立统一的城乡居民基本医疗保险制度，实现了覆盖范围、筹资政策、保障待遇、医保目录、定点管理、基金管理“六统一”。同时，妥善处理整合前的特殊保障政策，扩大医保目录范围，使原新农合目录内容扩大到2600多种，报销比例提高了10个百分点，农村牧区参保人群待遇水平明显提高，城乡居民政策范围内住院费用报销比例达到75%左右。

3. 全面实施城乡居民大病保险制度

内蒙古实现城乡居民医疗保险参保人员全覆盖，降低并统一大病保险起付线为1.4万元，政策范围内报销比例由50%提高至60%，切实减轻群

① 国务院办公厅．国务院办公厅关于印发“十四五”全民医疗保障规划的通知[EB/OL]．(2021-09-29)[2022-06-22]．http://www.gov.cn/zhengce/content/2021-09/29/content_5639967.htm.

众大病医疗负担。同时，积极完善重特大疾病保障机制，先后分两批将 53 种谈判药、抗癌药纳入基本医疗保险支付范围，有效减轻了患者家庭重大疾病医疗费用支出造成的经济负担。内蒙古严格执行医疗保障待遇清单制度，进一步规范医保基金支付范围，在公平适度保障人民群众基本医疗保障权益的基础上，实现呼和浩特市、包头市、鄂尔多斯市、乌兰察布市（以下简称“呼包鄂乌”）城乡居民大病保险政策标准统一，推动呼包鄂乌一体化高质量发展。2021 年 12 月内蒙古发布《关于进一步做好呼包鄂乌城乡居民大病保险工作的通知》，其中，对呼包鄂乌的大病保险制定统一的筹资标准，2022 年大病保险筹资标准为每人每年 50 元。同时统一了政策标准，确定了 2022 年大病保险的起付线为年度累计个人负担 1.4 万元，参保人员住院医疗费经基本医疗保险报销后，剩余超出起付线以上的政策范围内费用由大病保险按不低于 60% 的比例支付。此外，全面取消大病保险最高支付限额，对于特困人员、低保对象和返贫致贫人口，起付标准降低 50%，支付比例提高 5 个百分点①。

4. 大力推动异地就医直接结算

内蒙古建成了省级一体化异地就医结算管理平台，全面实现跨省异地就医住院费用直接结算。内蒙古共有 203 家跨省异地就医定点医院，实现旗县级行政区域全覆盖。将外出农牧民工和外来就业创业人员纳入异地就医住院直接结算范围，参保人员可通过多种方式办理异地居住、转诊转院备案手续，持社会保障卡可实现区内外异地就医直接结算。为进一步推进基本医疗保险异地就医直接结算，规范异地就医管理，提高服务水平，2020 年 12 月内蒙古医疗保障局印发《内蒙古自治区基本医疗保险异地就医管理办法》，其中，对异地就医人员范围和分类、异地就医备案、异地

① 内蒙古自治区医保局．关于进一步做好呼包鄂乌城乡居民大病保险工作的通知［EB/OL］．(2021-12-30)［2022-06-24］．https://ylbzj.nmg.gov.cn/zwgk/zfxxgk/fdzdgknr/bmwj/202112/t20211230_1988029.html.

就医费用结算等进行了明确规定[①]。截至2020年，内蒙古跨省异地定点医疗机构共计299家，其中三级医疗机构77家、二级医疗机构174家、一级医疗机构48家，实现自治区三级医院、县级行政区划全覆盖。跨省职工异地就医直接结算13275人次，结算总费用3.41亿元，医保基金支付2.24亿元，职工异地转院直接结算率为67.17%。城乡居民异地就医直接结算6789人次，结算总费用1.79亿元，医保基金支付7843.59万元，城乡居民异地转院直接结算率为58.01%，外省来内蒙古住院直接结算935人次。

（三）深化社会救助制度改革

社会救助是保障公民最低生活需要的制度，是兜底性的民生工程。习近平总书记指出："要深化社会救助制度改革，形成以基本生活救助、专项社会救助、急难社会救助为主体，社会力量参与为补充，覆盖全面、分层分类、综合高效的社会救助格局。要针对特困人员的特点和需求精准施策，按时足额发放各类救助金，强化临时救助，确保兜住底、兜准底、兜好底[②]。"内蒙古从1997年建立并实施城市最低生活保障制度起，不断加强社会救助体系建设。经过多年努力，目前内蒙古已建立起以最低生活保障、特困人员供养、受灾人员救助、医疗救助、教育救助、住房救助、就业救助、临时救助和社会力量参与为主要内容的"8+1"社会救助体系，救助标准不断提高，科学化、规范化水平日益提升，实现了传统社会救济向现代社会救助的历史性跨越。

1. 完善社会救助体制机制

2021年，内蒙古民政厅印发了《关于进一步加强和改进临时救助工作的实施意见》，对于急难型临时救助，进一步简化审核审批程序，积极开

① 内蒙古自治区医保局．关于印发《内蒙古自治区基本医疗保险异地就医管理办法》的通知［EB/OL］.（2021-03-23）［2022-06-24］. https://ylbzj.nmg.gov.cn/zwgk/zfxxgk/fdzdgknr/xzgfwj/xzgfxwj/202103/t20210323_1206822.html.

② 深入学习总书记关于社会救助的重要论述［EB/OL］.（2022-04-19）. 求是网，http://www.qstheory.cn/laigao/ycjx/2022-04/19/c_1128574227.htm.

展“现行救助”，更好地提高救助的时效性①。内蒙古范围内所有苏木乡镇依托政府服务大厅、便民服务大厅，建立了统一受理救助申请的窗口，安排专人专门负责受理工作，及时办理或转办救助申请，确保困难群众“救助有门、受助及时”。同时，内蒙古还依托志愿者、社会工作者建立了救急难主动发现机制，及时发现并帮助遭遇急难的困难群众提出救助申请，避免发生冲击社会道德和人民群众心理底线的极端事件。为推动内蒙古社会救助事业高质量发展，更好地发挥社会救助保障基本民生、促进社会公平、维护社会稳定的作用。2021 年，内蒙古出台《关于改革完善社会救助制度的实施措施》。从完善社会救助体系、夯实基本生活救助、健全专项社会救助、完善急难社会救助、促进社会力量参与、提升社会救助服务能力 6 个方面明确了 23 项具体措施。明确将特困救助供养未成年人年龄由 16 周岁延长到 18 周岁，为推动社会救助工作发展奠定良好的基础②。据内蒙古自治区民政厅披露的 2021 年第四季度政务公开社会救助数据统计表可知，截至 2021 年第四季度，参与城镇低保的有 28.3 万人，保障标准为 772 元/月。参与农村地区低保的有 130.6 万人，保障标准为 6731 元/年。救助城市特困供养人员 1.17 万人，保障标准为 1308 元/月。救助农村特困供养人员 8.42 万人，保障标准为 10533 元/年。临时救助 18.46 万人，救助水平为 1624 元/人。

2. 逐步提高城乡低保标准

2022 年，内蒙古自治区人民政府印发《关于 2022 年全区社会救助标准有关事宜的通知》，确定 2022 年全区城乡居民最低生活保障标准、特困人员基本生活标准和照料护理标准。其中，城乡低保保障标准分别实现连

① 内蒙古自治区民政厅．关于进一步加强临时救助工作的通知［EB/OL］．(2021－11－11)［2022－06－25］．http://mzt.nmg.gov.cn/zfxxgk/fdzdgknr/gfxwj/202111/t20211111_1939609.html.

② 内蒙古自治区人民政府．内蒙古自治区党委办公厅 自治区人民政府办公厅印发《关于改革完善社会救助制度的实施措施》［EB/OL］．(2021－09－02)［2022－06－26］．http://www.als.gov.cn/art/2021/9/2/art_74_386489.html.

续21年和15年提标[1]。2022年内蒙古城市低保平均标准为813元/月，较2021年增长5.3%。农村牧区低保平均标准为7320元/年，较2021年增长8.8%。全区城市特困人员基本生活供养平均标准为1358元/月，较2021年增长3.8%。农村牧区特困人员基本生活供养平均标准为11259元/年，较2021年增长6.9%。内蒙古特困人员部分丧失生活自理能力照料护理平均标准为494元/月，特困人员完全丧失生活自理能力照料护理平均标准为1265元/月，内蒙古社会救助标准城乡区域差距逐步缩小。

3. 完善社会救助工作

内蒙古各盟市积极推进社会救助工作。其中，包头市于2022年1月再次提高社会救助保障标准，截至2022年6月10日，包头市各旗区共为28744名城乡低保对象补发资金640万元，为1640名完全和部分丧失生活自理能力的特困人员补发照料护理费70.6万元。鄂尔多斯市健全救助工作机制，实现精准救助、有效救助，全市77个苏木乡镇和街道办事处均设立了“社会救助服务窗口”，全市992个嘎查村（社区）均设立了社会救助协理员，形成主动发现、快速响应、求助有门、受助及时的“救急难”工作机制。并根据经济发展水平合理调整救助水平，动态调整城乡低保标准和特困人员救助供养标准，各项标准年平均增长率均在6%以上，切实保障了鄂尔多斯市城乡困难群众的基本生活，发挥了兜底保障作用。乌海市建立健全社会救助体系，“创新社会救助方式”“巩固拓展脱贫攻坚兜底保障成果”“优化社会救助程序”“规范基本生活救助标准调整机制”“大力推进智慧救助”等26项举措切实兜住兜牢基本民生保障底线。截至2022年3月底，乌海市共有特困供养人员291人，累计发放特困供养资金179.47万元。低保对象4552户6999人，累计新增低保对象38户56人，累计发放低保资金1342.58万元。对低保对象中的未成年人、老年人、重度残疾人和重病患者，按照不超过低保标准30%的比例提高补助水平。呼

---

① 内蒙古自治区人民政府．内蒙古自治区人民政府印发《关于2022年全区社会救助标准有关事宜的通知》[EB/OL]．(2022-05-25) [2022-06-27]．https://www.nmg.gov.cn/zwgk/zfxxgk/zfxxgkml/zzqzfjbgtwj/202205/t20220525_2060987.html.

伦贝尔市为方便困难群众咨询社会救助政策，畅通困难群众申请社会救助渠道，及时解决群众“急难愁盼”问题，呼伦贝尔市民政局将社会救助咨询、投诉等业务接入 12345 政务服务便民热线。赤峰市民政局于 2022 年开展社会救助保障标准调整工作，调整后，城乡居民最低生活保障方面，赤峰市城镇居民最低生活保障平均标准为 783 元/月，较 2021 年 753 元/月标准提高 4%。农村牧区最低生活保障平均标准为 6072 元/年，较 2021 年 5512 元/年标准提高 10.16%。特困人员救助供养方面，赤峰市城镇特困人员基本生活保障标准为 1018 元/月，较 2021 年 980 元/月标准提高 3.88%。农村牧区特困人员基本生活保障标准为 8700 元/年，较 2021 年 8500 元/年标准提高 2.35%。完全丧失生活自理能力对象照料护理标准为 1244 元/月，较 2021 年 1047 元/月标准提高 18.82%。部分丧失生活自理能力对象照料护理标准为 479 元/年，较 2021 年 403 元/年标准提高 18.86%。

（四）健全社会福利制度

社会福利是保障和改善广大人民群众特别是困难群众基本生活的重要制度安排，是社会保障“安全网”的重要组成部分，也是社会主义制度优越性的具体体现。习近平总书记强调：“民生无小事，要补齐农村社会福利短板，加强对农村老年人、儿童、‘三留守’人员等特殊和困难群体的关心关爱。要加大对因疫因灾遇困群众的临时救助力度，做好残疾人康复、教育、就业等工作，保障流浪乞讨人员人身安全和基本生活，关心关爱精神障碍人员，坚决杜绝欺凌虐待妇女儿童、老年人、残疾人等违法行为。”① 内蒙古不断发展社会福利，形成以权益保护、津贴补贴、福利服务、社会优待为主要内容的社会福利制度体系，在扶老、助残、救孤、济困等方面不断发挥积极作用。

1. 社会福利机构和工作人员逐步增加

2018 年内蒙古提供住宿的养老机构为 691 个，提供住宿养老机构的社会服务工作人员为 7288 人，提供住宿的儿童福利和救助保护机构为 9 个，

① 习近平看望参加政协会议的农业界社会福利和社会保障界委员［EB/OL］.（2022－03－06）. 求是网，http://www.qstheory.cn/yaowen/2022－03/06/c_1128444106.htm.

提供住宿的儿童福利和救助保护机构的社会服务工作人员为354人。2019年内蒙古提供住宿的养老机构为691个，提供住宿养老机构的社会服务工作人员为8123人，提供住宿的儿童福利和救助保护机构为8个，提供住宿的儿童福利和救助保护机构的社会服务工作人员为374人。2020年内蒙古提供住宿的养老机构为677个，提供住宿养老机构的社会服务工作人员为8185人，提供住宿的儿童福利和救助保护机构为14个，提供住宿的儿童福利和救助保护机构的社会服务工作人员为466人。

2. 老人与儿童福利服务机制不断完善

“十三五”时期，内蒙古社会福利事业稳步发展，建立高龄津贴制度，实现80周岁以上老年人高龄津贴全覆盖，100周岁以上老年人津贴由每人每月300元提高至每人每月600元。内蒙古完善儿童生活福利制度，2019年孤弃儿童集中养育补贴标准达到1530元/人·月，分散供养补贴标准达到1288元/人·月，较2013年分别增长24.1%和27.8%。内蒙古完善困难残疾人生活补贴和重度残疾人护理补贴制度，该制度年均惠及近50万困难残疾人和重度残疾人。2019年月均享受困难残疾人生活补贴人员达26.44万人，享受重度残疾人护理补贴人员达25.8万人。2021年7月23日，内蒙古自治区财政厅、民政厅联合下达2021年中央集中彩票公益金支持社会福利事业专项资金4282万元，主要用于老年人福利、残疾人福利、儿童福利、社会公益四个方面。截至2021年底，内蒙古各类社会福利院收养人数为0.6万人，全年筹集社会福利资金为9.7亿元，销售社会福利彩票30.6亿元。

3. 积极推进社会福利事业

内蒙古各盟市积极推进社会福利事业。其中，包头市为了加强对社会福利机构的管理，促进社会福利事业的健康发展，于2018年11月发布《社会福利机构管理暂行办法》，全面规范社会福利机构的管理。2019年，赤峰市全面落实各项社会福利政策。发放残疾人“两项补贴”资金1.2亿元，惠及残疾人11.9万人次。将重度残疾人范围扩展到持有残疾人证的三级智力残疾人和三级精神残疾人。为7.8万名80周岁以上老人发放高龄津贴 8771. 8 万元。为 84. 6 万名 60 周岁以上老年人购买了意外伤害保险。销售福利彩票 3. 59 亿元，筹集福彩公益金 1. 08 亿元。赤峰市慈善总会筹集款物 2372. 7 万元，大力支持扶贫、教育、医疗和儿童等慈善项目。2020 年 1— 4 月，通辽市社会福利补贴资金共计发放 104974. 36 元，涉及人数 1772238 人。其中，农业类补贴 28952. 34 元；牧业类补贴 514. 06 元；林业类补贴 3504. 30 元；教育类补贴 1949. 73 元；社会保障类补贴 57109. 84 元。2021 年，为完善困境儿童保障机制，切实维护困境儿童合法权益，呼和浩特市财政局分批次下达困境儿童补助资金 65. 28 万元，其中，第一批下达补助资金 26. 12 万元，第二批下达补助资金 39. 16 万元，用以保障困境儿童的基本生活。乌兰察布市全面落实困难残疾人生活补贴和重度残疾人护理补贴制度，截至 2021 年第三季度，内蒙古财政共下达乌兰察布市残疾人两项补贴资金 7734 万元，市级财政共下达残疾人两项补贴资金 988 万元。乌兰察布市共为 59174 名困难残疾人发放了生活补贴，为 34419 名重度残疾人发放了护理补贴，实现了“应保尽保，动态管理”。2022 年 1— 4 月，鄂尔多斯市累计发放残疾人两项补贴 2579 万元，其中困难残疾人生活补贴 361 万元，惠及 9165 名困难残疾人，重度残疾人护理补贴 2218 万元，惠及 24670 名重度残疾人。2022 年 1— 4 月，包头市“一卡通”平台发放社会福利补贴资金 38760. 37 万元，累计发放 495712 人次，涉及 8 领域 59 类 72 项。阿拉善盟 2022 年第一季度财政补贴资金“一卡通”即社会福利补贴资金共发放 32893. 81 万元，惠及 90055 人次。从各旗区发放情况来看，阿拉善左旗发放 19432. 27 万元、阿拉善右旗发放 3828. 42 万元、额济纳旗发放 4022. 43 万元、高新区发放 190. 88 万元、孪井滩发放 5419. 81 万元。

二、内蒙古社会保障事业高质量发展的内涵与目标

2022 年 2 月 26 日，中共中央政治局就完善覆盖全民的社会保障体系进行了集体学习。习近平总书记在学习时强调，“健全覆盖全民、统筹城乡、公平统一、可持续的多层次社会保障体系，进一步织密社会保障安全

网，促进我国社会保障事业高质量发展、可持续发展”①。高质量、可持续发展成为新时代社会保障事业发展的新方向、新要求。2021年9月内蒙古自治区人力资源和社会保障厅发布《内蒙古自治区“十四五”人力资源和社会保障事业发展规划》的通知，其中明确提出“十四五”期间，内蒙古在遵循坚持党的领导、坚持人民至上、坚持服务大局、坚持深化改革、坚持系统观念、坚持依法行政的原则上，促进内蒙古社会保障事业实现更高质量、更高效率、更加公平、更可持续、更为安全的发展，努力实现2035年多层次社会保障体系更加公平、可持续，形成社会保障全民共建共享的发展局面②。高质量的社会保障应该是公平、可持续、统一规范、系统协调与法制化运行的社会保障③。这便要求在坚持公平、可持续的原则下，健全可持续的社会保障体系，统一规范社会保障制度，明确社会保障的有机组成要素，在推动社会保险、社会救助、社会福利等制度发展的同时，加强各制度之间的联系与协调。

内蒙古社会保障事业高质量发展的内涵与目标主要包括以下几个方面的内容：

（一）健全公平、可持续的社会保障体系

社会保障体系是现代国家重要的社会经济制度之一，经过70余年的发展与探索，我国社会保障制度建设不断完善，建成了世界上规模最大的社会保障体系。2021年3月发布的《中华人民共和国国民经济和社会发展第十四个五年规划和2035年远景目标纲要》中明确指出，“坚持应保尽保原则，按照兜底线、织密网、建机制的要求，加快健全覆盖全民、统筹城

---

① 习近平在中共中央政治局第二十八次集体学习时强调　完善覆盖全民的社会保障体系　促进社会保障事业高质量发展、可持续发展［EB/OL］.（2021－02－27）. 新华网，http://www.xinhuanet.com/politics/leaders/2021－02/27/c_1127147247.htm.

② 内蒙古自治区人力资源和社会保障厅. 内蒙古自治区人力资源和社会保障厅关于印发《内蒙古自治区“十四五”人力资源和社会保障事业发展规划》的通知［EB/OL］.（2021－12－15）［2022－06－28］. http://rst.nmg.gov.cn/zfxxgk/fdzdgknr/sjfb/ghxx/202112/t20211215_1979114.html.

③ 白维军. 如何理解高质量的社会保障［J］. 中国人力资源社会保障，2022（6）：61－62.

乡、公平统一、可持续的多层次社会保障体系”①。社会保障制度发展的公平性与可持续性，是社会保障体系建设的内在要求。内蒙古高度重视社会保障事业的公平和可持续发展，把加强社会保障作为民生工作的重中之重，目前已经形成以社会保险为主体，社会救助保底层，积极完善社会福利、慈善事业等制度，全力推进建设覆盖全民、城乡统筹、权责清晰、保障适度、可持续的多层次社会保障体系。其中，社会保险主要包括养老保险、失业保险、医疗保险、工伤保险和生育保险。社会救济主要包括自然灾害救济、失业救济、孤寡病残救济和城乡困难户救济等救助方式。社会福利主要包括扶老、助残、救孤、济困等方面。社会优抚主要是对军人及其家属所提供的各种优待、抚恤、养老、就业安置。

近年来，内蒙古聚焦保障和改善民生，坚持公平与可持续的原则，持续在保基本、兜底线上发力，在健全完善可持续的社会保障体系方面取得了一系列新的进展和突破。一是社会保险覆盖面进一步扩大，2020 年内蒙古参加城镇职工基本养老保险的人数为 785. 9 万人、参加失业保险的人数为 276. 5 万人、参加工伤保险的人数为 336 万人，均提前完成国家下达的年度扩面任务。城乡居民养老保险参保人数为 784. 7 万人，较 2019 年末增加 16. 5 万人。二是社会保险制度改革不断深化，企业职工养老保险实现自治区级统筹并出台基金缺口分担机制、考核奖惩办法，工伤保险自治区级统筹得到规范，机关事业单位养老保险制度改革基本到位。积极推进职业年金基金投资运营，累计投资运营 143 亿元。三是稳步提高待遇水平，退休人员养老金月人均增加 147. 3 元，城乡居民基础养老金由 128 元提高至 133 元，扩大了失业保险保障范围，提高了工伤职工伤残津贴、供养亲属抚恤金等标准，各项社保待遇按时足额发放。四是风险防范体系逐步加强。加强社保基金运行监测和风险防控，有效防范基金的“跑冒滴漏”，全力维护社保基金安全。在此基础上，内蒙古将进一步深化养老、工伤、失业保险制度改革，以健全覆盖全民、统筹城乡、公平统一、可持续的多

---

① 新华社．中华人民共和国国民经济和社会发展第十四个五年规划和 2035 年远景目标纲要［EB/OL］.（2021 - 03 - 13）. http://www.gov.cn/xinwen/2021 - 03/13/content_5592681.htm.

层次社会保障体系为社会保障事业高质量发展的新目标。

（二）增强社会保障制度的统一性与规范性

习近平总书记指出："我国已建成世界上规模最大的社会保障体系。要在推动社会保障事业高质量发展上持续用力，增强制度的统一性和规范性，发展多层次、多支柱养老保险体系①。"增强社会保障制度的统一性与规范性是推动社会保障事业高质量发展的重中之重，内蒙古社会保障事业已取得一定的发展成效，在此基础上依旧需要增强社会保障制度的统一性与规范性，在遵循中央统一部署的前提下，在内蒙古形成统一的制度规范与标准。因内蒙古各盟市之间发展不一，若不在自治区进行整体上的制度、细则、方法的统一，容易出现地区发展不同，整体不好考核的现象。这便要求内蒙古在社会保障制度与经办业务上形成统一，建立政策统一、经办统一、管理统一、信息统一、责任统一、待遇标准统一的中国特色社会主义社会保障体系。

1. 制度、政策上形成规范统一

内蒙古逐步提高社会保险的统筹层次，在全区统一相关手续办理。内蒙古完善企业职工基本养老保险的省际统筹，为全国统筹奠定了良好基础。规范了企业职工养老保险基金统收统支规范，有效缓解了各盟市的发放压力。同时，建立完善责任分担和考核奖惩机制，明确各级政府、各部门责任，将扩面参保、基金征缴、缴费率、政策执行、足额发放养老金情况等列入对盟市政府年度实绩目标管理考核评价内容，有效传导了压力，推动工作落实落地。在医疗保险方面，内蒙古首先启动自治区本级跨省异地就医转诊备案工作，为符合转诊条件的参保人员办理跨省就医直接结算系统备案业务。进一步简化备案手续，优化备案流程，扩充备案渠道，统一使用跨省异地就医登记备案表。随后，全面实施统一的城乡居民医保制度，实行盟市级统筹，以盟市为单位统一筹资方式、待遇政策、基金管理、服务监管、经办流程和信息管理。一是门诊统筹，各地均已建立城乡

① 习近平．推动社会保障事业高质量发展［EB/OL］．（2021－03－07）．央视网，http://www.mohrss.gov.cn/SYrlzyhshbzb/dongtaixinwen/buneiyaowen/rsxw/202203/t20220307_437452.html.

居民基本医疗保险门诊统筹制度，门诊统筹包括普通门诊和门诊特慢病等。二是住院保障，各统筹地区政策范围内住院医疗费用平均支付比例保持在 75% 左右，最高支付限额要达到当地城镇居民人均可支配收入的 6 倍以上。同时，将参保城乡居民生育医疗费用纳入城乡居民基本医疗保险支付范围。三是整合城乡居民大病保险，将原来卫生部门管理的新型农村牧区合作医疗大病保险全部整合到人社部门管理。

2. 经办服务规范统一

内蒙古社会保障事业高质量发展，离不开统一、规范的社会保险经办服务，只有为参保群众提供便捷、高效的服务才能促进全区社会保险的发展。内蒙古需持续推进社保经办服务，不断提升社会保险经办水平。从目前内蒙古的社保经办业务来看，企业职工基本养老保险实现了自治区级统筹经办，制定了自治区级统筹经办规程，实现了企业职工养老保险全流程业务全区标准统一、流程统一、材料统一、方式统一的“四统一”，有效保证了各地经办服务的顺畅衔接。并且建成了“线上一网办、线下一窗办”经办服务体系，全面提升了公共服务能力，提高了经办效率。同时不断创新经办管理服务模式，依托城市网格化管理员力量，为不方便出门的参保群众主动上门提供服务，开展社保—银行一体化服务网点建设，将社保经办服务向银行网点和基层延伸，做到社保业务“就近办”“多点可办”。除企业职工基本养老保险实现全区统一经办业务之外，内蒙古预计 2023 年 1 月起统一失业保险自治区级经办管理服务，失业保险业务经办统一由各级就业服务中心负责，实现失业保险业务经办规范化、标准化。同时完善统一的信息管理系统，实现全区数据纵向集中管理、信息共享，实现人力资源和社会保障、财政、税务等部门横向互联互通、业务协同。加强经办人员业务培训，提升经办人员业务能力。由此可见，实现经办业务的统一性、规范性，能够更好地为参保群众提供相关服务，促进内蒙古经办业务的无差别办理，提升经办服务水平。

（三）推进社会保障各制度之间的协调发展

社会保障事业高质量发展，离不开各要素之间的系统协调与顺畅衔接，内蒙古在推动社会保障事业高质量发展的同时，不断完善社会保险、社会救助、社会福利等制度，清晰界定各制度的功能，各制度相互协调促进，实现社会保障事业的高质量发展。

1. 社会保险制度更加完善

社会保险是国家为保障公民在年老、疾病、工伤、失业、生育等情况下依法从国家和社会获得物质帮助，建立的基本养老保险、基本医疗保险、工伤保险、失业保险、生育保险等社保制度的总称。近年来，内蒙古统筹推进社会保险体系建设，稳步提高保障水平，内蒙古深入实施全民参保计划，社会保险的覆盖范围实现了从城镇到农村牧区，从企业职工到各类人员，从就业群体到全体居民的拓展，参保人数大幅增长。“十四五”期间，为推进内蒙古社会保障事业高质量发展，内蒙古将继续完善社会保险制度，构建以基本养老保险为基础、企业（职业）年金为补充，与个人储蓄性养老保险和商业保险相衔接的多层次、多支柱养老保险体系。进一步深入实施全民参保计划，促进城乡居民基本养老保险实现应保尽保。大力发展企业（职业）年金，规范发展养老保险第三支柱，推动个人养老金的发展。规范企业职工养老保险自治区级统收统支，为全国统筹奠定良好基础。推动工伤保险基金自治区级统收统支，规范发展实施失业保险参保扩面计划，加快失业保险基金自治区级统筹。到“十四五”期末，基本养老保险参保率达到90%以上、失业保险参保人数达293万人、工伤保险参保人数达345万人，城乡居民养老保险基金委托投资资金总额超过50亿元，补充养老保险基金规模超过580亿元。

2. 健全多层次医疗保障制度体系

医疗保障是减轻群众就医负担、增进民生福祉、维护社会和谐稳定的重大制度安排。党的十九大以来，习近平总书记强调，“要加快建立覆盖全民、城乡统筹、权责清晰、保障适度、可持续的多层次医疗保障体系”。内蒙古从1996年开始探索统账结合模式的医疗保险运行机制，至今，经过20多年的探索，基本形成以职工、城乡居民基本医疗保险为主体，大病保险等为补充，医疗救助为托底的多层次医疗保障制度框架。“十三五”期间，内蒙古医疗保障事业改革在体制建设、医药改革、医保基金监管、异地就医等方面均取得了重大进展。建立职工大额医疗费用补助、城乡居民大病保险等补充医疗保险制度，重特大疾病医疗救助全面实施，为老百姓看病就医实现兜底保障功能。内蒙古基本医疗保险参保人数达到 2183.9 万人，参保率达到 95% 以上；五年基本医疗保险基金总收入达 1450 亿元，总支出 1223 亿元，统筹基金累计结余 346 亿元。

在此基础上，“十四五”时期，内蒙古将继续实现医疗保障事业的高质量发展，不断深化医疗保障改革，建设公平医保、法治医保、安全医保、智慧医保、协同医保。逐步实现医疗保险参保扩面，全民参保，严格落实全国统一的基本医疗保险药品目录和基本支付范围与标准，继续完善城乡居民大病保险、职工大额医疗保险、公务员医疗补助及企业补充医疗保险制度。同时，在做好基本医疗保险盟市统筹的基础上逐步推进基本医疗保险自治区级统筹，以此实现医疗保障事业的高质量发展。

3. 社会救助制度更加优化

社会救助是指国家和其他社会主体对于遭受自然灾害、失去劳动能力或者其他低收入公民给予物质帮助或精神救助，以维持其基本生活需求，保障其最低生活水平的各种措施。主要是对社会成员提供最低生活保障，其目标是扶危济贫，救助社会脆弱群体，对象是社会的低收入人群和困难人群。2015 年内蒙古开展社会救助专项治理工作，从社会救助法、城乡低保对象认定指标体系、社会救助家庭经济状况核对、五保供养、“三无”人员等特困供养人员等方面出台相关政策和措施。“十三五”期间，内蒙古有 42.42 万建档立卡贫困人口纳入低保或特困供养，2020 年，全区城市、农村牧区最低生活保障平均标准分别达到 732 元/人·月和 6307 元/人·年，“十三五”期间年均分别增长 8.1% 和 12.8%，临时救助有效实施，累计救助各类流浪乞讨人员、生活无着人员 5.73 万人次。

在此基础上，“十四五”期间，内蒙古将继续改革完善社会救助制度，建立健全分层分类的救助制度体系，将特困人员救助供养覆盖的未成年人年龄从 16 周岁延长至 18 周岁。完善基本生活救助标准动态调整机制，逐步缩小城乡区域差距，从社会救助审核确认权限下放出发，优化社会救助服务，做到发现及时，及时救助，不断实现社会救助制度的高质量发展。

4. 社会福利保障水平不断提升

社会福利有广义和狭义之分，广义的社会福利是指面对广大社会成员并改善其物质和文化生活的一切措施，是社会成员生活的良好状态。狭义的社会福利基本上指向困难群体提供的带有福利性的社会支持，包括物质支持和服务支持。内蒙古加快发展社会福利，不断完善城市社会福利、农村牧区社会福利保障制度与老年人优待政策。城市社会福利事业是指社会福利事业单位，即国家、集体或个人为收养社会上丧失劳动能力、无依无靠、无法定义务抚养人的孤老残幼和家庭无力照管的老人、孤残儿童、精神病人而开设的社会福利服务机构。包括社会福利院、儿童福利院、精神病院、老人公寓、SOS 儿童村以及各种类型的康复中心等。农村牧区社会福利是指为农村牧区提供的福利内容，包括农村牧区特困供养服务设施、互助养老幸福院、牧区老年公寓、农村牧区养老服务站等。

“十三五”期间，内蒙古有公办、民办养老机构 751 家，床位数 8. 54 万张，626 家养老机构可提供医疗卫生服务。建成农村互助养老幸福院 1590 处，床位数 14. 06 万张。内蒙古认定、直接登记的慈善组织 155 家，其中具有公开募捐资格的 48 家。持证社会工作者达 7500 余人，志愿服务团体达 1. 52 万个，注册志愿者达 320 余万人。福利彩票累计销售 253. 06 亿元，筹集公益金 75. 43 亿元。内蒙古 31 万困难残疾人得到生活补贴，28. 5 万重度残疾人得到护理补贴，为 17. 5 万残疾人代缴养老保险费，残疾人意外伤害保险实现全覆盖，残疾人基本康复服务人数达 40. 1 万人次，残疾人辅助器具适配服务人数达 20. 3 万人次，残疾儿童少年接受义务教育比例达到 95. 3%，城镇和农村牧区残疾人稳定就业人数分别达 1. 5 万和 12. 8 万。残疾人接受托养服务人数达 1. 3 万，内蒙古建立残疾人体育健身示范社区 290 个，助残志愿者注册人数达 3. 8 万。在此基础上，“十四五”期间，内蒙古将继续发展社会福利，尤其是要提升儿童福利保障水平与完善残疾人福利制度。通过完善孤儿和事实无人抚养儿童保障机制，推动孤儿、事实无人抚养儿童保障实现全覆盖。内蒙古建立健全残疾人“两项补贴”动态调整机制，加强残疾人两项补贴制度与长期护理保险制度、老年人福利、最低生活保障等社会救助制度的有效衔接，真正实现儿童、残疾人等社会福利保障制度向适度普惠转型发展。

5. 加强制度间的协调与衔接

综上所述，在各制度持续发展的基础上，要明确社会保障制度是由社会保险、社会救助、社会福利等制度组成。内蒙古推进社会保障事业的高质量发展，需准确把握社会保障所包含的各项制度的定位与彼此之间的联系。尤其要处理好各项制度之间的关系，以问题和目标为导向，清晰界定制度功能，相互补充、相互配合，做到同类制度无缝对接，不同制度顺畅衔接，制度之间能相互促进、相互推动，提高社会保障统筹谋划和协调推进能力，在整体上形成合力，推动社会保障的高质量发展①。

（四）加强社会保障法治建设

在贯彻落实全面依法治国基本方略的背景下，深入推进依法行政，推动社会保障工作全面纳入法治轨道是内蒙古“十四五”规划的重要内容。目前我国社会保障事业已取得一定的成就，但在社会保障法治建设方面还存在短板，还需加强社会保障的立法工作，加强对社会保险基金的监管，制定监督条例，实现社会保障的法治化运行。

内蒙古积极推进社会保障的法治建设。一是积极推进法治宣传，内蒙古人力资源和社会保障厅通过个案释法、常态普法和专门送法等方式积极开展法治宣传工作，实现“听得进、弄得懂、送得到”。在个案释法方面，建立了行政执法以案释法制度，在门户网站、人社内蒙古微信公众号上设置以案释法专栏，针对社会关注度较高的工伤保险、退休审批、劳动保障监察、劳动仲裁等方面公布释法案例 20 件。在常态普法方面，在门户网站、12333 电话咨询服务中心、服务窗口和信访接待机构等开辟政策法规栏目。创新载体与时俱进，充分运用新媒体，建立了厅网站、微信、微

① 白维军. 如何理解高质量的社会保障[J]. 中国人力资源社会保障,2022(6):61-62.

博、抖音宣传矩阵，通过新媒体宣传、召开新闻发布会、接受记者专访解答、出台政策解读等途径，对制定的政策、文件进行详解，倾听群众呼声，回应社会关切。专门送法方面，深入开展“12·4”国家宪法日、宣传周活动、法律六进活动、志愿服务活动和工伤保险进企业、政策宣传月、就业援助月等专项活动，送法入企业、入社区。二是落实普法责任制。编制了《内蒙古自治区人力资源社会保障系统法治宣传教育第八个五年规划（2021—2025 年）》，其中提出要突出学习宣传人力资源社会保障法律法规规章，结合深化社会保险制度建设、实施全民参保计划，深入宣传《中华人民共和国社会保险法》《工伤保险条例》《失业保险条例》等法律法规及《内蒙古自治区失业保险实施办法》等相关规章和配套政策，及时宣传社会保障制度改革及社会保险待遇、社会保险经办管理和服务等方面的新政策、新机制[①]。三是建立相关机制，确保社保政策的公平实施。内蒙古自治区民政厅、内蒙古自治区人力资源和社会保障厅联合印发了《内蒙古自治区民政厅、内蒙古自治区人力资源和社会保障厅关于做好社会救助对象、领取养老保险待遇人员信息核对工作的通知》，建立机制防止因补发退休养老金造成低保资金和退休养老金重复领取的问题，确保低保政策公平公正实施。此外，内蒙古民政厅发布关于进一步做好慈善组织登记认定和监督管理工作的通知，解决慈善法等法律法规、政策制度落实不到位，慈善组织的质量、数量、结构等与立法预期相比还存在一定差距，慈善领域监管力量不足、监督力度不够，为爱心人士参与慈善活动提供便利化方面渠道纽带单一，慈善作用发挥不明显等问题。以上举措都为推进社会保障的法治化建设奠定了良好基础。

三、内蒙古社会保障事业发展面临的问题与挑战

“十三五”时期，内蒙古社会保障事业发展取得了较好的成绩，为“十四五”时期的相关规划与预期目标奠定了坚实的基础。进入“十四五”

---

① 内蒙古自治区人力资源和社会保障厅．关于印发《内蒙古自治区人力资源社会保障系统法治宣传教育第八个五年规划（2021—2025 年）》的通知［EB/OL］．（2022 - 01 - 13）．http://rst.nmg.gov.cn/zfxxgk/fdzdgknr/yifazhixing/202201/t20220113_1994416.html.

时期，内蒙古社会保障事业发展的内外部环境发生了深刻变化，在进入高质量的发展阶段，需结合内蒙古的实际发展情况，明确社会保障事业高质量发展面临的问题与挑战，在未来的发展中，应对挑战，抓住机遇，不断促进内蒙古社会保障事业的高质量发展。

（一）多层次、多支柱养老保险体系发展不平衡

我国“十四五”规划纲要明确提出，“发展多层次、多支柱养老保险体系，提高企业年金覆盖率，规范发展第三支柱养老保险”①。目前，我国已初步构建起以基本养老保险为基础、以企业（职业）年金为补充、与个人储蓄性养老保险和商业养老保险相衔接的“三支柱”养老保险体系。其中，第一支柱即基本养老保险制度，由国家、单位和个人共同负担；第二支柱为企业（职业）年金制度，由单位和个人共同负担，实行完全积累，市场化运营；第三支柱即个人储蓄性养老保险和商业养老保险。根据内蒙古自治区人民政府办公厅《关于印发自治区“十四五”老龄事业发展规划的通知》可知，“十三五”时期内蒙古60周岁以上的老年人口已达475.7万人，占内蒙古总人口的19.78%，老龄化程度已高于全国平均水平②。随着人口老龄化的不断加深，内蒙古不断完善多层次、多支柱的养老保险体系。根据《内蒙古自治区2021年国民经济和社会发展统计公报》，参加城镇职工基本医疗保险人数为564.7万人，比上年增长2.1%；参加城乡居民基本医疗保险人数为1627.5万人。参加城镇职工基本养老保险人数为823.1万人，比上年增长4.7%，其中，参加基本养老保险的离退休人员为320.0万人，比上年增长2.8%③。本着“应保尽保”的原则，内蒙古第一支柱与第二支柱养老保险的参保人数不断增加，参保面不断扩大，但第三

---

① 中华人民共和国中央人民政府．中华人民共和国国民经济和社会发展第十四个五年规划和2035年远景目标纲要[EB/OL]．(2021-03-13)[2022-06-27]. http://www.gov.cn/xinwen/2021-03/13/content_5592681.htm.

② 内政办．关于印发自治区“十四五”老龄事业发展规划的通知[EB/OL]．(2022-01-21)[2022-06-27]. https://www.nmg.gov.cn/zwgk/zfgb/2022n/202201/202201/t20220121_1998450.html.

③ 内蒙古自治区统计局．内蒙古自治区2021年国民经济和社会发展统计公报[EB/OL]．(2022-02-28)[2022-06-27]. http://tj.nmg.gov.cn/tjyw/tjgb/202202/t20220228_2010485.html.

支柱养老保险还处于探索阶段，未纳入试点范围，在内蒙古整体多层次、多支柱养老保险体系中仍然处于短板位置。

（二）社会保险基金收支矛盾凸显

近年来，内蒙古发展不平衡、不充分的问题还比较突出，各盟市之间因经济、社会等发展条件不同，在养老保险基金收支方面也存在一定差距。此外，内蒙古受人口老龄化加剧、抚养比逐年下降等因素的影响，社会保险基金收支矛盾突出，待遇按时足额发放压力巨大。叠加突发新冠感染疫情，各项社保支出均有所增加，且社保支出大多依赖财政收入，从而对财政支出造成巨大压力。

根据内蒙古自治区人力资源和社会保障厅关于2021年事业发展计划执行情况的通报中的数据披露可知，2021年，内蒙古企业职工基本养老保险基金收入875.51亿元。其中征缴收入523.84亿元，完成预算122.02%，与2019年、2020年同期及两年平均值相比分别增加74.84亿元、193.84亿元、134.34亿元，增幅分别为16.7%、58.7%、34.5%。基金支出942.01亿元，当期收支结余－66.5亿元，累计结余236.37亿元。内蒙古工伤保险基金收入11.65亿元，其中征缴收入10.95亿元，完成预算80.51%，与2019年、2020年同期及两年平均值相比分别增加－0.05亿元、4.05亿元、2亿元，增幅分别为－0.5%、58.7%、22.3%。基金支出15.14亿元，当期收支结余－3.48亿元，基金累计结余37.65亿元。内蒙古失业保险基金收入22.9亿元，其中征缴收入21.53亿元，完成预算143.53%，与2019年、2020年同期及两年平均值相比分别增加3.99亿元、6.69亿元、5.34亿元，增幅分别为22.7%、45.1%、33%。基金支出20.14亿元，当期收支结余2.76亿元，基金累计结余117.2亿元。从内蒙古社会保险的基金收支结余情况来看，企业职工基本养老保险、工伤保险基金收入小于基金支出，基金累计结余较上年末分别下降66.26亿元、3.74亿元。其中企业职工基本养老保险基金累计结余近3年逐年下降，2021年末下降至236.37亿元，保险基金发放压力不断增大。工伤保险基金征缴收入未完成年度预算①。

（三）社会保险经办服务能力有待提高

随着内蒙古社会保险统筹层次的不断提高，对社会保险经办服务的要求也不断增加，内蒙古社会保险经办服务能力仍然有待提高。目前内蒙古社会保险经办服务还存在以下几点不足：一是未形成统一的社会保险公共服务平台，内蒙古社会保险公共服务管理分散，且各盟市社会保险水平发展不一，涉及的社会保险信息繁杂，所包含的社会保险服务标准也不一，使得社会保险经办业务协同与信息共享存在困难。二是内蒙古社会保险经办服务质量还需提升，群众线下跑腿的次数较多，业务运行涉及的窗口较多，社会保险经办业务手续繁杂。三是各盟市之间社会保险业务经办还存在一定差距，部分经济、社会水平发展较好的盟市，社会保险经办业务的完整度也较高，为参保人员提供的相关服务也较全面。但仍有部分盟市的社会保险经办服务存在不足，以至于内蒙古社会保险经办服务出现了不平衡的差别服务。

（四）农村社会福利存在短板

随着老龄化社会的发展，乡村老人逐渐增多。第七次全国人口普查数据显示，2020 年内蒙古常住人口为 2404.92 万人，其中乡村人口为 782.17 万人，占比为 32.52%。乡村人口中 60 周岁及以上人口为 209.16 万人，占比为 26.74%，占全区 60 周岁以上人口的 44%，乡村人口的老龄化程度远远高于全区人口的老龄化（全区 60 周岁以上人口的比重为 19.78%）②。在此背景下，内蒙古积极发展社会福利事业，农村困难群体的社会福利政策不断丰富，社会福利医院、儿童福利机构、救助管理站、社会福利院的数量都在逐年增加，但农村社会福利依然存在短板。一是对农村留守儿童和困境儿童的社会服务功能还需不断拓展，尤其是儿童福利机构以养、

---

① 内蒙古自治区人力资源和社会保障厅．内蒙古自治区人力资源和社会保障厅关于 2021 年事业发展计划执行情况的通报［EB/OL］．（2022－04－25）．http://rst.nmg.gov.cn/zfxxgk/fdzdgknr/sjfb/tjxx/202204/t20220425_2045350.html.

② 内蒙古自治区统计局．内蒙古乡村人口年龄空间分布对实施乡村振兴的影响［EB/OL］．（2022－03－18）．http://tj.nmg.gov.cn/tjdt/fbyjd_11654/202203/t20220318_2019621.html.

治、教、康于一体的社会服务功能还需进一步加强，内蒙古需力争将儿童福利机构纳入定点康复机构。二是对农村留守妇女的关爱工作还需加强，需要精准掌握农村留守妇女的数量、经济来源与身心健康状况等基本信息，对内蒙古牧区留守妇女的宣传引导还不够。三是对于农村60周岁以上失能失智、留守、空巢老人的主动发现与探访工作还不到位。

四、内蒙古社会保障事业发展的对策建议

在明确内蒙古社会保障事业高质量发展需要面临的问题与挑战之后，结合内蒙古社会、经济的实际发展现状，从坚持公平、可持续的发展原则，强化顶层设计促进制度的统一性，加强统筹规划与协同推进，推进社会保障法治化几个方面提出相关对策、建议，以期推动内蒙古社会保障事业的高质量发展。

（一）坚持公平、可持续的发展原则

社会保障是保障和改善民生、维护社会公平、增进人民福祉的基本制度保障，推进内蒙古社会保障事业的高质量发展，首先要坚持公平、可持续的原则。社会保障是民生保障安全网、收入分配调节器、经济运行减震器。创造起点公平、维护过程公平、缩小结果不公平是社会保障与生俱来的使命，塑造社会公平是社会保障孜孜以求的目标①。内蒙古社会保障事业的高质量发展还需坚持公平、可持续的发展原则。一是要持续扩大社会保险的覆盖面，实现应保尽保，人人参保，将游离于社会保障体系之外的部分灵活就业人员也纳入体系中。二是要持续发展社会救助，兜底保障民生。保障内蒙古困难群众的基本生活，完善社会救助制度，打造多层次的救助体系，织牢基本民生兜底保障安全网，促进社会公平。三是要推进社会福利社会化，拓宽社会福利的服务对象，对内蒙古的老人、残疾人等困难群体提供社会福利。积极倡导内蒙古的社会团体、个人等参与到社会福利中来，实现社会福利主体的多元化与社会福利的可持续化。实现社会保障公平、可持续的发展是一个长期的过程，还需扩大社会保障覆盖面，缩

① 白维军．如何理解高质量的社会保障[J]．中国人力资源社会保障，2022(6)：61－62.

小收入差距，确保公众在养老、医疗、福利、救助等方面享有公平的权利，从而推动内蒙古社会保障事业的高质量发展。

（二）强化顶层设计，促进制度一致性

习近平总书记强调，推动社会保障的高质量发展要坚持制度的统一性和规范性，随着我国社会保障体系的不断发展，社会保障体系建设要坚持国家顶层设计，做到全国“一盘棋”。要增强制度的刚性约束，加强对制度运行的管理监督①。在“十四五”期间，内蒙古将持续推动社会保障事业的高质量发展，以“十三五”所取得的成效为基础，紧跟中央政策指引，强化社会保障的顶层设计，不断提高社会保险统筹层次、加强社会保险基金的投资运营、提升社会保险经办业务能力。

在社会保险方面，内蒙古“三支柱”体系存在发展不平衡的问题，第三支柱养老金在内蒙古的发展还处于短板位置。为推进多层次、多支柱养老保险体系建设，促进养老保险制度可持续发展，满足人民群众日益增长的多样化养老保险需要，国务院办公厅2022 年4 月发布《关于推动个人养老金发展的意见》，明确指出：“推动发展适合中国国情、政府政策的支持、个人自愿参加、市场化运营的个人养老金，与基本养老保险、企业（职业）年金相衔接，实现养老保险补充功能，协调发展其他个人商业养老金融业务，健全多层次、多支柱养老保险体系②。”该意见为推动发展个人养老金指明了方向。对于内蒙古而言，应继续坚持以健全覆盖全民、城乡统筹、公平统一、可持续的多层次社会保障体系为目标，平衡发展“三支柱”体系。首先，要加强对第三支柱养老金的宣传与相关政策支持，使居民真正了解第三支柱养老保险的具体内容与运行方式。政府给予第三支柱养老保险一定的政策倾斜，凸显第三支柱养老保险的发展优势，为提高居民参与第三支柱养老金的意愿奠定良好基础。其次，综合内蒙古居民收入、税收政策与缴费机制等内容，建立居民参与商业养老保险体系，针对

① 习近平．促进我国社会保障事业高质量发展、可持续发展[EB/OL]．(2022－04－15)．求是网，http://www.qstheory.cn/dukan/qs/2022－04/15/c_1128558491.htm.

② 国务院办公厅．国务院办公厅关于推动个人养老金发展的意见[EB/OL]．(2022－04－21)[2022－06－28]．http://www.gov.cn/zhengce/content/2022－04/21/content_5686402.htm.

第三支柱养老金的参与群体，推出合适的、稳健的、有相关优惠政策的个人商业养老保险产品。再次，促进内蒙古金融机构的发展。规范全区市场秩序，加大商业养老保险金融机构的参与力度，丰富第三支柱养老保险的金融产品类型，如适合内蒙古经济发展的理财产品、基金产品、信托产品等。最后，积极进行观念引导，强化个人养老金的参与意识与信念。随着人口老龄化的加深，仅仅依靠基本养老保险难以解决目前的养老问题。需积极引导居民转变观念，及时宣传商业保险的原理与优点，培养居民长期投资积累养老金的理念，合理做出个人养老金规划，明确第三支柱养老保险能够将个人养老融入家庭理财的资产配置中，通过金融服务来实现家庭与个人养老财富的保值增值。

在强化基金管理方面，一是要对社会保险经办机构进行监管，包括社会保险基金预算执行及决算情况、社会保险待遇审核和基金支付情况、社会保险基金收支等内容。二是积极发挥社会保险基金监管系统的作用，进行社会保险基金监管系统培训，使内蒙古社会保险基金监督人员真正掌握监督预警、监控查询等模块的功能，从而有效提高监管系统的应用能力，提升内蒙古社会保险基金监督人员的工作水平。三是加强社会各界对社会保险基金的管理和使用情况的监督，尤其是对内蒙古各级社会保险基金的收支、管理、使用中的违法违规行为进行监督和举报。四是要做好社会保险缴费基数核定的工作。核定方式、缴费比例和基数以及缴费基数需要提供的材料都需明确具体内容，形成事前、事中、事后的全面稽核。此外，可充分利用大数据科技手段，开展“数据稽核”工作，对发放数据不定期进行比对筛查，及时发现重复领取、冒领人员及违规提前退休问题，逐步建立与公安等部门的数据信息共享机制。内蒙古按月领取养老、工伤待遇人员全部开展手机 App 远程自助领取待遇资格认证工作，方便领取待遇人员足不出户进行领取社会保险待遇的资格认证。

在提升社保经办业务方面，一是要建立起与社会保险统筹层次相适应的经办管理体系，完善配套的社会保险经办服务，从而为社会保险统筹工作奠定基础。加强社会保险经办机构的队伍建设，引进专业人员从事社会保险经办服务，并定期给予相关工作的培训，提高从业人员的水平。二是要完善统一的社会保险公共服务平台，社会保险公共服务平台是提供社会保险公共服务的载体，内蒙古社会保险事业服务中心应该积极参与到统一的社会保险公共服务平台建设中来，为完善内蒙古社会保险经办信息系统管理奠定基础。在完善统一的社会保险公共服务平台的同时，需要建立统一的服务标准与体系，逐步完善各盟市的社会保险公共服务业务，实现信息互通，资源共享。三是要借鉴其他地区的社保经办管理服务的相关经验，如北京海淀区推行“网上办”“掌上办”“下沉办”的社保经办模式，上海市推出“上海市养老金领取证”电子证照与“义网通办”平台实现了“一键式”申领等先进社保经办模式等。四是要加快“数字化”转型，不断推动内蒙古社保经办服务升级。内蒙古积极推进社保经办服务数字化的转型升级，截至 2021 年底，已有 72 项社保服务事项实现网上办理，2021 年月平均网上经办量达 11. 1 万件。在此基础上，还需加快推广“网上办、掌上办、一窗办”的服务新模式，充分利用现代互联网技术，大力推广“内蒙古人社”手机 App，完善相关业务办理程序，实现养老待遇资格认证、个人参保证明打印、社会保障卡业务等服务掌上办。同时，提高社会保险数据分析的应用能力，提升社会保险经办精确管理和精细化服务水平，真正做到为参保人员提供便捷、高效的服务。

（三）加强统筹规划与协同推进

社会保障事业的高质量发展，离不开社会保障制度综合效能和整体效应的提升，内蒙古需加强社会保障制度的统筹规划与协同推进，加强社会保障各部分内容之间的衔接，合力打造高质量的社会保障体系。要统筹社会保障四大基本项目：社会保险、社会救助、社会福利、社会优抚等与慈善事业、商业保险补充保障规划，实现功能衔接和互补。对于内蒙古而言，加强社会保障统筹规划与协同推进，一是要统筹规划现有的社会保障体系，在完善社会保险、社会救助、社会福利等制度发展的前提下，明确不同制度的功能与定位。二是要及时补齐短板，缩小制度间的差距。在内蒙古积极推进个人养老金制度发展的同时，及时补上商业保险、儿童福利、妇女福利等短板。三是要平衡各盟市各制度的发展，缩小各盟市之间的差距。在内蒙古实现信息共享，为各盟市之间的信息交流营造良好环境，实现各盟市之间的协同发展。

（四）推进社会保障法治化

依法治国是党领导人民治理国家的基本方略，是建设中国特色社会主义的必然要求和重要保障。习近平总书记强调，要推进社会保障的法治化，要从立法、执法、司法、守法各环节加强社会保障工作，在法治轨道上推动社会保障事业健康发展①。社会保障法治化是社会保障领域实现公平的制度保障，内蒙古需推进社会保障法治化。一是要加强社会保障法治宣传，尤其是对《中华人民共和国社会保险法》《工伤保险条例》《失业保险条例》等法律法规及《内蒙古自治区失业保险实施办法》等相关规章和配套政策进行深入宣传，为推进社会保障法治化营造良好环境。二是要加强社会保障的立法工作，对社会保险、社会救助、社会福利等方面的法律法规及时进行补充与修订，在明确参保人权利和义务的基础上，对参保人的相关权利给予法律层面的保护。三是要依法完善基金监管机制。养老保险基金结余体现了养老金的收支变化和稳定程度，养老保险基金的收支平衡对于发挥其社会保障功能至关重要②。为防止基金支付风险，内蒙古需采取相关积极政策，强化基金管理，不断完善基金筹资机制。对于基金监管、基金运营等过程中出现的违法行为，要严厉打击，对社会保障领域内的非法集资、骗保、挪用社保资金等违法行为进行重点整治。

五、内蒙古社会保障事业促进共同富裕的体制机制

共同富裕是社会主义的本质要求和中国式现代化的重要特征。习近平总书记在《求是》杂志发表《扎实推动共同富裕》的重要文章，文章强调，“共同富裕是全体人民共同富裕，是人民群众物质生活和精神生活都

---

① 习近平．促进我国社会保障事业高质量发展、可持续发展［EB/OL］．（2022－04－15）［2022－06－28］．求是网，http://www.qstheory.cn/dukan/qs/2022－04/15/c_1128558491.htm.

② 齐红倩，杨燕．人口老龄化、养老保障水平与我国养老保险基金结余［J］．南京社会科学，2020(8)：11－21.

富裕”，同时指出“现在，已经到了扎实推动共同富裕的历史阶段”①。在向共同富裕新目标迈进的过程中，人口老龄化是亟待解决的问题。内蒙古自治区第七次全国人口普查数据显示，全区 60 周岁及以上人口为 4757233 人，占比为 19.78%，比 2010 年上升 8.30 个百分点，其中 65 周岁及以上人口为 3138918 人，占比为 13.05%，比 2010 年上升 5.49 个百分点②。人口年龄结构的变化，说明内蒙古人口老龄化程度进一步加深。社会保障是保障和改善民生、维护社会公平、增进人民福祉的基本制度保障，是促进经济社会发展、实现广大人民群众共享改革发展成果的重要制度安排。推动社会保障事业高质量发展，既是解决人口老龄化的关键，也是实现共同富裕的必要举措。

（一）完善社会保障制度体系促进共同富裕

内蒙古社会保障事业发展至今，社会保障的覆盖范围不断扩大，待遇水平不断提高，管理服务能力不断增强，为保障改善民生、维护社会公平正义、促进经济发展发挥了重要作用。在促进共同富裕的道路上，内蒙古还需持续完善社会保障制度体系。时刻明确社会保障的出发点和落脚点是保障人民根本权益，满足人民日益增长的美好需要，将人民至上与增进民生福祉作为完善社会保障制度体系的核心要义。

内蒙古将围绕满足民众对美好生活的新期待，扎实促进共同富裕，在目前社会保障发展的基础上，继续全面落实企业职工养老保险的全国统筹制度，巩固完善工伤保险自治区级的统筹成果。加快制定完善失业保险自治区级统筹的配套政策，为实现失业保险自治区级统筹奠定良好基础，逐步完善多层次、多支柱的养老体系。具体而言，依旧需要深入实施全民参保计划，扩大养老保险的覆盖面，将民营企业、中小微企业和灵活就业、新业态从业人员等群体纳入重点人群。不断提高社会保障水平，从调整养

① 扎实推动共同富裕[EB/OL].（2021－10－15）[2022－06－27]. 求是网，http://www.qstheory.cn/dukan/qs/2021－10/15/c_1127959365.htm.

② 内蒙古自治区统计局. 内蒙古自治区第七次全国人口普查公报(第四号)[EB/OL].(2021－11－12)[2022－06－30]. http://tj.nmg.gov.cn/zfxxgk/fdzdgknr/zdyw/rkpc/202111/t20211112_1943512.html.

老金水平、社会保险转移接续、推动个人养老金发展、加强社会保险基金监管等方面持续完善社会保障制度体系，构建以基本养老保险为基础、企业（职业）年金为补充，与个人储蓄性养老保险和商业养老保险相衔接的多层次、多支柱养老保险体系，促进共同富裕。

（二）提升社会保险经办服务促进共同富裕

社会保险经办直接服务广大参保单位和参保人员，与群众的切身利益息息相关。随着社会保险制度的不断健全和覆盖面的不断扩大，对提高经办服务能力提出了更高要求。社会保险经办服务的提升是推动社会保障高质量发展、促进共同富裕的重要内容。内蒙古积极推进社会保险经办服务体系建设，社会保险服务经办规范化、标准化、信息化进一步加强，服务能力明显提升。近年来，内蒙古人社部门积极探索“互联网＋经办服务”服务改革，把推进“不见面”服务作为提升服务水平、提升工作水平的关键来抓，为“最多跑一次”改革按下加速键。内蒙古在全国率先实现社会保险数据大集中，逐步推行网上经办、手机查询，使经办服务更加贴近百姓。内蒙古12333手机App已开通社会保险、社会保障卡、认证服务等七大类服务事项。截至2020年4月，内蒙古人社系统共办理业务364.3万件，其中就业创业12.7万件、社会保险330.4万件、劳动关系15.2万件、其他业务6万件。

内蒙古建立健全自治区、盟市、旗县（市、区）三级社会保险经办服务机构。2021年，巴彦淖尔市对医保经办服务进行精细化管理，进一步简化慢性病申报流程，实现多平台联动简化转诊手续，制定全市医疗保障经办政务服务事项清单，优化13项30条医保办理事项。2022年，锡林郭勒盟30项医保经办服务事项全部实现“全网经办”，全程网办率达100%。二连浩特市着力创新社会保险经办服务方式，深入推进网上办、掌上办、预约办、线下办措施，打造热心、爱心、细心、耐心“四心”服务品牌。实行“一窗受理、一网通办”，推进社会保险经办标准化、信息化、一体化建设，确保全市社会保险网上“不见面”办理事项达到90%，实现“一门、一窗、一网、一次”经办目标，为参保群众提供优质高效、安全便捷的服务。在此基础上，内蒙古推动经办服务向基层延伸，经办服务逐步向苏木乡镇（街道办事处）、嘎查村（居委会）、街道社区延伸。社会保险经办业务是提升社会保障事业发展的重要内容，内蒙古将建立与社会保险统筹层次相适应的经办管理服务体系，不断提升社会保险经办能力，从而推动高质量社会保障体系的建立与完善，为实现共同富裕夯实发展基础。

（三）强化社会救助促进共同富裕

社会救助是事关困难群众维持基本生活，保障民生，维护和平的基础性制度安排。近年来，我国深入推进社会救助的改革，在保障困难群众基本生活状态的基础上，为脱贫和防止返贫工作积极贡献力量，强化社会救助，实现社会救助的高质量发展，对推动共同富裕具有积极的促进作用。内蒙古需强化社会救助来推动实现共同富裕，一是要完善救助体系，加强对救助对象的主动甄别与发现。结合街道与社区的基层力量，第一时间主动发现困难对象，对其困难情况进行甄别和精准评估，这是完善救助对象分级分类管理，提供差异化、个性化救助的前提。二是要丰富救助内容，完善“物质＋服务”的综合救助，由单一的、短期的物质救助向丰富的、精准的救助转变。对救助对象的临时性基本生活需求、心理健康、医疗健康等方面提供救助。三是要鼓励社会救助的多元参与，在推动共同富裕的实践中，需积极鼓励社会组织、基层社区街道、志愿者介入社会救助，推动社会救助的高质量发展。

（四）增进社会福利促进共同富裕

社会福利政策是推动共同富裕的基础性政策，是兜底性民生保障建设的重要体现。织密民生保障网是社会保障事业运行的重要内容，这便要求内蒙古在目前社会保障发展的基础上，加大民生保障，缩小地区间的差异，坚持公平、可持续的原则，加强对重点人群的保障机制，不断提升民生保障水平，实现儿童、残疾人等社会福利保障制度向适度普惠转型，从而促进共同富裕。习近平总书记强调，“残疾人是一个特殊困难的群体，需要格外关心、格外关注。让广大残疾人安居乐业、衣食无忧，过上幸福美好生活，是我们党全心全意为人民服务宗旨的重要体现，是我国社会主义制度的必然要求”[①]。为此，内蒙古将继续完善残疾人的福利制度，除给予内蒙古残疾人相关的生活补贴与护理补贴之外，还需积极推进民政精神、卫生福利设施建设，推动社区精神障碍康复机构与精神卫生福利、残疾人康复、残疾人托养、社区卫生服务等机构的对接。为残疾人群体提供照护、情感支持等服务，除满足残疾人日常生活需要之外，积极探索建立更加完备的残疾人康复服务体系，帮助有康复需求的残疾人恢复或者补偿功能，减轻功能障碍，增强生活自理和社会参与能力，促进残疾人全面发展。此外，内蒙古需继续完善儿童福利制度，尤其要完善孤儿和事实无人抚养儿童的保障机制，对其生活补助标准进行动态调整，确保满足其基本生活需要。加强对儿童福利机构的建设，并提高儿童福利机构的服务水平，对于残疾儿童的照护与康复机构给予一定的政策倾斜，培养并引进专业的服务人员，满足残疾儿童的康复需求。最后，还需积极推动内蒙古慈善事业的发展，调动相关资源积极发展慈善事业，建立慈善信托与慈善基金，制定针对公益性捐赠的税收减免政策来促进共同富裕。

① 这个特殊群体，习近平格外关心［EB/OL］.（2019－05－19）. 求是网，http://www.qstheory.cn/zdwz/2019－05/19/c_1124514063.htm.

Ⅱ

分报告

报告一 内蒙古养老保险制度发展报告

安 华 李晓宇[①]

在我国社会老龄化程度不断加深的背景下，养老保险的发展受到人们广泛的关注，养老保险影响着人们退休之后的老年生活质量，养老生活是否优质与丰富，关系着人民群众对美好生活的向往。随着内蒙古自治区养老保险制度的不断完善，养老保险事业稳步发展，养老保障体系的构建取得积极进展。然而内蒙古自治区作为一个地处中国北部的内陆地区，经济发展相对滞后，近年来受新冠感染疫情的影响，市场波动较大，给养老保险体系的建设带来了不小的压力。内蒙古自治区养老保险发展依然存在一些问题与挑战，需要不断地深化与完善。为此，内蒙古自治区“十四五”规划提出，构建以“基本养老保险为基础、企业（职业）年金为补充，与个人储蓄性养老保险和商业养老保险相衔接的养老保险体系[②]”发展规划。本报告基于这一背景，对内蒙古自治区养老保险事业发展情况做出回顾、分析与展望。

一、内蒙古城镇职工基本养老保险制度发展概况

内蒙古城镇职工基本养老保险制度自建立以来，经过一系列政策的出台以及不断的深化发展，内蒙古城镇职工基本养老保险体系建设日趋完善，为越来越多退休职工的基本生活提供了坚实有力的保障。

---

① 安华，内蒙古大学公共管理学院教授；李晓宇，内蒙古大学公共管理学院硕士研究生。

② 资料来源：《内蒙古自治区国民经济和社会发展第十四个五年规划和 2035 年远景目标纲要》。

（一）参保情况

城镇职工基本养老保险参保人数逐年增加。如表1－1所示，到2021年末，内蒙古自治区参加城镇职工基本养老保险人数累计达823.08万人，比2020年增加了37.21万人。由图1－1可以看出，参加基本养老保险离退休人数也在逐年增加，由此可以看出，城镇职工基本养老保险参保人数稳步增加的同时离退休人员的比例也在增加。

由表1－1可知，内蒙古自治区城镇职工基本养老保险参保人数由2018年的734万人增加到2021年的823.08万人，4年时间参保人数增加近百万人，这是有关部门的工作人员采取积极有效的措施扩大基本养老保险覆盖面，实施全民参保计划工作取得成绩的重要体现。

表1－1　2018—2021年内蒙古自治区城镇职工基本养老保险参保人数情况

单位：万人

年份	2018	2019	2020	2021
城镇职工基本养老保险参保人数	734.00	763.42	785.87	823.08
参加基本养老保险离退休人数	285.00	250.90	311.27	319.98

资料来源：《内蒙古统计年鉴》（2019—2021年），《内蒙古自治区人力资源和社会保障厅关于2021年事业发展计划执行情况》。

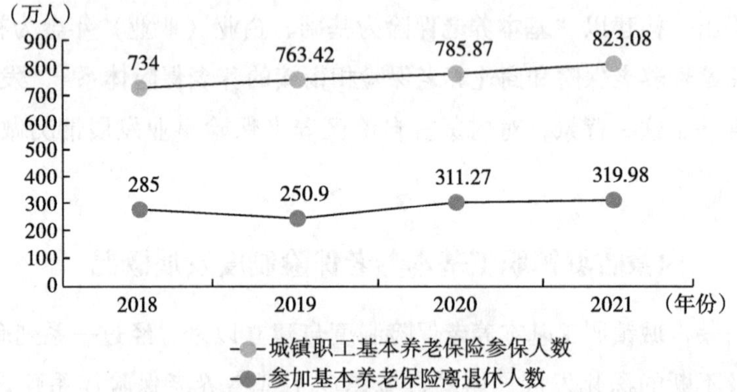

图1－1　2018—2021年内蒙古自治区城镇职工基本养老保险参保人数情况

机关事业单位养老保险制度实施情况。2015年，内蒙古自治区全面开展机关事业单位养老保险改革工作，采用与企业基本养老保险一致的部分积累制形式，既有社会统筹又有个人账户[①]。2016 年，内蒙古自治区进行试点工作，开展机关单位养老保险业务经办工作[②]。推进机关事业单位在职人员参保工作，进行数据采集和缴费归集工作，制定机关事业单位养老保险相关配套措施，明确参保人员在机关事业单位制度内和跨制度流动时保险关系转移接续问题，通过加强政策宣传和业务培训，截至 2021 年末，参加机关事业单位基本养老保险制度的职工有 92.99 万人，较 2020 年末的 91.34 万人增加 1.65 万人[③]。内蒙古机关事业单位养老保险实施时间较晚，参保人员的范围也比较有限，但机关事业单位工作人员养老保险制度的落地和实施，使内蒙古养老金双轨制走向终结，普惠、公平、可持续的职工基本养老保险制度实现从制度全覆盖向人群全覆盖的发展。

（二）待遇情况

随着城镇职工基本养老保险参保人数逐年增加和覆盖范围不断扩大，养老保险待遇也在不断提高。目前，自治区城镇职工缴费比例为 24%，其中单位缴费比例为 16%、职工个人缴费比例为 8%。2021 年企业职工基本养老保险养老金领取人数为 2645081 人，2021 年机关事业单位基本养老保险养老金领取人数为 554915 人[④]，城镇职工基本养老保险养老金领取人数合计为 3199996 人，养老金发放率达到 100%。2021 年自治区调整退休人员的基本养老金，包括定额调整、比例调整和倾斜调整等机制[⑤]。定额调整为每人每月增加 56 元养老金，全区退休人员每人每月增加相同额度的养老金，体现了制度的普惠性。比例调整为退休人员按照本人 2020 年 12 月基本养老金水平的 1.4% 增加基本养老金，缴费年限每满 1 年增加 1 元。截至 2020 年 12 月 31 日，年龄为 70 周岁的退休人员，每人每月增加 30 元；70 周岁以上的退休人员，每增加一岁，养老金再增加 3 元。对于企业

① 资料来源:《内蒙古自治区人民政府办公厅关于印发机关事业单位工作人员养老保险制度改革实施办法的通知》。

② 资料来源:《内蒙古自治区机关事业单位工作人员基本养老保险经办规程》。

③ 资料来源:《内蒙古自治区人力资源和社会保障厅关于 2021 年事业发展计划执行情况的通报》。

④ 资料来源:《内蒙古自治区 2021 年度基本养老保险补助资金绩效自评报告》。

⑤ 资料来源:《内蒙古自治区人力资源和社会保障厅关于 2021 年调整退休人员基本养老金的通知》。

退休军转干部养老金按上述定额调整、挂钩调整、高龄群体倾斜调整后，低于当地企业退休人员平均养老金水平的，补齐到企业退休人员平均养老金水平，政策的倾斜调整体现了对于特殊人群的照顾。

（三）基金情况

城镇职工基本养老保险基金收支不均衡。如表1－2所示，2020年内蒙古自治区城镇职工基本养老保险基金收入994.4亿元，比上一年减少6.27%，2020年城镇职工基本养老保险基金支出1271.2亿元，比上一年增长5.81%。2019年城镇职工基本养老保险基金收入比2018年城镇职工基本养老保险基金收入减少3.08%，2019年城镇职工基本养老保险基金支出比2018年城镇职工基本养老保险基金支出增长11.88%。2020年末城镇职工基本养老保险基金累计结余407.8亿元，2019年末城镇职工基本养老保险基金累计结余595.9亿元，2018年末城镇职工基本养老保险基金累计结余656.5亿元。由图1－2可以看出，内蒙古自治区城镇职工基本养老保险基金近两年来基金收入的增速小于基金支出的增速，使内蒙古自治区城镇职工基本养老保险基金的累计结余呈逐年下降趋势。

养老保险基金的平稳运行是养老保险发展的必要条件，要确保基本养老金按时足额发放。内蒙古城镇职工基本养老保险基金收支不平衡的情况，既有总量问题，也存在结构问题，导致基金累计结余每年均在下降。可见，城镇职工基本养老保险要扩大基金收入来源，提高筹资水平的工作要尽快提上日程。

表1－2　2018—2020年内蒙古自治区城镇职工基本养老保险基金收支情况

单位：亿元

年份	基金收入	基金支出	累计结余
2018	1094.6	1073.8	656.5
2019	1060.9	1201.4	595.9
2020	994.4	1271.2	407.8

资料来源：《中国统计年鉴》（2019—2021年）。

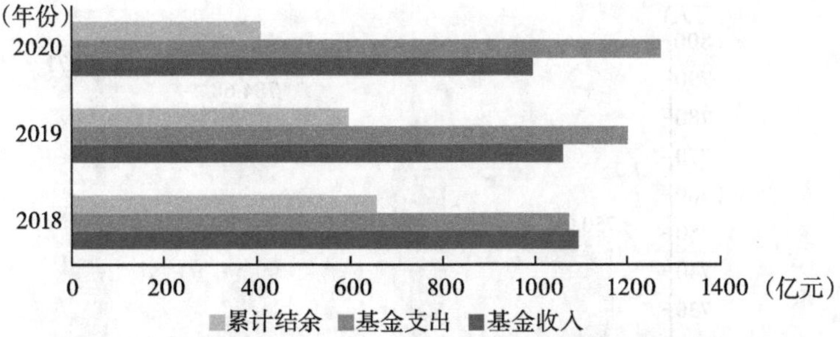

图1-2　2018—2020年内蒙古自治区城镇职工基本养老保险基金收支情况

二、内蒙古城乡居民养老保险制度发展概况

(一) 参保情况

城乡居民养老保险参保人数逐年增加。通过表1-3和图1-3不难发现，城乡居民养老保险的参保人数近4年来一直处于稳步增长的趋势，截至2021年末，内蒙古自治区参加城乡居民基本养老保险791.71万人，较2020年末的784.68万人增长7.03万人，保持在一个较高的增长水平上，内蒙古自治区年满16周岁非国家机关和企事业单位工作人员，即可参加城乡居民养老保险。未来，城乡居民养老保险参保范围将持续扩大，使城乡居民养老保险制度逐步走向全民覆盖。

表1-3　2018—2021年内蒙古自治区城乡居民养老保险参保人数情况

单位：万人

年份	2018	2019	2020	2021
城乡居民养老保险参保人数	750.00	768.20	784.68	791.71

资料来源：《内蒙古统计年鉴》(2019—2021年)，《内蒙古自治区人力资源和社会保障厅关于2021年事业发展计划执行情况》。

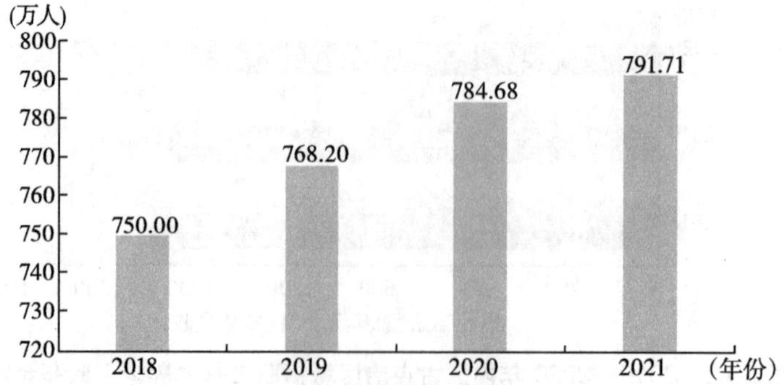

图 1－3　2018—2021 年内蒙古自治区城乡居民养老保险参保人数情况

（二）待遇情况

内蒙古自治区城乡居民养老保险制度自 2012 年实现全覆盖以来，城乡居民养老保险制度不断深入发展，享受待遇的人数和水平也在连年上调（见表 1－4）。2021 年城乡居民基本养老保险养老金领取人数为 2543156 人①。城乡居民基本养老保险的待遇水平是由居民根据所选缴费档次而确定的，自治区根据城乡居民的收入情况，将城乡居民基本养老保险缴费档次标准分为 200 元、300 元、400 元、500 元、600 元、700 元、800 元、900 元、1000 元、3000 元、5000 元、7000 元共 12 个档次②，参保人自主选择缴费档次，多缴多得。

表 1－4　2018—2021 年内蒙古自治区城乡居民养老保险实际领取待遇人数情况

单位：万人

年份	2018	2019	2020	2021
城乡居民养老保险实际领取待遇人数	223.7	233.9	245.2	254.3

资料来源：《中国劳动统计年鉴》（2019—2021 年）。

2017 年，正值内蒙古自治区成立 70 周年大庆，为让广大城乡居民养老保险参保群众共享内蒙古自治区经济社会取得的发展成果，养老金一次性提高了 20 元，由原来的 90 元/人・月，提高到 110 元/人・月。2018 年，按

① 资料来源：《内蒙古自治区 2021 年度基本养老保险补助资金绩效自评报告》。

② 资料来源：《内蒙古自治区人力资源和社会保障厅　自治区财政厅关于建立城乡居民基本养老保险待遇确定和基础养老金正常调整机制的实施意见》。

照国家的统一提标，内蒙古自治区一次性提高了 18 元，基础养老金达到 128 元/人·月①。2019 年以来，自治区根据社会经济发展和居民收入水平情况，适时调整基础养老金标准，使城乡居民养老保险待遇保障水平逐步提高，2021 年达到了 140 元/人·月。

（三）基金情况

城乡居民基本养老保险基金规模不断扩大，如表 1－5 所示，截至 2020 年末自治区城乡居民养老保险基金收入 82.5 亿元，比 2019 年增长 29.51%；2019 年城乡居民养老保险基金收入比 2018 年城乡居民养老保险基金收入增长 7.78%。2020 年城乡居民养老保险基金支出 59.6 亿元，比 2019 年城乡居民养老保险基金支出增长 5.86%；2019 年城乡居民养老保险基金支出比 2018 年城乡居民养老保险基金支出增长 4.84%。2018 年城乡居民养老保险基金累计结余 93.8 亿元，2019 年城乡居民养老保险基金累计结余 101.3 亿元，2020 年城乡居民养老保险基金累计结余 124.2 亿元。由图 1－4 可以清晰地看出，城乡居民养老保险基金规模呈稳定上升的趋势。由此可见，内蒙古自治区城乡居民养老保险基金总体是平稳运行的，收支总体是有盈余的。

表 1－5　2018—2020 年内蒙古自治区城乡居民养老保险基金收支情况

单位：亿元

年份	基金收入	基金支出	累计结余
2018	59.1	53.7	93.8
2019	63.7	56.3	101.3
2020	82.5	59.6	124.2

资料来源：《中国统计年鉴》（2019—2021 年）。

① 资料来源：《内蒙古自治区人力资源和社会保障厅　关于十三届人大三次会议第 327 号建议的协办意见》。

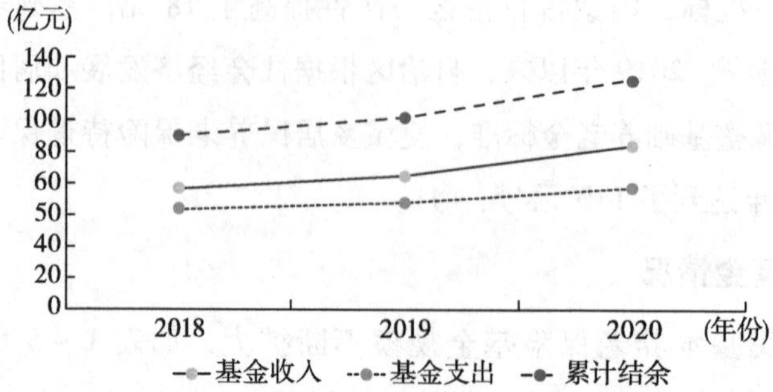

图1－4　2018—2020年内蒙古自治区城乡居民养老保险基金收支情况

（四）基本养老保险公共服务平台建设情况

近年来，随着信息化建设的发展，大数据时代的到来，通过大数据应用分析，自治区在社会保障服务平台建设上不断改革与发展，取得了不错的成果。2020年4月，内蒙古自治区人力资源和社会保障厅印发《全区人力资源社会保障系统“一网一门一次”改革信息化建设工作方案》。按照该工作方案，内蒙古自治区将实现“方便群众、解放自己、深化监管、服务决策、提升效能”五个方面的突破。如今，内蒙古自治区人力资源和社会保障厅已搭建起网上办事框架，建设统一身份认证系统、统一登录入口。自然人可通过注册账号密码方式、扫描电子社保卡二维码方式登录网上服务大厅，企业可通过CA认证、电子营业执照方式登录网厅办事。建设电子档案系统，全程留存服务对象办事信息。在PC端，服务对象可登录自治区政务服务网和自治区人力资源社会保障网办理人社业务。

内蒙古自治区在公共服务平台建设上下了很大功夫，基本养老保险的信息系统已经覆盖到街道、社区和苏木乡镇、嘎查村，全面提升基本养老保险服务水平、工作水平和方便快捷能力。

三、内蒙古养老金第二、第三支柱发展概况

当前，内蒙古自治区作为第一支柱的基本养老保险制度不断完善，覆盖面不断扩大，改革工作不断深入。第一支柱的基本养老保险一直是自治

区养老保险制度建立以来发展的重点，然而第一支柱面临的养老压力逐渐增大，出现基金收支失衡和支付压力增大等问题，亟须促进第二、第三支柱养老金的发展。第一支柱基本养老金为第二、第三支柱的养老金发展提供了经验借鉴和发展基础与空间。内蒙古自治区第二支柱企业年金和职业年金正在积极发展壮大，第三支柱个人养老金处于起步阶段，亟须推动个人养老金的发展。

（一）第二支柱养老金取得一定发展

第二支柱企业年金和职业年金逐渐规范运行，作为补充养老保险功能的作用也逐步显现。积极推动企业年金和职业年金发展，切实发挥其养老经济保障功能，实现第二支柱的可持续发展，是多层次、多支柱养老金体系结构性改革的重点内容，也是当前亟须解决的问题。

1. 内蒙古企业年金与职业年金发展概况

随着内蒙古基本养老保险的不断深化与完善，参保人数越来越多、覆盖范围越来越广，就会出现养老金支付压力的现象。根据人社部印发的《企业年金办法》①，企业年金是指“企业及其职工在依法参加基本养老保险的基础上，自主建立的补充养老保险制度”，越来越多的职工在基本养老保险的基础上再增加一份养老的保障，企业年金发挥了对基本养老金的补充作用。如表1－6所示，2021年内蒙古自治区建立企业年金的企业账户数量达到1113个，比2020年增加163个，约是2018年的1.86倍，参加职工的人数逐年上涨，资产金额规模也在不断扩大。企业年金的快速发展，可以大大提高自治区退休职工的生活水平，同时提高了职工的工作积极性并增强了企业的人力优势，对自治区企业高质量发展具有重要意义。

表1－6　2018—2021年内蒙古自治区企业年金概况

年份	企业账户数/个	职工账户数/人	资产金额/万元
2018	599	232100	1198475.37
2019	820	281358	1451255.90

① 资料来源：《企业年金办法》。

续表

年份	企业账户数/个	职工账户数/人	资产金额/万元
2020	950	286548	1812829.31
2021	1113	291138	2081872.37

资料来源：人力资源和社会保障部基金监督司，《全国企业年金基金业务数据摘要》（2018—2021年），人力资源和社会保障部网站。

内蒙古自治区职业年金投资运营于2020年4月启动，机关事业单位在参加基本养老保险的基础上，为公职人员建立职业年金作为补充。内蒙古自治区职业年金经办机构可以同时建立多个职业年金计划，实行所有计划统一收益率的运行模式，同时职业年金基金采取集中委托投资运营的方式管理。[①] 截至2021年底，全区121个经办机构已全部实现职业年金投资运营，共建立个人账户1145895个，职业年金归集本金269.9亿元，净收益14.31亿元。全年累计赎回6.2亿元，待遇支付8.9万人[②]。内蒙古自治区职业年金的稳定发展，对发展多层次、多支柱养老保险体系以及提高公务员和事业单位退休职工的经济保障水平，具有十分重要的意义。

2. 第二支柱养老金基金管理逐步完善

内蒙古自治区在2019年制定了《内蒙古自治区职业年金基金管理实施办法》，为了加强基金的组织管理和领导，成立了职业年金基金管理委员会。基金采用个人账户方式管理，基金归集实行全程托管，归集到自治区级账户统一投资运营，确保基金完整、安全和独立。内蒙古自治区职业年金制度发展较快，通过市场化、多元化、专业化管理的运营方式，确保自治区职业年金制度的可持续发展。

根据《企业年金基金管理办法》，企业年金的基金管理模式采取信托模式，选择具备国家规定资质的法人受托机构与账户管理人对企业年金基金进行管理和投资运营。《企业年金基金管理办法》规定，同一企业年金计划中，受托人和托管人、托管人和投资管理人不得为同一人，这样可以确保年金基金在运营过程中的安全。

① 资料来源：内蒙古自治区人力资源和社会保障厅《关于印发职业年金经办规程的通知》。

② 资料来源：《2021年度内蒙古自治区职业年金运营情况管理通报》。

企业年金和职业年金是第二支柱养老金的重要组成部分，企业年金的建立，有利于企业完善职工薪酬体系，增强企业的核心竞争力；职业年金的建立，有利于稳定职工队伍，提高退休职工的收入水平。企业年金和职业年金作为补充养老保障项目，随着保障水平的不断提升，第二支柱养老金的保障功能日渐凸显。

（二）第三支柱养老金发展相对较缓

随着内蒙古人口老龄化程度的加深以及新冠感染疫情给经济社会发展带来的冲击，自治区养老保险财政基金的储备面临着一定的挑战。第三支柱养老保险的建立、运行和实施是一项系统工程，涉及多个部门领域，必须统筹协调、合力推进。第三支柱养老保险作为基本养老保险的有效补充，不仅具有进一步提高养老保障水平的作用，同时也是作为缓解政府提供养老保障财政负担的有力支撑，政府应当承担起促进第三支柱养老金发展的责任，积极应对人口老龄化和外部经济压力带来的冲击。

1. 第三支柱个人养老金发展概况

我国第三支柱养老保险的发展历程。1991 年我国政府首次在《国务院关于企业职工养老保险制度改革的决定》中提及“补充养老保险”和“个人储蓄性养老保险”，此后政府有关文件也提及多层次养老保险的相关概念，处于理论摸索阶段。2005 年，《国务院关于完善企业职工基本养老保险制度的决定》中首次明确提出“建立多层次的养老保险体系”，之后就对税延型养老保险进行研究。2015 年，《中共中央关于制定国民经济和社会发展第十三个五年规划的建议》中提出“发展职业年金、企业年金、商业养老保险”。2018 年，财政部联合多部门印发了《关于开展个人税收递延型商业养老保险试点的通知》标志着我国第三支柱养老保险制度开始落地。2021 年 3 月《政府工作报告》首次提出“规范发展第三支柱养老保险”的发展方向，2022 年 4 月 21 日，国务院办公厅印发《关于推动个人养老金发展的意见》[1]，明确提出适合我国国情、政府政策支持、个人自愿

---

① 资料来源:《国务院办公厅关于推动个人养老金发展的意见》。

参加、市场化运营的个人养老金，彰显我国政府对第三支柱养老保险制度发展的支持力度。

第三支柱个人养老金是在基本养老保险、企业年金和职业年金基础上的又一份养老保障积累，进一步提高国民退休后的生活水平与质量。个人养老金实行个人账户制度，完全由个人缴费，实行完全积累，通过个人养老金信息管理服务平台，建立个人养老金账户。第三支柱个人养老金尚处于部分地区试点阶段，自治区目前未纳入试点范围，群众对第三支柱个人养老金的认知度不高。截至 2021 年末，内蒙古自治区常住人口 2400 万人①，参加基本养老保险的人数为 1614.79 万人，参保群体多数参加城乡居民基本养老保险，参加职工养老保险的人群有限，仅靠基本层次保障的养老退休待遇面临保障不充分的风险，加之第二、第三支柱养老保险的产品与服务推进缓慢，因此未来将有相当比例的人群养老面临保障资源不充足的状况。目前，第一支柱的基本养老保险呈现出“一支独大”的局面，有点“不堪重负”，第二支柱的企业年金和职业年金的发展受限，覆盖面相对较窄，资金规模十分有限。因此，未来第三支柱个人养老金的发展将驶入“快车道”，为国民提供多层次、多支柱的养老支持。

2. 消费养老保险模式的探索与实践

消费养老是近年来出现在养老保障领域中的新名词，是一种消费和养老相结合的模式。消费养老②作为一种新型的养老保障机制，是对国家已经实施的养老保障模式的一种补充，是多层次养老保障体系的组成部分，属于第三支柱养老金的一种形式。消费养老保险不同于传统的养老保险，它在刺激消费的同时又能积累养老金，不需要额外的投入。

内蒙古自治区为积极应对人口老龄化和多层次养老保障体系的发展，在内蒙古自治区人力资源和社会保障局的支持下，先后有内蒙古中新与中安两家消费养老平台进行运作与发展③，通过消费返利、投资增值的形式

① 资料来源：《内蒙古自治区 2021 年国民经济和社会发展统计公报》。

② 消费养老：是指消费者通过日常消费，将消费资本利润转化为养老金的新型养老保险机制。

③ 安华. 消费养老模式实践与探索——以内蒙古为例[J]. 中国人力资源社会保障，2021(8)：39-40.

积累个人养老金。同时，内蒙古养老事业促进会出台了《内蒙古自治区消费养老管理办法（试行）》，对平台各主体进行规范，对平台运营进行监督。消费养老平台目前仍处于试点阶段，线上线下相结合的消费模式，具有一定的发展前景，但同时也存在一些问题。消费养老可以带动消费的增长，提高养老保障的待遇水平，扩大养老保障的覆盖范围，促进多层次养老保障体系的发展。然而它还不够成熟，在发展的过程中遇到许多问题，如相关法律许可问题、企业信用风险问题和政策税收问题等。由于推行新的消费养老模式是以前没有做过的事情，没有什么经验，从而导致了该模式在推行过程中逐渐显现出了一定的弊端和不足，这就需要各级政府根据当地实际情况及时对制度做出相应的调整和改变，进一步健全多层次养老保障制度，使这项制度更加合理、科学。消费养老作为一种新的养老方式和现有养老模式的一种补充，目前在内蒙古自治区取得了一定的发展，中安消费养老、中新消费养老两个运营平台进行了初步探索，形成了线上与线下相结合、银行与保险相衔接的消费养老金生成和投资运营模式。但由于政策缺位，监管细则尚未出台，目前仍是以平台企业宣传推广为主，政府介入较少，并未引起社会大众的广泛关注和深度参与，之后消费养老保险模式发展是否可行，我们拭目以待。

四、内蒙古养老保险制度面临的问题与挑战

内蒙古养老保险制度的发展现状展示了内蒙古自治区养老保险制度建设以来所取得的成绩，与此同时也看到了在发展过程中面临着新的问题与挑战。

（一）城镇职工基本养老保险基金支付压力增加

根据现有的数据我们不难发现，城镇职工基本养老保险基金收入从2018年的1094.6亿元下降到2020年的994.4亿元，而基金支出从2018年的1073.8亿元增长到2020年的1271.2亿元，每年的基金结余也在不断下降，从2018年的656.5亿元下降到2020年的407.8亿元，随着参加基本养老保险离退休人数每年的不断增加，严重冲击了基本养老保险基金的收

支平衡。从图1－5中我们可以看出，内蒙古自治区城镇职工基本养老保险基金在2019年与2020年出现支出大于收入的情况，也就是我们常说的当期入不敷出，城镇职工基本养老保险基金出现了当期收支缺口，基金支付压力增加，养老金偿付能力亟待提升。

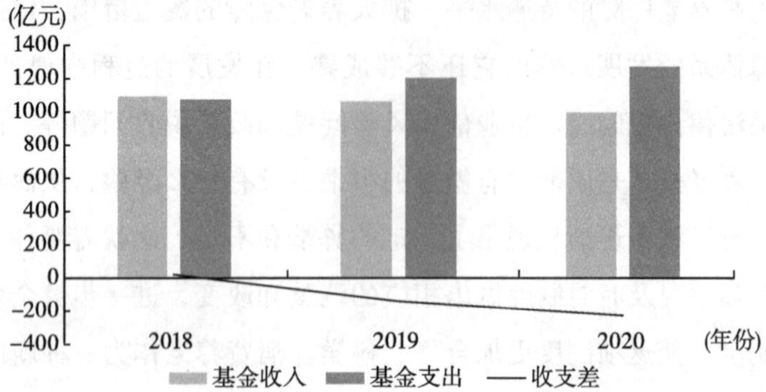

图1－5　2018—2020年内蒙古自治区城镇职工基本养老保险基金收支平衡情况

（二）城乡居民基本养老保险养老金待遇水平较低

从养老金待遇的高低可以看出养老保险制度保障水平的高低。城乡居民领取养老保险金的待遇水平较低，不能满足居民的需求，一直是居民养老保险制度面临的突出问题。自治区将城乡居民养老保险个人缴费档次标准划分为12个档次，最低档为200元，最高档为7000元。政府补贴方面，3000元缴费档次以下的按照内蒙古自治区人民政府《关于进一步完善城乡居民基本养老保险制度的意见》规定的补贴标准执行最低补贴30元，超过3000元按照最新的补贴标准进行补贴，最高档7000元补贴100元。

目前，内蒙古自治区城乡居民养老保险较高的几个缴费档次分别为1000元、3000元、5000元、7000元，按照缴费15年计算，到龄后可分别领取245元、461元、677元、894元的月养老金。尽管内蒙古自治区自党的十八大以来先后6次提高了城乡居民养老保险待遇水平，但是从群众实际的缴费情况来看，大多数的居民选择低于1000元的缴费档次参保缴费，待遇水平提高的成效并不明显。仅靠居民养老保险一种经济来源渠道，不足以支付养老的生活开销。

（三）多支柱的养老保险制度发展不平衡

1. 三个支柱覆盖人群比例失衡

第一支柱基本养老保险参保人数多，覆盖范围广，内蒙古自治区已经建立起包括企业和机关事业单位工作人员的城镇职工基本养老保险制度，以及城乡居民基本养老保险制度，基本实现了第一支柱养老保险制度全覆盖。随着国家2017年《企业年金办法》的颁布，内蒙古自治区企业年金获得较快发展。截至2021年底，自治区建立企业年金职工个人账户数达到29万个。2019年，自治区制定了《内蒙古自治区职业年金基金管理实施办法》，自治区121个经办机构已全部实现职业年金投资运营，共建立个人账户1145895个。与职业年金较高的覆盖率相比，内蒙古自治区第二支柱企业年金的覆盖率仍然较低，基金规模不大，保障水平较低。自治区第三支柱还处于探索发展阶段，制度上基本处于空白状态，第三支柱养老保险制度发展长期滞后，群众主动参与的意识不强，商业养老保险产品供给不足，导致第三支柱养老金人群覆盖十分有限。总体而言，内蒙古自治区养老金三个支柱的人群覆盖比例严重失衡。

2. 三个支柱基金规模比例失衡

我国养老保险体系由基本养老保险、企业（职业）年金和个人养老金三个支柱构成，内蒙古养老保险体系的三个支柱存在基金规模比例失衡的问题。第一支柱基本养老保险发展时间相对较长，基金规模占绝对优势，一直处于主导地位；第二支柱企业年金和职业年金自建立以来发展速度中规中矩，企业雇主建立企业年金积极性不高，基金累积规模较小，职业年金起步时间较晚，发展有待完善；第三支柱养老金是在第一支柱和第二支柱养老金难以应对深度老龄化带来的支付压力背景下产生的，第三支柱个人养老金尚处于起步发展阶段，主要是个人商业养老保险和个人储蓄养老保险，参保人数与基金规模非常有限，属于第三支柱的其他养老金融产品发展缓慢，产品供给严重不足。

（四）新冠感染疫情导致养老保险基金收入增长率下滑

2020年新冠感染疫情形势严峻，疫情防控进入常态化。据国家卫生健康委员会统计数据，截至 2022 年 7 月 13 日，中国累计确诊病例 4733481 例，累计治愈 299812 例，累计死亡 22481 例，内蒙古累计确诊病例 2145 例，累计治愈 2097 例，累计死亡 1 例。新冠感染疫情不仅损害了群众的生命安全，也阻碍了经济社会的发展，进一步加剧了养老保障问题和矛盾。[①] 2020 年新冠感染疫情期间，根据党中央、国务院部署，自治区出台一系列阶段性减免企业社会保险费的政策措施，进一步减轻企业疫情期间缴费负担，支持企业复工复产。缴费收入的下降直接影响基金的收入规模，一系列的减免政策导致养老保险基金收入增长率的下降。

（五）养老保险管理缺乏规范性

基本养老保险实行的是统账结合的模式，自身的财务机制较为复杂。加之参保和缴费人群多、覆盖范围广等特点，养老保险的行政管理、业务管理、基金管理和监督管理都面临着一系列问题。

随着养老保险覆盖面的扩大和多层次、多支柱养老保险的逐步完善，将会拥有数额巨大的养老保险基金，基金是养老制度运行的经济基础和物质基础，做好养老保险基金的运行管理具有十分重要的意义。近年来，内蒙古自治区养老保险基金收入有了大幅提高，但收入的增长率却低于支出的增长率。尽管城乡居民养老保险收入增长率在稳步提升，但城镇职工基本养老保险基金收入增长率在下降。如果没有庞大的基金结余，养老保险制度的运行和发展就会受到影响。

内蒙古地区养老保险费征缴困难，征收力度不足，企业拖缴、欠缴情况严重，同时存在企业通过瞒报、少报缴费工资基数降低缴费总额和人工成本的问题。还有一些私营企业为了自身利益，参保意愿不足，导致应缴未缴或者缴费比例降低，从而导致基本养老保险基金收入未能与支出同步增长。

给付问题是在养老保险基金支付环节出现的问题，随着离退休人数逐年上升，养老金人口赡养比逐年提高，养老金支付需求明显增加，当期基

① 席恒．全球新冠肺炎疫情、超级老龄化、新型就业三重挑战下的中国社会保障[J]．社会保障评论，2022，6(1)：35－46.

金支付压力加大。同时，由于管理流程上的缺陷，对职工退休缺乏严格审批，因各种原因的提前退休也在一定程度上存在，导致养老保险费缴纳数量减少，而支出数量增加，不利于制度的可持续发展。

在养老保险基金运行管理中，由于监督机制不完善、管理不到位而出现基金管理松散、管理效率低下的问题。由于缺乏专业的基金管理机构和统一的经办服务机构，使得基金在征缴、投资管理过程中涉及多个管理部门，难以实现协调统筹，缺乏统一的监管。

五、内蒙古养老保险制度发展的对策建议

在内蒙古养老保险事业发展取得显著成绩的同时，也面临着新的挑战，面对这些问题，需要转变观念，打开新的思路，从全局的角度出发以创新的方式对内蒙古养老保险事业进行长远规划。内蒙古应紧紧围绕国家和自治区人力资源和社会保障事业发展“十四五”规划的战略部署，以问题为导向，结合实际，建立更加公平、可持续的养老保险制度，促进养老保险事业的高质量发展。

（一）促进城镇职工基本养老保险制度可持续发展

1. 扩大基本养老保险覆盖面

城镇职工基本养老保险制度是社会保障制度的重要组成部分，应不断完善企业职工基本养老保险政策，全面推进机关事业单位养老保险制度改革。做好政策宣传工作和业务培训工作，要实现保障对象全员覆盖。重点做好面向非公经济组织、农牧民工、个体工商户和灵活就业人员的参保登记与缴费工作。进一步扩大职工养老保险覆盖范围，确保养老保险的征缴率稳步提升。

2. 逐步提高养老保险最低缴费年限

2019 年以来，内蒙古自治区的城镇职工基本养老保险当期基金收入低于基金支出，使得基金支付压力增加。缴费年限是养老保险制度设计的关键一环，对养老保险基金支付能力的影响较大。根据国外的实践，提高养老保险最低缴费年限对于改善基金的收支状况是行之有效的。当然，单一

地提高最低缴费年限并不能解决全部问题，反而会造成一些社会问题，例如，可能会将一些人群排除在城镇职工基本养老保险范围之外，会降低养老保险的覆盖面，如灵活就业人员。因此政府部门要适时灵活地调整最低缴费年限来达到有效增加基金收入并降低基金支付压力的政策目的。

3. 实施渐进式延迟退休制度

在人口老龄化不断加深的社会背景和离退休人数逐年增长的情况下，进行延迟退休年龄的改革具有重要意义①。渐进式延迟退休能够增加基金的征缴收入，同时也能够避免大幅度一次性调整退休年龄造成的不利局面。针对参保者对延迟退休存在的顾虑，例如，他们会认为缴费年限延长了，养老金待遇领取年限却缩短了，政府要对延迟退休政策有宏观上的把握，做好与规划实施相关的配套措施设计，提高群众对延迟退休制度的理解与认可。通过调整养老金的待遇计算公式和计发办法，体现多缴多得、长缴多得的激励机制。同时，政府要继续做好定期提高和调整退休人员养老金待遇的相关工作，并确保退休人员养老金按时足额发放，建立制度调整的群众基础。

4. 提高基金管理能力，实现基金的保值增值

基金管理是职工养老保险制度可持续发展的基础，做好基金的风险管理、投资管理和监督管理至关重要。首先，要建立专业化的养老保险基金投资机构，根据市场发展形势和经济发展状况，确定投资工具的投资范围，降低投资风险。其次，要加大投资力度，目前养老保险基金主要的投资方式是存入银行和购买国债，投资回报较低，可以不同程度地放松对投资方式的限制，投资股票和实业等资产，从而获得较高的收入回报，实现收益性、安全性与流动性的平衡。最后，要建立养老保险基金的监管体系，通过信息披露定期向公众公开投资情况，实现养老基金财产保值增值和安全稳健。

① 董克用．养老金发展现状、挑战与趋势研判——以城镇职工基本养老保险制度为例[J]．人民论坛,2019(26):92－94.

（二）逐步提高城乡居民养老保险待遇水平

大力宣传城乡居民养老保险政策，让更多的城乡居民了解城乡居民养老保险制度。重点宣传城乡居民养老保险的参保条件、缴费档次、待遇水平等，并通过多种渠道和方式全面准确解读政策，让城乡居民结合自身条件、经济支付能力去选择更适合自己的养老保险服务。只有深入了解这项养老保险的福利待遇和对老年生活的经济支持功能，居民才会愿意参加这项养老保险。居民养老保险的待遇保障水平是影响该制度公信力和吸引力的关键因素。

城乡居民养老保险制度自实施以来，是一种个人缴费与政府补贴相结合的模式，然而个人缴费水平一直不高，待遇水平也就相应不高。居民养老保险待遇主要由个人账户和基础养老金构成。目前，60 周岁以上 70 周岁以下人群基础养老金是固定的 140 元/人·月；70 周岁以上 80 周岁以下人群基础养老金是 150 元/人·月；80 周岁及以上人群的基础养老金是 160 元/人·月。60 周岁以上 70 周岁以下居民的基础养老金由 60 元/人·月增长至 140 元/人·月，9 年间大概平均每年增长 8.9 元。基础养老金涨幅过于缓慢，致使城乡居民参保意愿低，城乡居民养老保险吸引力不足。政府应该加强财政投入，逐步提高城乡居民基础养老金标准，进一步健全居民养老保险资源统筹和分配机制，明确建立城乡居民基本养老保险待遇确定和基础养老金正常调整机制，切实保障城乡居民的养老权益。

（三）逐步提高第二支柱养老金覆盖率

1. 扩大企业年金的受益面

截至 2021 年底，内蒙古自治区参与企业年金的人数为 291138 人，参加职业年金的人数为 1145895 人，参加企业年金与职业年金的人数仅占内蒙古自治区 2021 年城镇职工基本养老保险参保人数的 17.46%。截至 2021 年底，全年地区生产总值完成 20514.2 亿元[①]，企业年金的资产总额约为 208.19 亿元，是自治区生产总值的 1% 左右，覆盖面较为有限且资金规模

① 资料来源：《内蒙古自治区 2021 年国民经济和社会发展统计公报》。

较小。不同于机关事业单位职业年金强制性缴纳的原则要求，企业年金的缴纳以单位和个人自愿为前提，由单位和个人双方共同承担费用缴纳义务。相较于内蒙古自治区机关事业单位职业年金制度的发展速度，企业年金制度虽然起步较早，但后续发展速度比较滞后，迫切需要扩大企业年金的覆盖面。鼓励各类企业参与企业年金制度，尤其是中小型企业，从而提高这一养老金制度的覆盖率，扩大基金规模，充分发挥作为第二支柱的养老保障功能。同时，基本养老保险较高的参保率为企业年金发展提供了前提，企业的发展壮大为企业年金发展提供了空间。应借鉴国际经验，完善企业年金治理结构和运营模式，包括引入“自动加入机制”、生命周期基金，扩大投资范围，保证投资收益，放开个人选择权等①。

2. 加强政策宣传工作，发挥政府的积极引导作用

一项制度得以顺利推行离不开人民群众的广泛认可和支持，政府要加强宣传，协调配合，广泛运用各种媒体，通过编制宣传手册、派发宣传单、播放宣传短片等方式，开展养老保险政策宣传月（日）、媒体政策问答、社保干部进社区等多种活动，引导各类用人单位和符合条件的人员依法依规参保缴费第一支柱养老金，并积极参与第二支柱企业年金。通过积极联合电视台、自治区人力资源和社会保障厅门户网站以及微信公众号等“接地气”的宣传方式对第二支柱养老保险政策进行宣传。通过政府的宣传，让企业认识到企业年金的建立有利于构建完善的薪酬体系，有利于吸引人才，留住人才等，提高其参与的积极性。

企业年金对于企业来说是一项长期存在的人力成本，只有一些经济效益和福利待遇好的大型企业才会主动积极建立企业年金，大多数企业不愿意主动建立企业年金。事实证明，完全靠自愿去建立企业年金，效果是不显著的。政府应当发挥干预和调节的作用，要求达到一定规模、营业额、营业利润的企业建立覆盖全员的企业年金②。与此同时，政府应通过税收优惠和政策扶持等手段去调动企业发展企业年金的积极性和主动性，鼓励

① 董捷，赵宇．加快推动我国企业年金发展的对策研究[J]．上海保险，2022(6)：34－39.

② 吴秀梅．企业年金的扩面困境及其解决对策[J]．商展经济，2021(14)：97－99.

更多的企业参与企业年金制度。目前我国企业年金的税收优惠模式为EET模式①，进一步提高企业年金的单位和个人缴费的税优比例仍有一定空间。政府应统筹财税政策与金融监管政策，根据实际情况放宽企业年金的投资限制，通过提高收益率进而提高待遇水平，激发广大企业特别是中小企业和职工的参与积极性。

（四）规范发展第三支柱个人养老金

1. 加快建设第三支柱养老金制度

目前，养老保障体系的“三支柱”各有特点，各自运行。第一支柱基本养老保险覆盖范围广，参保人数多，但第一支柱承担了过重的养老压力；第二支柱的企业年金和职业年金取得较快发展，在一定程度上缓解了第一支柱的养老压力；以个人养老金为核心内容的第三支柱养老金尚处于起步阶段，个人储蓄性养老保险、商业养老保险和养老理财形成了个人养老金的广阔市场。从未来养老基金规模增长的角度看，第三支柱养老金无疑是发展的重要目标。随着互联网技术、大数据技术等信息技术的迅速发展，国民的养老观念也在发生积极转变，养老规划意识逐渐增强，技术进步和观念转变为第三支柱养老金制度的发展提供了有利的环境②。打通“三支柱”的基金流动，是完善养老保障体系结构失衡的关键，③ 对内蒙古而言，应积极争取纳入国家个人养老金的试点范围，早日形成多支柱的养老金体系。

2. 探索个人养老金税收优惠方案

第三支柱个人养老金涉及众多政府部门、金融监管机构和各类金融机构，要做好顶层设计，制定个人养老金发展的各项政策，通过税收激励，

---

① EET模式：是企业年金税收优惠政策形式之一，是指对雇主和职工向企业年金计划的缴费以及企业年金计划的投资收益给予免税待遇，但对退休职工从企业年金计划领取的养老金要进行征税。

② 董克用，施文凯．加快建设中国特色第三支柱个人养老金制度：理论探讨与政策选择[J]．社会保障研究，2020(2)：3－12．

③ 韩宋辉，梁银妍．三支柱协同发力　擘画未来养老蓝图[N]．上海证券报，2022－03－09(004)．

调动第三支柱养老金产品供需双方的参与积极性。政府应当出台具有全局性、可操作性的相关政策，用以引导和指导居民进行个人养老金投资，并保障居民在投资收益各环节中的权益。合理的税收优惠政策有利于提高民众的参与积极性，扩大第三支柱养老金的覆盖范围，提高第三支柱养老金的基金积累规模。因此，制定公平有效的税收优惠政策，提高第三支柱个人养老金的吸引力，是推动其快速发展的核心动力。政府财税政策支持，应当以保障养老金安全性、收益性和可持续性作为基本要求。税收优惠能够在一定程度上降低养老储蓄的机会成本。应充分鼓励市场机构的竞争与合作，提高个人养老金的经办效率。从国际经验看，第三支柱养老保险税收优惠政策主要有 TEE①和 EET 两种模式，也有两种模式相结合的双向税收优惠方式。我国第三支柱养老保险尚处于建立初期，群众对于政策的理解以及参与意识的提高需要一定的时间，EET 模式无疑是更适合且更具有吸引力的模式②。

3. 开发多样化的养老金融产品

我国金融市场日益完善，养老金融体系建设取得一定成就。在市场经济条件下，养老保障和服务完全由政府承担、实现纯粹的公益性是不现实的，要充分发挥市场的决定性作用，构建丰富的养老金供给产品体系。将养老金产品的风险等级按照由低到高的顺序进行分层排列，发展多样化的养老金产品能极大地满足不同年龄和投资偏好参加人的投资需求。按照制度设计，参加个人养老金需要开设两个账户：一个是在信息平台建立个人养老金账户，用于信息记录、查询和服务等；另一个是在银行开立或者指定个人养老金资金账户，用于缴费、购买产品、归集收益等。应赋予公众养老金产品的自由选择权，可根据需要自主选择银行理财、商业养老保险、养老基金、养老信托等金融产品，还可以选择短、中、长期投资组合。同时，应推进基于生命周期的养老金产品多样化发展，满足不同收

① TEE 模式：只对缴费征税，是在缴费阶段征税，投资阶段、领取阶段免税；EET 模式是指延迟纳税，即在缴费阶段、投资阶段免税，领取阶段征税。

② 彭蓉．第三支柱养老保险制度研究［D］．北京：中国财政科学研究院，2020.

入、不同年龄段群体对养老金资产管理的差异化需求。例如，年轻人和高收入者倾向于购买风险等级较高且回报率较高的养老金融产品。因此，各类金融机构应提供多种类型的养老金融产品，形成包括银行、保险、信托、基金等共同参与的个人养老金治理结构，使个人养老金参保者的养老投资选择有充足空间。

（五）灵活调整政策积极应对新冠感染疫情影响

在新冠感染疫情带来的巨大冲击下，应充分认识到当前内蒙古自治区养老保险制度所存在的问题，并立足于实际情况以及老年人的具体需求，采取有效的措施保障人民群众的生活需要与基本利益。需要制定一系列切实可行的养老保障政策，并采取灵活措施，适应疫情常态化发展的需要。内蒙古自治区陆续出台了社会养老保险的阶段性免、减、缓政策，为企业有序复工复产创造了条件。这些政策的出台也导致基本养老保险阶段性的基金收入的减少。在内蒙古自治区城镇职工基本养老保险基金累计结余不断下降的情况下，如何灵活调整政策，积极应对新冠感染疫情带来的影响，迫在眉睫。

为了缓解基金征缴减少的情况，从增加基金收入的角度来看，中央应加大财政补贴力度承担兜底责任，使得基金收入保持在一个稳定的状态。同时，促进基金市场化投资运营，确保基金保值增值能力。还可以通过国有资本划转来增加养老保险基金规模①。2019 年国务院印发的《关于全面推开划转部分国有资本充实社保基金工作的通知》进一步说明了国有资本划转操作的方式和办法。

此外，从缓解基本养老保险基金支付压力的角度来看，完善第二支柱、第三支柱的养老保险制度体系是长远发展内蒙古养老保险事业的重要举措。未来，根据国家统一政策，适时推行渐进式延迟退休年龄和提高最低缴费年限等政策措施，缓解基本养老保险基金支付压力。根据物价水平和经济社会发展情况，未来依然要采取定额调整、挂钩调整和适当倾斜调

① 董克用，郑垚．国有资本划转与城镇职工基本养老保险降费［J］．宏观经济研究，2020（1）：141－151.

整相结合的方式来调整养老金待遇，积极应对各类风险和挑战。

（六）健全养老保险精细化管理机制和公共服务平台

引入信息化技术推动养老保险的信息化公共服务平台建设，建立高效运行、系统集成的养老保险高质量服务体系，推进养老保险治理体系和治理能力的现代化。首先，随着基本养老保险统筹层次的提高，对基金筹资和资金使用效率提出了更高的要求。应在扩大筹资规模和范围的同时，探索更多的养老保险费缴纳方式，为参保单位和群众提供便利。应利用信息化手段依法加大基金稽查工作力度和养老保险费的清欠力度，防止瞒报、漏报、低报缴费基数，规范全区养老保险的监督检查工作，提高全区养老保险基金的支撑能力。其次，健全社会养老保险给付机制，严格控制不合理支出。按照多缴多得的原则发放养老金待遇，严格控制提前退休审批，适时延迟退休年龄，规范社会化发放的流程与时间。[①] 最后，加强基金投资的信息化监管。真实的信息披露可以让委托人对养老保险基金投资运营情况进行有效的监督，可以及时全面地了解基金投资情况与收益情况。建立除人社部、财政部、人民银行、银保监会、证监会等行业监管机制之外的独立的第三方监管机制，可以更好地保障养老保险基金的市场化运营和基金安全。

① 张瑱．社会养老保险基金运行风险管理存在的问题分析[J]．商业观察，2022(4)：82－84.

报告二　内蒙古医疗保险制度发展报告

宋　娟[①]

1996年内蒙古以城镇职工为对象开始探索社会医疗保险制度改革，1999—2003年内蒙古自治区建立起城镇职工基本医疗保险制度；2003年开展新型农村牧区合作医疗制度试点，2007年全面建立新型农村牧区合作医疗制度；同年启动城镇居民基本医疗保险制度试点，2008年城镇居民基本医疗保险制度全面建立；2016年探索新型农村牧区合作医疗与城镇居民基本医疗保险制度的整合，形成了统一的城乡居民基本医疗保险制度；2019年城镇职工基本医疗保险与生育保险合并实施。经过20多年的探索，内蒙古成功构建起以城镇职工基本医疗保险和城乡居民基本医疗保险为主体，以城乡居民大病保险、职工大额医疗保险、公务员医疗补助为补充，以医疗救助为托底的多层次医疗保障制度框架。

20年间，各项基本医疗保险制度逐渐实现普遍覆盖。2013年内蒙古城镇基本医疗保险制度覆盖率就已经达到了97.64%[②]，高于同期的全国水平。2019年城乡医疗保险制度全面整合后，全区基本医疗保险制度覆盖率达到96.2%[③]，部分盟市如阿拉善盟医疗保险覆盖率更是高达98.5%[④]。制度普惠的同时，保障待遇也不断提高。根据内蒙古自治区“十四五”医

① 宋娟，内蒙古大学公共管理学院讲师。

② 内蒙古提前完成城镇基本医疗保险扩大覆盖面任务［EB/OL］．(2013－07－22)．中央政府门户网站，http://www.gov.cn/jrzg/2013－07/22/content_2452792.htm.

③ 写在自治区医疗保障局成立一周年之际　改革创新　保障为民［EB/OL］．(2019－11－19)．内蒙古自治区医疗保障局网站，https://ylbzj.nmg.gov.cn/xwzx/dtxx/202011/t20201119_378200.html.

④ 何晓琴．阿拉善盟提前3个月完成基本医疗保险扩面目标任务［N］．阿拉善日报，2017－11－03.

疗保障事业发展规划的数据，“十三五”期间全区基本医疗保险基金总收入达1450亿元，总支出达1223亿元，统筹基金累计结余达346亿元，基金运行平稳可持续；目前，职工和城乡居民基本医疗保险政策范围内住院费用支付比例稳定在85%和70%左右，城乡居民高血压、糖尿病门诊用药保障机制普遍建立，政策范围内支付比例达到50%以上。基本医疗保险的制度保障功能凸显，切实减轻了参保人员医疗费用支出的经济负担。

随着收入的增加，居民的医疗需求也在增长。1998—2020年，内蒙古居民可支配收入增长了约9.95倍，而居民收入中用于医疗保健支出的部分却增长了约13.47倍①，医疗支出增长明显超过了收入增长的速度。居民基本医疗需求的增长和释放可见一斑。据统计，2019年，内蒙古各类医疗卫生机构诊疗人次达10702.27万，居民平均就诊次数上升到4.21次；2020年受新冠感染疫情的影响，各类医疗卫生机构诊疗人次比上年减少1089.93万人次，但居民平均就诊次数仍高达4.00次②。新时期，内蒙古全民医保的发展目标是构建发展更充分与更平衡的高质量医保体系。

本报告拟围绕内蒙古各项基本医疗保险事业的发展历程与制度现状进行综合系统阐述。

一、内蒙古城镇职工基本医疗保险制度发展概况

（一）内蒙古城镇职工基本医疗保险改革历程

改革开放以后，传统的职工劳保医疗具有企业负担重、资金封闭运行、保障水平低且不稳定等弊病。与社会主义市场经济体制不相适应，既难以保障职工的基本医疗需求，又无法顺利推进国有企业改革。于是，内蒙古同全国其他地区一样，在20世纪90年代末开启了企业职工社会医疗保险制度的改革探索。

1999年6月，内蒙古自治区人民政府印发了《内蒙古自治区建立城镇

① 资料来源：根据《中国统计年鉴》（1999—2021年）的数据整理获得。

② 内蒙古自治区卫生健康委员会．2019年及2020年内蒙古自治区卫生健康事业发展简报[Z]. 2021-07-01.

职工基本医疗保险制度实施意见》的通知，对自治区的城镇职工基本医疗保险（以下简称“职工医保”）进行了具体的规划和设计。2000 年 1 月，内蒙古职工医保启动；2001 年 7 月，自治区人民政府颁布了关于印发《内蒙古自治区本级职工基本医疗保险暂行办法》的通知，自治区本级职工医疗保险制度建立。2001 年，自治区人民政府转发自治区卫生厅等七部门《关于全区城镇医药卫生体制改革实施意见》的通知，在建立职工医保的同时，推进医疗卫生体制改革。截至 2003 年底，自治区 94 个统筹地区全部启动运行了职工基本医疗保险制度，启动率为 100%①。各统筹地区在组织实施职工医保的同时，逐步拓展职工大额医疗保险，参保人数为 198 万人，占职工基本医疗保险参保人数的 78.4%②。同时，各地还积极落实和完善公务员医疗补助政策。

2007 年，自治区开始以特殊就业人群为重点对象，积极推进职工医保扩面工作。《2007 年全区重点实施十项民生工程》中指出，医疗保险要以灵活就业人员、个体从业人员、农牧民工等人群为主要努力方向；以解决森工、煤炭企业等遗留问题为重点，不断扩大覆盖面。在职工基本医疗保险扩面过程中，首先，积极解决各类破产企业退休人员、困难企业职工参保问题。原则上，2009 年底前将未参保国有关闭破产企业退休人员纳入当地城镇职工基本医疗保险，2010 年底前基本解决所有关闭破产企业退休人员和困难企业职工参保问题。对破产转制企业退休人员参加城镇职工基本医疗保险确有困难的，经自治区人民政府批准，可以通过参加城镇居民基本医疗保险解决医疗保障问题③。其次，针对非公经济组织及其职工医疗保险参保率低的情况，自治区以非公有制企业及城镇个体工商户为重点，加大参保工作力度，改进管理服务方式，将城镇各类企业职工及城镇个体工商户纳入社会医疗保险范围。对拒不参加社会保险的，劳动保障部门要在企业年检前向工商行政管理部门提供未参加企业职工基本医疗保险的单位名单，工商行政管理部门对未参加医疗保险的单位应告知其到劳动保障

---

①② 资料来源:《2003 年度内蒙古自治区劳动和社会保障事业发展统计公报》。

③ 资料来源:《内蒙古自治区人民政府关于进一步做好城镇基本医疗保险工作的通知》。

部门办理社会医疗保险登记后再进行企业年检[1]。再次，灵活就业人员可自愿选择参加城镇职工基本医疗保险或城镇居民基本医疗保险。最后，鼓励农牧民工参加职工基本医疗保险，2006 年，自治区出台了《内蒙古自治区人民政府关于妥善解决农牧民工问题的实施意见》，切实解决农牧民工大病医疗保障问题。各统筹地区要逐步建立农牧民工大病医疗保险制度，按照“保大病、保当期”的原则只建立统筹基金，不建立个人账户，重点解决农牧民工进城务工期间的住院医疗保障问题。农牧民工大病医疗保险费由用人单位交纳，缴费基数原则上为上年度当地职工月平均工资的 80%，缴费比例原则上不超过 4.2%，具体缴费比例由所在统筹地区根据实际情况确定。参加大病医疗保险的农牧民工住院，按当地城镇职工基本医疗保险统筹基金支付范围享受相关待遇，门诊费用由个人负担。2007 年，内蒙古自治区参加大病医疗保险的农牧民工达到 15.34 万人 。随着农村牧区合作医疗制度以及城镇居民基本医疗保险制度的推广，对于那些参加职工基本医疗保险确有困难的农牧民工，也可以自愿选择参加城镇居民基本医疗保险或户籍所在地的新型农村牧区合作医疗。

通过努力，职工基本医疗保险的扩面工作取得明显进展，根据《内蒙古自治区国民经济和社会发展第十一个五年规划纲要》的统计数据，职工医保参保人数不断增加，年均增长 6.4%（见表 2－1）。

表 2－1　历年内蒙古城镇职工基本医疗保险参保情况

年份	参保职工人数/万人	增长率/%	基金支出/亿元
2012	455.1	3.9	122.71
2013	464.5	2.1	155.79
2014	470.7	1.3	147.04
2015	477.4	1.3	133.43
2016	488.3	2.3	150.95
2017	495.1	1.4	162.59
2018	505.3	2.1	175.92

① 资料来源：《内蒙古自治区人民政府办公厅关于进一步做好非公经济组织参加社会保险工作的通知》。

续表

年份	参保职工人数/万人	增长率/%	基金支出/亿元
2019	530.7	5.0	189.00
2020	553.0	4.2	197.02
2021	564.7	2.1	209.23

资料来源：历年《内蒙古自治区人力资源和社会保障事业发展统计公报》、历年《内蒙古自治区国民经济和社会发展统计公报》、历年《内蒙古统计年鉴》。

在职工基本医疗保险的发展过程中，内蒙古还根据宏观经济形势的需要，适时对制度做出灵活调整。2009年国际金融危机对自治区企业的影响加深，部分企业生产经营遇到困难，就业形势日趋严峻。为此，自治区人民政府办公厅发布了《关于采取积极措施减轻企业负担　稳定就业局势的补充通知》，允许困难企业在一定期限内缓缴社会保险费（包含职工基本医疗保险），并阶段性降低四项社会保险费率（包含职工基本医疗保险）。统筹地区人民政府在确保参保人员社会保险待遇水平不降低、保证社会保险制度平稳运行、基金不出现缺口的前提下，在2009年之内，可以降低城镇职工基本医疗保险的单位缴费率，降低幅度不高于现行单位缴费率的50%，个人缴费率不降低。具体额度由统筹地区根据当地实际确定。

2020年针对新冠感染疫情，为了切实减轻企业负担，支持企业复工复产，国家医保局、财政部、税务总局印发了《关于阶段性减征职工基本医疗保险费的指导意见》。自治区也积极响应、推行职工基本医疗保险单位缴费的阶段性减征。自2020年2月起，自治区各统筹地区根据基金运行情况和实际工作需要，在确保医保基金收支中长期平衡和参保人员待遇支付的前提下，对企业职工基本医疗保险单位缴费部分实行减半征收，原生育保险费不变。根据2020年3月颁布的《内蒙古自治区阶段性减征职工基本医疗保险费实施方案》的规定：原则上，职工基本医疗保险统筹基金累计结存可支付月数小于6个月（含6个月）的统筹地区，可不实施减征，但确有必要减征的，由当地政府统筹考虑安排。原则上，职工基本医疗保险统筹基金累计结存可支付月数大于6个月且小于9个月（含9个月）的统筹地区，可实施减征，减征期限不超过3个月。原则上，职工基本医疗保险统筹基金累计结存可支付月数大于9个月的统筹地区，可实施减征，减征期限不超过5个月。对受新冠感染疫情影响，面临暂时性经营困难、无力按时足额缴纳职工基本医疗保险费的参保企业，可向医保经办机构提出缓缴申请，经核准备案并抄送税务部门，可缓缴医疗保险费，缓缴期不超过6个月；延期缴费期间免收滞纳金，参保职工可按规定享受医保待遇；缓缴期满后，企业足额补缴缓缴的医疗保险费。截至2020年5月，内蒙古共减征职工基本医疗保险单位缴费11.15亿元①，切实减轻企业运行成本，有力带动全行业复工复产，促进经济稳步回升。

2019年底，内蒙古实现了职工基本医疗保险与生育保险的合并管理。生育保险基金并入职工基本医疗保险基金，实行统一征缴管理。按照用人单位参加生育保险和职工基本医疗保险的缴费比例之和确定参保单位缴纳职工基本医疗保险费率标准，个人缴费费率不变。

综上，自制度建立以来，20年间，职工基本医疗保险制度运行平稳，基金收支平衡，群众看病报销难、个人负担重的矛盾有所缓解。一个以职工基本医疗保险为主体，以职工大额医疗保险、公务员医疗补助为补充的全区城镇职工医疗保障体系正逐步形成。根据内蒙古医保局的统计数据，2021年，内蒙古职工基本医疗保险覆盖564.7万人，基金收入279.94亿元，基金支出209.23亿元，政策范围内住院费用支付比例稳定在85%左右。社会医疗保险制度体系在保障职工基本医疗需求、促进国有企业和医药卫生事业发展以及维护社会稳定等方面发挥着日益重要的作用。

（二）城镇职工基本医疗保险制度的发展现状

1. 参保机制

根据《内蒙古自治区城镇基本医疗保险条例》（以下简称《医保条例》），城镇职工基本医疗保险覆盖城镇各种类型的企业及组织雇员，包括国家机关、社会团体、企业事业单位、民办非企业单位的职工、个体工商户及其从业人员。此外，无雇工的个体工商户、未在用人单位参加职工基本医疗保险的非全日制从业人员以及其他灵活就业人员（以下简称“灵活

① 内蒙古疫情防控期间为企业减免税费超27亿元［EB/OL］.（2020-05-21）. 内蒙古自治区人民政府网站，https://www.nmg.gov.cn/zwyw/gzdt/bmdt/202005/t20200521_253229.html.

就业人员”）可以以个人身份自愿选择参加职工基本医疗保险。

首先，属于职工的，用人单位应当自用工之日起30日内为其职工申请办理职工基本医疗保险登记并申报缴纳职工医疗保险费，职工医疗保险待遇由个人账户和住院统筹两部分组成；其次，个体工商户或灵活就业人员自愿选择参加职工医保的，由本人持有效身份证件和相关资料到当地医疗保险经办机构申请办理职工基本医疗保险参保登记手续，所需缴费完全由个人承担，参保后享受住院统筹待遇，而是否享受个人账户待遇，要根据参保人选择的不同水平的缴费基数具体决定；最后，为方便农牧民外出就业，改变城乡二元结构、解决“三农三牧”问题，针对农牧民工群体的医疗需求，自治区还鼓励农牧民工参加职工医疗保险。

2. 筹资机制

职工基本医疗保险资金的筹资由用人单位和职工双方共同承担，其中，用人单位按照不低于上年度本单位职工工资总额的6%缴纳职工基本医疗保险费，职工按照不低于本人工资的2%缴纳，具体缴费比例，由统筹地区人民政府根据当地实际情况确定、调整，并报自治区医疗保险行政部门备案。

关于缴费的基数，目前自治区社会保险缴费实现了费改税的改革，各项社会保险费由税务部门征收。医疗保险费的征收以职工实际收入为基数，做到了基数的公开透明。《医保条例》还设置了缴费基数的最低线和最高线：职工工资低于统筹地区上年度在岗职工平均工资80%的，以在岗职工平均工资的80%为缴费基数；高于统筹地区上年度在岗职工平均工资300%的，以在岗职工平均工资的300%为缴费基数。

职工基本医疗保险基金实行统账结合的管理模式。医保部门每年根据收支平衡、略有节余的原则筹集医保资金。其中职工个人缴纳的保险费全部划入个人账户，单位缴费的30%也划入个人账户，实行基金积累；单位缴费余下的70%划入统筹账户，实行现收现付。针对不同年龄段的参保职工，单位缴费部分划入个人账户的比例也会稍有不同，随着年龄的增长，此比例会相应地提高。例如，内蒙古本级职工基本医疗保险单位缴费部分划入个人账户的比例，按年龄段的不同分别确定，具体规定为：以本人上年度工资收入为基数，年龄在 45 周岁以下（含 45 周岁）的职工，按 0.8%的比例计入个人账户；年龄在 45 周岁以上至退休的职工，按 1.3%的比例计入个人账户；退休人员按退休金总额 3.5%的比例计入个人账户①。又如呼和浩特市职工医疗保险单位缴费部分划入个人账户的比例也根据年龄做相应调整，具体规定为：年龄在 45 周岁以下（含 45 周岁）的，以本人上年度工资收入为基数，按 1%的比例划入个人账户；年龄在 45 周岁以上至退休的，以本人上年度工资收入为基数，按 1.2%的比例划入个人账户②。

对于灵活就业人员参加职工基本医疗保险的，参保人员应当按照统筹地区规定，以统筹地区上年度在岗职工平均工资为缴费基数，由个人自愿选择下列标准缴纳基本医疗保险费：其一，按照统筹地区城镇职工基本医疗保险单位和个人缴费比例全额缴费的，享受统筹地区职工基本医疗保险待遇，建立个人账户；其二，按照不低于统筹地区职工基本医疗保险单位缴费比例的 80%缴费的，享受统筹地区职工基本医疗保险住院和门诊特殊慢性病等待遇，不建立个人账户。

参加职工基本医疗保险的失业人员在领取失业保险金期间，职工基本医疗保险缴费由失业保险机构从失业保险基金中支付，个人不缴纳。具体缴费比例按统筹地区的缴费比例确定，缴费基数不得低于上年度在岗职工平均工资的 60%。

关于累计缴费年限，《医保条例》规定职工基本医疗保险的累计缴费年限为 25 年。参保人达到法定退休年龄，且累计缴费年限满 25 年的，退休后不再缴纳基本医疗保险费，按照规定享受职工基本医疗保险待遇；参保人达到法定退休年龄，但累计缴费年限未达到规定年限的，按照上年度的缴费标准一次性趸交余期应当缴纳的基本医疗保险费；补足余期费用后按照本条例规定的标准享受职工基本医疗保险待遇。对于流动就业的参保

① 资料来源：《内蒙古自治区本级职工基本医疗保险管理办法》。

② 资料来源：《呼和浩特市城镇职工基本医疗保险市级统筹实施办法》，自 2011 年 7 月 1 日起施行。

职工，在同一统筹地区内不同用人单位之间流动的，实际缴费年限合并计算；跨统筹地区流动的，其职工基本医疗保险关系可以随本人转移接续，职工基本医疗保险缴费年限累计计算。参加职工基本医疗保险的人员中断缴费后，从中断之月起停止享受基本医疗保险待遇。续保缴费后可继续享受医疗保险待遇，原有缴费年限应当连续计算。

3. 待遇给付机制

职工基本医疗保险基金由统筹基金和个人账户组成。统筹基金主要用于参保人员的住院、门诊紧急抢救、门诊特殊慢性病等医疗支出。个人账户用于支付参保人员门诊就医、住院费用的自付部分或者定点零售药店购药等费用。

凡是符合医保三大目录（《基本医疗保险药品目录》《基本医疗保险服务设施目录》《基本医疗保险诊疗项目目录》）的医药支出，都可以纳入医保基金的支出范围。自治区医疗保险行政部门按照国家和自治区的有关规定，制定和调整自治区基本医疗保险药品目录、诊疗项目、医疗服务设施标准。其中关于药品目录的最新规定是自 2021 年 3 月开始，自治区正式执行最新的《国家基本医疗保险、工伤保险和生育保险药品目录（2020 年)》(以下简称《国家 2020 年药品目录》)。《国家 2020 年药品目录》全部纳入自治区基本医疗保险、工伤保险和生育保险基金支付范围。结合内蒙古的蒙医、中医、藏医等民族医药特色，对于经国家有关部门批准上市的蒙药品种、《国家 2020 年药品目录》外其他有国家或地方标准的中药饮片、经自治区药品监督管理部门批准的治疗性医院制剂，自治区医疗保障局将按照《基本医疗保险用药管理暂行办法》相关要求，根据自治区基金负担能力及用药需求，经相应的专家评审程序纳入基金支付范围，按规定向国务院医疗保障行政部门备案后实施地方药品目录的增补。目前，自治区职工基本医疗保险和城乡居民基本医疗保险实行统一的医保药品目录。

参保人员在基本医疗保险定点医疗机构发生的符合基本医疗保险三大目录的医疗费用，由基本医疗保险统筹基金和参保人员共同负担。基本医疗保险统筹基金的支出设立起付标准、最高支付限额和医疗费用的支付比例。支付比例视医疗机构的级别逐级分别设置，并向基层医疗机构和蒙医中医医疗机构倾斜。起付标准、最高支付限额以及支付比例，由统筹地区人民政府确定。表2－2和表2－3分别是目前内蒙古本级职工基本医疗保险住院统筹待遇水平和呼和浩特市职工基本医疗保险住院统筹待遇水平。

表2－2　内蒙古本级职工基本医疗保险住院统筹待遇水平　单位：%

	在职人员统筹资金支付比例			退休人员统筹资金支付比例		
	三甲	三乙	其他	三甲	三乙	其他
起付线至3.5万元	85	90	95	88	93	98
3.5万元以上	95	96	97	96	97	98
封顶线	20.5万元					

资料来源：《内蒙古自治区本级职工基本医疗保险管理办法》。

表2－3　呼和浩特市职工基本医疗保险住院统筹待遇水平　单位：%

	在职人员统筹资金支付比例			退休人员统筹资金支付比例		
	三甲	三乙	二级及以下	三甲	三乙	二级及以下
起付线至2万元	88	90	92	89	91	93
2万元以上至5万元	90	92	95	91	93	95
5万元以上	95	96	98	96	97	98
封顶线	19万元					

资料来源：呼和浩特市城镇职工基本医疗保险政策须知［EB/OL］．（2021－04－22）．呼和浩特市医疗保障局网站，http：//ybj. huhhot. gov. cn/zcfg/202104/t20210422_1224877. html.

2020年，国务院颁布了《关于深化医疗保障制度改革的意见》，指出要改革职工基本医疗保险个人账户，建立健全门诊共济保障机制。2021年，自治区开始推行职工基本医疗保险的门诊统筹。自治区先后颁发《内蒙古自治区人民政府办公厅关于建立完善职工基本医疗保险门诊共济保障机制的实施意见》《关于进一步优化全区职工基本医疗保险个人账户资金家庭共济使用经办流程的通知》《关于建立完善职工基本医疗保险普通门诊保障制度的通知》等文件。明确了门诊统筹制度的覆盖范围、支付范围、支付政策。

其中，关于职工医保门诊统筹“三条线”支付政策具体规定如下：政策范围内的门诊医疗费用年度起付标准不低于1000元，年度最高支付限额，在职职工不低于4000元、退休人员不低于5000元。对起付标准以上、最高支付限额以下的政策范围内费用，不同级别医疗机构适当拉开支付比例差距，并适当向退休人员倾斜。支付比例三级医疗机构不低于50%，二级及以下医疗机构不低于60%，退休人员增加5个百分点。

另外，为了进一步提高个人账户资金保障效果，活化个人账户资金，根据自治区医保局印发的《关于做好2021年职工基本医疗保险个人账户有关工作的通知》，职工基本医疗保险个人账户由之前的只限本人使用，扩展到可以由家庭成员共济使用。内蒙古自2021年8月，个人账户使用范围扩展到支付参保人员本人和配偶、父母、子女在定点医疗机构就医发生的由个人负担的医疗费用，以及在定点零售药店购买药品发生的由个人负担的费用。

4. *统筹层次*

根据2015年颁布的《内蒙古自治区城镇基本医疗保险条例》的要求，城镇基本医疗保险在盟市级统筹的基础上，逐步实现自治区级统筹。2019年自治区医疗保障局印发的《全年医疗保障工作要点的通知》中明确指出："提高盟市级统筹层次质量，2019年出台医保基金盟市级统收统支相关政策，到2020年全面实现政策制度统一、管理规范一体、基金统收统支。"

目前，职工医保已经全面落实盟市级统筹，实现基本医保基金盟市级统收统支，进一步发挥医保基金互助共济的优势，提高基金的保障能力。各盟市结合地方财政制定具体的参保缴费水平、待遇给付标准等政策。2021年政府印发了《自治区"十四五"医疗保障事业发展规划》，再次强调要按照分级管理、责任共担、统筹调剂、预算考核的方式，推进基本医疗保险自治区级统筹。提高统筹层次有利于分散风险，增强医保基金的保障能力，实现地区间医保均衡发展；此外，统筹层次的提高还有利于促进人口的流动。人口跨统筹地区流动，会出现重复参保、医保转移接续难、异地就医难等问题，根源在于统筹层次低。尽管自治区针对流动人口的医保权益保障，先后出台《内蒙古自治区基本医疗保险异地就医管理办法》

《内蒙古自治区基本医疗保险参保管理经办实施细则》等通知，令重复参保、异地就医等问题有所缓解，但是要从根本上解决这些问题，还有待于尽快实现基本医疗保险的自治区统筹。

5. 异地就医

异地就医是指基本医疗保险参保人员在本统筹区以外（不包括境外）地区的就医购药。异地就医按就医地不同可划分为跨省异地就医和自治区内跨统筹区就医。基于不同个体的实际医疗需求，参保人可能会发生自治区内跨统筹地就医以及区外跨省就医的情况。为更好地保障参保人员的医疗需求，推进基本医疗保险异地就医直接结算，提高医保服务水平，2017年自治区异地就医直接结算工作取得突破性进展。在实现自治区内异地住院、购药直接结算的基础上，区内所有医保统筹地区全部接入国家异地就医结算平台，实现跨省异地就医住院费用直接结算，自治区确定了154家跨省异地就医定点医疗机构。其中三级医疗机构53家，是全国实现三级医院全部接入跨省异地就医系统的13个省份之一。

2020年，自治区医疗保障局又出台了《内蒙古自治区基本医疗保险异地就医管理办法》（以下简称《管理办法》），对异地就医人员范围和分类、异地就医备案、异地就医费用结算等进行了明确规定。该办法于2021年1月1日起实施，全面解决异地就医问题。根据《管理办法》，发生异地就医的人员，在履行了必要的备案手续之后，在定点医疗机构所发生的异地就医医疗费用可以获得医保报销，具体待遇如下：属于异地直接结算的，执行“就医地医保目录、参保地给付政策”；办理手工报销的，执行“参保地医保目录、参保地给付政策”。此外，自治区参保人员在区内跨统筹地异地就医，属于在定点医药机构进行门诊就医或购买药品的，可使用医保电子凭证或全国统一标准的社会保障卡支付，无须办理异地就医备案手续。

6. 转移接续

基本医保关系的转移接续是我国为适应人口流动的需要，保障流动人员医保权益的重要制度安排。2021年自治区医疗保障局转发了国家医保局颁布的《关于印发〈基本医疗保险关系转移接续暂行办法〉的通知》（以下简称《暂行办法》），自治区组织积极落实，强调要适应人口流动需要，做好各类人群参保和医保关系跨地区转移接续。一方面，可以切实保障跨统筹地区流动人员医保权益；另一方面，也可以有效防止重复参保和重复享受待遇。

职工医保的转移接续涉及两种情况：首先，职工医保制度内转移接续。职工医保参保人员跨统筹地区就业，转出地已中止参保，在转入地按规定参加职工医保的，可以申请转移接续。其次，职工医保与居民医保跨制度转移接续。职工医保参保人员跨统筹地区流动，转出地已中止参保，在转入地按规定参加居民医保的，可申请转移接续；居民医保参保人员跨统筹地区流动，转出地已中止参保，在转入地按规定参加职工医保的，可申请转移接续。

关于转移接续之后的待遇衔接问题，《暂行办法》提出四方面具体要求：一是职工医保参保人在转移接续前中断缴费 3 个月（含）以内的，可按转入地规定补缴职工医保费，缴费当月即可在转入地按规定享受待遇，中断期间的待遇可追溯享受。二是已连续 2 年（含）以上参保的，因就业等个人状态变化在职工医保和居民医保间切换参保关系，中断缴费 3 个月（含）以内的，可按转入地规定补缴基本医保费，缴费当月即可在转入地按规定享受待遇，中断期间的待遇可追溯享受。三是各统筹地区可根据自身情况，对中断缴费 3 个月以上的，设置不超过 6 个月的待遇享受等待期。四是根据《社会保险法》等相关法律法规，强调了职工医保缴费年限累计计算，具体缴费年限按照各地规定执行，要求各地不得将办理职工医保退休人员待遇与在当地按月领取基本养老金绑定。此外，《暂行办法》还明确加强基本医疗保险关系转移接续管理，在转入地完成接续前，转出地应保存参保人员信息、暂停基本医保关系，并为其依规参保缴费和享受待遇提供便利。转移接续完成后，转出地参保关系自动终止。

7. 费用支付方式改革

自治区职工基本医疗保险在传统的按服务项目付费的基础上逐步探索

总额预付、按病种付费（DRGs）、按床日及按病种分值付费（DIP）等多元复合式医保支付方式改革。

2017年《内蒙古自治区进一步深化基本医疗保险支付方式改革实施方案》指出在总额预算的基础上，全面推行以按病种付费为主，配合按床日付费、门诊按人头付费等多元复合式的医保支付方式。据了解，此次医保支付方式改革主要包括全面实施按病种付费、推广实施按床日付费、试点开展按疾病诊断相关分组（DRGs）付费、建立完善门诊按人头付费制度、鼓励支持使用蒙中医药服务5个方面的内容。其中，具备条件的地区可开展按疾病诊断相关分组（DRGs）付费试点；开展按疾病诊断相关分组（DRGs）付费的试点地区，可探索使用点数法（DIP）分配医保基金；选择需要长期住院治疗且日均费用较稳定的疾病开展按床日付费；积极推广门诊慢性病按人头付费，优先选择治疗方案标准、评估指标明确的门诊慢性病，合理测算人头费用标准；将符合条件的蒙医医疗机构纳入医保协议管理范围，制定完善差别支付政策，支付比例进一步向蒙医、中医倾斜。努力推动医保支付方式改革覆盖所有医疗机构及医疗服务，全区普遍实施适应不同疾病、不同服务特点的多元复合式医保支付方式，按项目付费占比明显下降。

2021年，自治区医保局印发了《内蒙古自治区DRG/DIP支付方式改革三年行动计划》，预计从2022年到2024年，用3年时间全面完成DRGs/DIP付费方式改革任务。逐步实现“四个全覆盖”，即统筹地区全覆盖、医疗机构全覆盖、病种全覆盖、医保基金全覆盖。其一，统筹地区全覆盖，要求2022年在国家DRGs试点城市（乌海市）和DIP试点城市（呼伦贝尔市、赤峰市、鄂尔多斯市）实现实际付费的基础上，2022年其他11个统筹区全部实施DIP支付方式改革，实现统筹地区全覆盖；其二，医疗机构全覆盖，要求统筹地区启动DRGs/DIP付费改革工作后，按2年安排实现符合条件的开展住院服务的医疗机构全面覆盖，2022年覆盖二级及以上公立医疗机构，2023年覆盖全部符合条件的开展住院服务的医疗机构；其三，病种全覆盖（原则上达到90%），要求统筹地区启动DRGs/DIP付费改革工作后，按3年安排实现DRGs/DIP付费医疗机构病种全面覆盖，

2022—2024 年每年进度应分别达到 70%、80%、90%。鼓励入组率达到 90% 以上；其四，医保基金全覆盖（原则上达到 70%），要求统筹地区启动 DRGs/DIP 付费改革工作后，按 3 年安排实现 DRGs/DIP 付费医保基金支出占统筹区内住院医保基金支出达到 70%，2022—2024 年每年进度应分别达到 30%、50%、70%。鼓励超过 70% 的基金总额预算覆盖率。

截至 2022 年 3 月，自治区按病种付费的病种达到 529 种，提高患者实际报销比例的同时进一步节约了医保基金的支出。在试点市，区域点数法总额预算和按病种分值付费（DIP）管理系统纳入全市健康平台建设，已基本开发完成，并进行了定点医疗机构、经办机构的多次培训和二级及以上医疗机构数据模拟。DIP 病种目录库病种数量共计 4987 个，其中核心病种 4056 个，占比 82%；综合病种 863 个，占比 12%。包头特有按床日分值付费病种 68 个①。

8. 医保经办管理

2020 年，国家医疗保障局发布《全国医疗保障经办政务服务事项清单》（以下简称《全国清单》），对医疗保障经办政务服务事项进行了一次全面、系统的梳理和规范。《全国清单》涵盖了目前医疗保障经办的通用服务事项，共分 10 个主项，分别是基本医疗保险参保和变更登记、基本医疗保险参保信息查询和个人账户一次性支取、基本医疗保险关系转移接续、基本医疗保险参保人员异地就医备案、基本医疗保险参保人员享受门诊慢特病病种待遇认定、基本医疗保险参保人员医疗费用手工（零星）报销、生育保险待遇核准支付、医疗救助对象待遇核准支付、医药机构申请定点协议管理、定点医药机构费用结算。主项下细分为 28 个子项，对每个子项的事项名称、事项编码、办理材料、办理时限、办理环节、设定依据都进行了规范统一。

2021 年，自治区完善并出台了《全区医疗保障经办政务服务事项清单》，涉及参保登记缴费、基本医疗保险参保信息查询和个人账户一次性

---

① 2022 年全市医疗保障工作会议（视频）召开[EB/OL].（2022-03-08）. 内蒙古自治区医疗保障局网站，https://ylbzj.nmg.gov.cn/xwzx/msdt/202203/t20220308_2014120.html.

支取、基本医疗保险关系转移接续、基本医疗保险参保人员异地就医备案、基本医疗保险参保人员享受门诊慢特病病种待遇认定、基本医疗保险参保人员医疗费用手工（零星）报销、生育保险待遇核准支付、医疗救助对象待遇核准支付、医药机构申请定点协议管理以及定点医药机构费用结算，共计十个主项。

在具体经办过程中，自治区不断推进公共服务线上办理，实现单位参保登记、职工参保登记等 16 项事项网上办理。积极推进“综合柜员制”，缩短次均业务办理时间。建立医保政务服务“好差评”制度，将评价结果与绩效考核直接挂钩，不断提升医保公共服务的群众满意度。另外，持续优化营商环境。动态调整权力清单、行政执法事项清单，实现“清单之外无权力”，深化“放管服”改革。积极推进医保服务“跨省通办”。签订《医疗保障政务服务“跨省通办”战略合作协议》，将乌兰察布市、张家口市、大同市作为试点。开通 15 个统筹区的普通门诊费用跨省直接结算，实现 103 个县级行政区划全覆盖，提前 17 个月完成国家要求。

各盟市为提高医保经办的质量，也推出了新举措。巴彦淖尔市医疗保障局探索精细化经办服务，简化经办流程，提高经办效率①；锡林郭勒盟医疗保险服务中心大力优化医保经办服务流程，30 项医保经办服务事项全部实行全程网办，全程网办率达到 100%②；乌兰察布市深入推进医保服务标准化建设、持续提升政务服务满意度等，举全局之力打造“审批最少、流程最优、服务最好、效率最高、企业获得感最强”的医保经办营商环境③；2021 年 11 月包头市全面启用国家统一医疗保障信息平台④，推进医保治理体系和治理能力现代化。

---

① 巴彦淖尔市医疗保障局聚焦精细化经办服务推进“我为群众办实事”实践活动走深走实［EB/OL］.（2021－05－14）. 内蒙古自治区医疗保障局网站，https://ylbzj.nmg.gov.cn/xwzx/msdt/202105/t20210514_1490739.html.

② 锡林郭勒盟医保经办服务事项全部实现“全程网办”［EB/OL］.（2022－04－13）［2022－05－27］. 内蒙古自治区医疗保障局网站，https://ylbzj.nmg.gov.cn/xwzx/msdt/202204/t20220413_2037903.html.

③ 乌兰察布市医疗保障局多措并举优化医保领域营商环境［EB/OL］.（2021－02－02）. 内蒙古自治区医疗保障局网站，https://ylbzj.nmg.gov.cn/xwzx/msdt/202102/t20210202_834061.html.

④ 包头市将全面启用国家统一医疗保障信息平台［EB/OL］.（2021－10－13）. 内蒙古自治区人民政府网站，https://www.nmg.gov.cn/zwyw/gzdt/msdt/202110/t20211013_1901799.html.

9. 医保基金监管

2021年5月自治区出台了《内蒙古自治区医疗保障基金使用监督管理办法》（以下简称《监督管理办法》），自2021年8月1日起施行。自治区的职工基本医疗保险和城乡居民基本医疗保险，以及职工大额医疗费用补助、公务员医疗补助等医疗保障资金使用的监督管理，均适用于此办法。《监督管理办法》从医保机构、医药机构和患者三方出发，为规范医保基金的使用做出了系统的界定。

首先，旗县级以上人民政府应当加强对医疗保障基金使用监督管理工作的领导，建立健全医疗保障基金使用监督管理机制，协调解决医疗保障基金使用监督管理工作中的重大事项。旗县级以上人民政府医疗保障行政部门负责本行政区域内的医疗保障基金使用监督管理工作。具体要对医疗保障经办机构、定点医疗机构、定点零售药店履行职责情况进行监督。

其次，定点医疗机构、定点零售药店及其工作人员应当执行实名就医和购药管理规定，核验参保人员医疗保障凭证，按照诊疗规范提供合理、必要的医药服务，向参保人员如实出具费用单据和相关资料，不得分解住院、挂床住院，不得违反诊疗规范过度诊疗、过度检查、分解处方、超量开药、重复开药，不得重复收费、超标准收费、分解项目收费，不得串换药品、医用耗材、诊疗项目和服务设施，不得诱导、协助他人冒名或者虚假就医、购药。

最后，参保人员不得利用其享受医疗保障待遇的机会转卖药品，接受返还现金、实物或者获得其他非法利益。

医保基金监管实行政府监管、社会监督、行业自律和个人守信相结合的监督机制。随着数字治理技术的应用，在监管的过程中还使用现代信息技术。2019年，《内蒙古自治区改革完善医疗卫生行业综合监管制度实施方案》指出，全面推开医疗保险智能监控，充分运用大数据、云计算、物联网等现代信息技术，完善智能监控制度。建立全区医疗保障信息系统，实现基金监管从人工抽单审核向大数据全方位、全流程、全环节智能监控转变。并将医保监管重点从医疗费用控制逐步转向医疗费用和医疗质量双控制。

二、内蒙古城乡居民基本医疗保险制度发展概况

（一）内蒙古城乡居民基本医疗保险制度整合历程

2016 年 1 月国务院印发《关于整合城乡居民基本医疗保险制度的意见》，指出要将新型农村合作医疗制度（以下简称“新农合”）与城镇居民基本医疗保险制度（以下简称“城镇居民医保”）整合为城乡居民基本医疗保险制度（以下简称“城乡居民医保”）。同年 6 月，内蒙古自治区人民政府办公厅颁布《内蒙古自治区整合城乡居民基本医疗保险制度工作方案》，出台了具体的实施方案。内蒙古是全国第 3 个出台整合方案的省份，这标志着内蒙古开始推动医疗保险的城乡整合工作，在自治区实施了 12 年[①]的新型农村牧区合作医疗制度终结历史使命，978 余万[②]农牧民开始与城镇居民一样加入统一的城乡居民基本医疗保险制度，在覆盖范围、筹资政策、保障待遇、医保目录、定点管理及基金管理六个方面打破城乡二元化的格局，实现全民统一。

整合方案对内蒙古全区整合工作做出规划和部署，明确了时间表：计划 2016 年 6 月底前，完成自治区本级新农合移交工作；8 月底前，盟市出台具体整合工作实施方案，完成移交工作；2017 年 1 月 1 日起，启动实施统一的城乡居民医保制度。

2016 年 11 月初，自治区政府办公厅下发了《关于建立统一的城乡居民基本医疗保险制度的实施意见》，指出 2017 年 1 月 1 日，各统筹地区实行统一的城乡居民基本医疗保险制度。整合后的制度延续盟市级统筹，以盟市为单位统一筹资方式、待遇政策、基金管理、服务监管、经办流程和信息管理，并积极探索自治区级统筹。

---

① 2003 年 12 月内蒙古自治区政府制定和下发了《内蒙古自治区新型农村牧区合作医疗管理暂行办法》，2004 年开始在全区开展新型农村牧区合作医疗的试点工作。

② 资料来源：《内蒙古统计年鉴》（2016）。

基金征缴实行个人缴费与政府补助相结合的方式。鉴于内蒙古城乡居民的收入水平总体偏低，建立个人缴费标准与城乡居民人均可支配收入相衔接的动态调整机制，合理划分政府与个人的筹资责任。其中，一方面，提高政府补助标准，在国家规定的财政补助资金中，除中央财政补助外，自治区按各地财力分类分档给予补助。2016 年自治区补助基数为一类地区 43 元、二类地区 60 元、三类地区 77 元，以后每年在此基础上，对当年增加部分，一类地区补助 30%、二类地区补助 50%、三类地区补助 70%，其余部分由盟市、旗县（市、区）财政分级承担。另一方面，关于个人缴费，具备条件的统筹地区可以实行统一的个人缴费档次；暂不具备条件的地区可先实行“一制两档”，确定两个缴费档次，实行不同的待遇水平。城镇居民原则上应选择标准高的档次缴费，农村牧区居民可自愿选择其中一个档次缴费，计划 2 ~3 年内实现缴费标准和待遇水平的全部统一。不具备缴费能力者（享受最低生活保障的居民、丧失劳动能力的残疾人、低收入家庭 60 周岁以上的老年人和未成年人等）参加城乡居民基本医疗保险所需个人缴费部分，由地方人民政府予以补贴，补贴标准按照原政策执行。

整合之后的待遇给付，各地区要确保城乡居民基本医疗保险总体待遇水平不降低，并逐步建立与经济社会发展相适应的医疗保险待遇动态调整机制，逐步提高城乡居民医疗保险保障水平。城乡居民基本医疗保险制度实行门诊统筹和住院统筹。其中，普通门诊支付比例不低于 50%，住院统筹的制度支付比平均保持在 75% 左右，最高支付限额要达到当地城镇居民人均可支配收入的 6 倍以上。

城乡居民医保继续推进医保费用支付方式的改革，全面推行总额预算付费管理下的按病种（病组）付费、按人头付费、按床日付费等支付方式改革，完善医疗机构补偿机制，引导医疗机构主动控制成本，规范诊疗行为。鼓励经办机构与协议管理的医疗机构进行谈判协商，建立风险分担和激励约束机制，充分调动医疗机构和医务人员合理控制医疗费用的积极性。

综上，城乡整合打破了二元化的参保壁垒，城镇居民与农村居民纳入统一的制度，消除了基本医疗保险参保机制的户籍身份差异；报销比例和封顶线大幅提高，农牧民的医保待遇得到了较大程度的提升；推广应用蒙医药、中医药以及蒙医中医适宜技术，就医选择范围更广；全区实行统一的基本医保药品目录、诊疗项目和医疗服务设施标准，实现了城乡居民与城镇职工医保目录的统一，保障范围进一步扩大；另外，统一医保经办。各盟市、旗县（市、区）人力资源社会保障部门负责本地区城乡居民基本医疗保险的具体管理和业务经办工作，自治区医疗保障局组建后又移交给医疗保障局。

截至2016年10月，全区12个盟市（满洲里市没有新型农村牧区合作医疗）均已出台整合实施方案或已实施城乡居民医保制度。其中包头市是城乡医保整合的先行地区，2016年3月包头市就实现了城乡医保经办机构的整合，7月在自治区率先实现了城镇居民医保和新农合两项制度的整合①。

2017年自治区各盟市全部实现了城镇居民医保和新农合的整合，建立了统筹城乡的居民基本医疗保险制度，并采取“一制一档”模式。根据内蒙古医疗保障局的统计数据，2021年内蒙古城乡居民基本医疗保险参保人数达到1627.5万人，基金收入152.59亿元，基金支出133.32亿元（见表2－4）。

表2－4　内蒙古城乡居民基本医疗保险参保情况

年份	参保人数/万人	基金收入/亿元	基金支出/亿元
2017	1666.44	—	—
2018	1659.05	—	—
2019	1647.73	137.20	128.10
2020	1630.95	139.85	113.05
2021	1627.50	152.59	133.32

资料来源：内蒙古统计局历年《内蒙古统计年鉴》，内蒙古自治区医疗保障局网站。

① 杜惠峰，薛清元，范艳存．内蒙古城乡居民医保整合经验总结[J]．中国卫生经济，2019(2)：34－36.

（二）城乡居民基本医疗保险制度的发展现状

1. 参保机制

城乡居民基本医疗保险覆盖除城镇职工以外的所有城乡居民。具体包括农村牧区居民、城镇非从业居民、各类全日制学校在校学生、学龄前儿童以及国家和自治区规定的其他人员。《呼和浩特市城乡居民基本医疗保险实施办法》还规定不在职工基本医疗保险待遇期内的，且在职工基本医疗保险待遇期满后办理停保的人员，可自愿选择参加城乡居民基本医疗保险[①]。

关于城乡居民基本医疗保险的参保率，自治区医保局提出要巩固城乡居民医保覆盖面，确保参保率不低于95%，参保连续稳定，实现应保尽保的政策目标[②]。2022年6月，自治区医保局在进行广泛听证和论证的基础上起草了《内蒙古自治区基本医疗保险参保管理经办实施细则》，进一步合理设定参保扩面目标、落实参保缴费政策、做好跨制度参保的待遇衔接、有序清理重复参保、完善个人参保缴费服务机制。

关于参保渠道的选择，城乡居民可以根据实际情况，选择以个人、家庭或学校（幼儿园）为单位参保。城乡居民以家庭为单位参保的，可在其户籍所在地的村（居）、社区统一缴费参保；机关、事业单位以及各大企业职工的家属可依托单位办理参保登记；在校学生（或托幼机构儿童）以学校（或托幼机构）为单位参保缴费，其中已经在家庭参保的，可提供参保证明后不在学校重复参保；职业技术学院、技师学院等全日制高等学校在校学生由所在高校负责收缴；在区内非户籍地参保的人员可在居住地的街道办事处缴费参保。

在不断扩大覆盖面的同时，制度还鼓励连续参保，防止“断保”。自治区和各统筹地做出了多种政策探索，如自治区规定，对居民医保在集中参保期内参保的，以及新生儿、农村牧区低收入人口等特殊群体，不设等

① 资料来源：《呼和浩特市人民政府办公室关于印发呼和浩特市城乡居民基本医疗保险实施办法的通知》。

② 资料来源：《自治区医疗保障局　自治区财政厅关于做好2019年城乡居民基本医疗保障工作的通知》。

待期。另外，对于职工医保中断缴费的群体，鼓励其继续参加城乡居民基本医疗保险。在职工医保中断缴费 3 个月内参加居民医保的，也不设置等待期。又如，呼和浩特市在 2022 年最新修订的《城乡居民基本医疗保险实施办法》中，放宽职工医保转城乡居民医保条件，取消原《办法》对职工转居民医保的三类特殊人群的限定条件。新《办法》规定："职工基本医疗保险中断缴费 3 个月内办理城乡居民基本医疗保险的，不设等待期，从缴费当月开始享受待遇。未在中断缴费 3 个月内办理城乡居民基本医疗保险参保缴费的，从缴费当月设置 3 个月待遇享受等待期，待遇享受等待期间发生的医疗费用不享受任何医保待遇。"再如，赤峰市 2021 年也出台了城乡居民基本医疗保险连续参保缴费鼓励政策，具体规定如下：如果参保人从 2019 年度到 2021 年度连续 3 年参保缴费，自 2021 年起即可享受连续参保缴费鼓励政策，即在符合规定的二、三级医疗机构住院治疗，包括按住院管理的门诊慢性病，基本医疗保险各段报销比例提高 3%。

目前，防范重复参保也是完善参保机制的一个重要方面。自治区医保局积极响应 2020 年国家医保局制定的《关于加强和改进基本医疗保险参保工作的指导意见》（以下简称《指导意见》），《指导意见》中首次提出重复参保的界定及处理原则，重复参保是指同一参保人重复参加同一基本医疗保险制度（制度内重复参保）或重复参加不同基本医疗保险制度（跨制度重复参保），具体表现为同一时间段内同一参保人有两条及以上参保缴费状态正常的参保信息记录。《指导意见》明确指出原则上不允许重复参保，提出了制度内重复参保、跨制度重复参保的处理办法。重复参保主要发生在流动人口身上，当居民的户籍地和居住地或就业地不一致时，就可能会出现重复参保的现象。为此自治区建立了区内异地参保制度，在区内非户籍地取得自治区居住证的城乡居民，可自愿选择户籍所在地或居住地参保，享受与居住地参保人员相同的医疗保险待遇。参保地盟市、旗县（市、区）财政应比照本地参保人员标准给予补助。在户籍地已参保的人员可通过办理医保关系转移接续手续实现在居住地参保。

此外，因为灵活就业人员可以自愿选择参加职工医保和居民医保，为避免重复参保，制度规定参保人员不得同时参加城乡居民基本医疗保险和职工基本医疗保险，不得重复享受医疗保险待遇。

最后，为提高新业态就业、平台就业等灵活就业人员的参保率，避免重复参保，内蒙古压实各苏木乡镇和街道的参保征缴责任，坚持线上与线下结合，推进参保人员办理参保登记。在扩大参保范围的同时加强部门数据比对和动态维护，防止“漏保”“断保”和重复参保。

2. 缴费机制

城乡居民基本医疗保险按照个人缴费与政府补助相结合的方式筹集资金，同时鼓励集体、单位或其他社会经济组织给予扶持或资助。其中，个人缴费方面，成年居民个人缴费比例约为当地城镇居民人均可支配收入的2%左右，未成年人个人缴费比例约为当地城镇居民人均可支配收入的1%左右①。具体缴费标准由统筹地区人民政府根据当地经济社会发展水平和居民家庭个人经济负担能力确定和调整。

在财政补贴方面，2019年起，中央财政按国家公布的年度政府补助标准对各省份实行分档补助。其中，中央财政对内蒙古自治区的补助比例为当年国家政府补助标准的80%。其余20%由自治区各级财政进行补贴。按照《内蒙古自治区人民政府关于印发基本公共服务领域自治区与盟市共同财政事权和支出责任划分改革实施方案的通知》规定，自治区各级财政补助资金中，自治区级财政按照一类地区30%、二类地区50%、三类地区70%进行分类分档补助（见表2－5），剩余部分由盟市和旗县财政分担。各级财政要按规定足额安排财政补助资金，及时拨付到位。

表2－5　2022年内蒙古各类地区财政补贴分担比例

地区	城市	分担比例
一类地区	鄂尔多斯市	自治区分担30%，各盟市分担70%
二类地区	呼和浩特市、锡林郭勒盟、乌海市、阿拉善盟、满洲里市、二连浩特市	自治区分担50%，各盟市分担50%
三类地区	包头市、呼伦贝尔市、兴安盟、通辽市、赤峰市、乌兰察布市、巴彦淖尔市	自治区分担70%，各盟市分担30%

资料来源：《内蒙古自治区人民政府关于修改内政发〔2018〕46号文件相关内容的通知》。

① 资料来源：《内蒙古自治区城镇基本医疗保险条例》（现行有效）。

在制度推进过程中，个人缴费和财政补贴的水平不断提高，具体见表2－6、表2－7。

表2－6　内蒙古城乡居民基本医疗保险筹资标准　　单位：元

年份	个人缴费	财政补贴
2017	190	460
2018	220	490
2019	250	520
2020	280	550
2021	320	580
2022	360	610

资料来源：内蒙古医疗保障局网站，历年自治区医疗保障局《关于做好城乡居民基本医疗保障工作的通知》。

表2－7　呼和浩特市城乡居民基本医疗保险筹资标准　　单位：元

<table>
<tr><th rowspan="2">年份</th><th colspan="2">个人缴费</th><th rowspan="2">财政补贴</th></tr>
<tr><th>成年人</th><th>未成年人</th></tr>
<tr><td>2017</td><td>190</td><td>130</td><td>460</td></tr>
<tr><td>2019</td><td>260</td><td>200</td><td>490</td></tr>
<tr><td>2020</td><td>310</td><td>250</td><td>520</td></tr>
<tr><td>2021</td><td>340</td><td>280</td><td>550</td></tr>
<tr><td>2022</td><td colspan="2">370</td><td>580</td></tr>
</table>

资料来源：呼和浩特市医疗保障局网站。

财政补贴向低收入群体倾斜。对于享受城乡最低生活保障的人员、农村五保供养的对象、丧失劳动能力的残疾人、低收入家庭60周岁以上的老年人和未成年人等所需个人缴费部分，由政府给予补贴。2022年，内蒙古自治区人民政府办公厅颁布了《关于健全重特大疾病医疗保险和救助制度的实施意见》，全面落实城乡居民基本医疗保险参保财政补助政策，对个人缴费确有困难的群众给予分类资助。特困人员全额资助，低保对象、返贫致贫人口定额资助，定额资助标准不低于当期居民医保个人缴费标准的45%，具体资助政策由自治区根据医疗救助基金筹集使用和困难群众实际需求情况适时调整。

例如，2022年锡林郭勒盟明确对特困人员的个人缴费给予360元全额资助，对低保对象、返贫致贫人口、监测户、脱贫享受政策人口按每人不低于 110 元标准给予定额资助。截至 2022 年 5 月 31 日，锡林郭勒盟 114317 名低收入人口（其中：特困人员 2273 人、低保对象 71431 人、监测户 2098 人、脱贫享受政策人口 38515 人）已全部参保，参保资助支出 1044 万元，低收入人口基本医疗保险参保率达到 100%①。

最后，为方便城乡居民参保缴费，扩大参保范围，各地在参保缴费环节探索多种便民举措。例如，呼和浩特市针对缴费期做出便民调整，近年来每年在集中缴费期后，均有居民因忘记缴费而导致断保的情况发生，且在非集中缴费期，居民无法登记缴费，需要等大半年后才可以登记缴费，无法及时享受待遇。原《呼和浩特市城乡居民基本医疗保险实施办法》中第四章第十四条规定的“每年 9 月至次年 2 月为缴费期”，2022 年新《呼和浩特市城乡居民基本医疗保险实施办法》将其调整为：“除参保身份登记为‘新生儿’外的其他城乡居民，每年 9 月至 12 月办理下一年度的参保缴费，每年 1 月至 8 月办理当年度的参保缴费。”又如，包头市拓宽参保缴费渠道，开通 5 种不同形式的线上缴费，在推行微信、支付宝等自助缴费小程序的基础上，针对没有智能手机或行动不便的参保群众，增加移动 POS 机刷卡以及帮办代缴等服务，提升群众参保缴费的满意度。全面优化参保缴费流程，由以往的“入户收缴、集体收缴”方式，转变为“自助收缴”与“帮办代办”方式，提升征缴效能。

3. 待遇给付机制

参保人员在城乡居民基本医疗保险定点医疗机构发生的符合基本医疗保险“三个目录”范围内的医疗费用，由基本医疗保险统筹基金和参保人员共同负担。城乡居民基本医疗保险“三个目录”主要包括《基本医疗保险药品目录》《基本医疗保险服务设施目录》《基本医疗保险诊疗项目目录》，涵盖药品、门诊和住院领域内的基本医疗需求，目录以外的医疗费用不纳入基本医疗保险统筹基金支付范围。参保人员医疗费用中应当由基

---

① 锡林郭勒盟低收入人口全部参加基本医保[EB/OL].（2022-06-08）. 内蒙古医疗保障局网站，https://ylbzj.nmg.gov.cn/xwzx/msdt/202206/t20220608_2068212.html.

本医疗保险统筹基金支付的部分，由医疗保险经办机构与医疗机构直接结算。目前，自治区城镇职工基本医疗保险与城乡居民基本医疗保险执行统一的“三个目录”[①]。

从学理上看，基本医疗保险待遇支付通常涵盖住院、普通门诊以及门诊慢特病的药品及服务；具体待遇标准体现为政策范围内医疗费用的起付标准、支付比例和最高支付限额等指标。城乡居民基本医疗保险待遇给付主要包括普通门诊统筹、门诊慢特病统筹和住院统筹三个方面。具体的起付标准、最高支付限额以及支付比例，由统筹地区人民政府确定。其中，支付比例视医疗机构的级别逐级分别设置，并向基层医疗机构和蒙医、中医医疗机构倾斜。

近年来，随着医保基金规模的不断增加，内蒙古城乡居民基本医疗保险的待遇水平逐步提高。

首先，在门诊统筹方面，内蒙古部分统筹地区的城乡居民基本医疗保险曾经实行过一段时期的个人（家庭）账户，自2019年底起，全部取消个人（家庭）账户，向门诊统筹平稳过渡[②]。不断完善门诊特慢病待遇保障和普通门诊统筹。目前全区基本医疗保险门诊保障平均报销水平达到50%以上。如呼和浩特市2022年6月颁布了《呼和浩特市城乡居民基本医疗保险门诊统筹实施办法》，将起付线按季度累计调整为按年度累计，降低了门诊统筹的起付标准，具体见表2-8。

为切实减轻城乡居民慢性病患者的门诊负担，2019年内蒙古还建立了城乡居民高血压、糖尿病门诊用药专项保障机制，将基层医疗卫生机构规范化管理的高血压、糖尿病人群整体纳入医疗保障范围，不再进行“两病”门诊用药保障资格申请和审核。简化认定程序，对未纳入门诊慢特病保障范围的“两病”患者，经定点医疗机构按诊疗规范确诊并备案后，即

① 关于对内蒙古自治区十三届人大四次会议第060号建议的答复意见［EB/OL］.（2021-10-15）. 内蒙古医疗保障局网站，https://ylbzj.nmg.gov.cn/zwgk/zfxxgk/fdzdgknr/jytabl/rdjy/202110/t20211015_1910496.html.

② 资料来源：《自治区医疗保障局 自治区财政厅关于做好2019年城乡居民基本医疗保障工作的通知》。

表 2－8 2022 年呼和浩特市门诊统筹待遇标准

		一级医疗机构	二级医疗机构	三级医疗机构
普通门诊	起付标准/元	200	500	1000
	支付比例/%	65	60	50
	最高支付限额/元	600	2400	2400
中（蒙）医特色门诊	起付标准/元	80	160	240
	支付比例/%	75	70	60
	最高支付限额/元	150	600	600

注：参保大学生在本校定点医院（医务室）发生的费用，不设起付线，直接按50%支付，支付限额为 150 元。

资料来源：《呼和浩特市城乡居民基本医疗保险门诊统筹实施办法》，规范性文件统一编号为：BG—2022—06 号，呼和浩特医疗保障局网站，2022－06－02。

可享受“两病”门诊用药保障。具体待遇为门诊保障不设起付线，政策范围内支付比例 50%，年度最高支付限额高血压 300 元、糖尿病 600 元、“两病”并发的600 元，并根据自治区经济社会发展水平和城乡居民医保基金承受能力适时调整①。

其次，在住院统筹方面，巩固稳定居民医保住院待遇保障水平，政策范围内基金支付比例稳定在 75% 左右。以呼和浩特市为例，表 2－9 和表 2－10是 2022 年呼和浩特市城乡居民基本医疗保险住院统筹的待遇给付标准。2022 年，呼和浩特市居民医保住院统筹的年度最高支付限额是 17 万元。

表 2－9 2022 年呼和浩特市城乡居民基本医疗保险住院统筹的起付线

单位：元

一个年度内的住院起付线	医院等级			
	三级甲等及以上	三级乙等 三级丙等	二级	一级及以下
首次	1000	600	200	100
二次及以上	800	400	150	50

① 资料来源：关于印发《内蒙古自治区完善城乡居民高血压糖尿病门诊用药保障机制实施方案》的通知。

表 2－10　2022 年呼和浩特市城乡居民基本医疗保险住院统筹的支付比例

政策范围内的住院费用	医院等级对应的住院统筹基金支付比例			
	三级甲等及以上	三级乙等 三级丙等	二级	一级及以下
起付线至 1 万元（含 1 万元）	73%	78%	83%	88%
1 万～3 万元（含 3 万元）	78%	83%	88%	93%
3 万元以上	83%	88%	98%	95%
封顶线	17 万元			

资料来源：《呼和浩特市城乡居民基本医疗保险门诊统筹实施办法》，规范性文件统一编号为：BG—2022—06 号，呼和浩特医疗保障局网站，2022－06－02。

在待遇给付环节，内蒙古还加大对蒙医中医药发展的支持力度。按照国家有关规定，将符合条件的蒙医中医医疗机构纳入医保协议管理范围，将临床必需、安全有效、价格合理的蒙医中医药服务及符合条件的医院制剂、饮片纳入医保支付范围。探索符合蒙医中医药特点的医保支付方式改革，推动医保支付政策向蒙医中医药服务倾斜，鼓励医疗机构提供蒙医中医服务。

4. 费用支付方式改革

目前自治区城乡居民基本医疗保险的费用支付方式在传统的按服务项目付费的基础之上，加快探索按诊断病种分类付费（DRG$_S$）、总额预付制度以及按病种分值付费（DIP）改革试点，推进医保支付方式改革。重点在于确保 DRG，国家试点城市乌海市及 DIP 国家试点城市呼伦贝尔市、赤峰市、鄂尔多斯市年内实现实际付费，同步推进其他统筹区 DIP 付费改革。

城镇居民基本医疗保险综合采用多种费用支付方式的改革探索与前文自治区城镇职工基本医疗保险部分的论述趋同，此处不再赘述。

5. 统筹层次

目前，城乡居民基本医疗保险已经做实盟市级统筹。2020 年 8 月自治区实现了城乡居民基本医疗保险盟市级基金统收统支，提高运行效率和抗风险能力。按照“制度政策统一、基金统收统支、管理服务一体”的要求，全区以盟市为统筹范围，统一覆盖范围、缴费政策、待遇水平、基金管理、定点管理、支付管理、经办服务以及信息系统。在夯实盟市级统筹基础上，按照“分级管理、责任共担、统筹调剂、预算考核”的原则，积极探索推进基本医保自治区级统筹。

6. 转移接续和异地就医

2021 年 11 月自治区医疗保障局转发了国家医保局办公室和财政部办公厅关于印发《基本医疗保险关系转移接续暂行办法》的通知，并要求各盟市严格按照国家要求，贯彻落实文件中关于完善医保转移接续的相关制度设计，切实保障跨统筹地区流动人员的医保权益。

城乡居民基本医疗保险参保人员因跨统筹地区就业、户籍或常住地变动的，不得重复参保和重复享受待遇，可以按规定办理基本医疗保险关系转移接续，包括个人医保信息记录的传递和医保待遇衔接的处理。

居民医保参保人员因户籍或常住地变动跨统筹地区流动，原则上当年度在转入地不再办理转移接续手续，参保人员按转入地规定参加下一年度居民医保后，可申请转移接续；职工医保参保人员跨统筹地区流动，转出地已中止参保，在转入地按规定参加居民医保的，可申请转移接续；居民医保参保人员跨统筹地区流动，转出地已中止参保，在转入地按规定参加职工医保的，可申请转移接续。

城乡居民基本医疗保险的异地就医政策与职工基本医疗保险一样，同样遵循 2020 年自治区医疗保障局出台的《内蒙古自治区基本医疗保险异地就医管理办法》，此处不再赘述。

7. 管理经办机制

自治区城乡居民基本医疗保险由自治区医疗保障局负责管理。近年来，自治区医保局以便民利民为第一原则优化医疗保障公共服务。整合城乡医保经办资源，大力推进基本医保、大病保险、医疗救助“一站式服务、一窗口办理、一单制结算”；着力深化“放管服”改革，畅通医保关系转移接续，为外出农牧民工备案、外来就业创业人员就医开辟绿色通道；简化定点医药机构协议签订程序，加强事中、事后监督，切实做好基金结算、清算工作，确保资金及时足额拨付；加强经办能力建设，构建全国统一的医疗保障经办管理体系，大力推进服务下沉，实现省、市、县、乡镇（街道）、村（社区）全覆盖。

关于管理经办机制以及基金监管机制，自治区城乡居民医疗保险与城镇职工基本医疗保险均由内蒙古医保局统一经办，具体内容在城镇职工基本医疗保险部分已经论述，此处亦不再赘述。

三、内蒙古补充医疗保险制度发展概况

目前，内蒙古已全面建成了以城镇职工基本医疗保险和城乡居民基本医疗保险制度为主体，以城乡居民大病医疗保险、职工大额医疗互助以及公务员医疗补助为补充，医疗救助为兜底的多层次医疗保障体系。

（一）职工大额补充医疗保险

职工大额补充医疗保险是一项以社会保险原则运作的补充医疗保险。凡参加职工基本医疗保险的单位和职工，都必须参加大额补充医疗保险。保险金的筹集通常以定额缴费的方式进行。保险费不建立个人账户，用人单位和参保人员个人缴纳的大额医疗保险费全部用于建立统筹基金。

职工大额补充医疗保险主要对职工基本医疗保险最高支付限额以上的个人自付部分进行保障。同职工基本医疗保险一样，职工大额补充医疗保险也不是完全保险，设置了共付比和最高支付限额。

2001 年，内蒙古自治区政府办公厅就颁发了《内蒙古自治区本级职工大额医疗保险暂行办法》，在城镇职工基本医疗保险制度逐渐成熟的同时，建立职工大额医疗保险作为补充，切实减轻职工的大病负担，取得了突出的成效，以下以呼和浩特市为例，介绍内蒙古职工大额补充医疗保险的制度现状。

2019 年，呼和浩特市医保局颁布《呼和浩特市城镇职工大额补充医疗保险办法》，对职工大额补充医疗保险的筹资标准、待遇标准做出了具体的规定。

首先，关于参保和筹资，参保单位和参保人员在参加基本医疗保险的

同时，应参加大额补充医疗保险。参保人员缴费标准为100元/年。有用人单位的，用人单位和参保人员各缴纳50元，每年第一季度缴纳基本医疗保险费的同时一次性缴纳大额补充医疗保险费。大额补充医疗保险需终身缴费，退休职工也需要按照100元/年的标准缴纳保险费。大额补充医疗保险按年度连续缴费，用人单位和个人在欠缴期间不享受大额补充医疗保险待遇。上年度断保的，从缴费之日起，设6个月等待期，等待期内不享受大额补充医疗保险待遇。

其次，关于待遇标准，具体见表2－11。

表2－11　2019—2023年呼和浩特市职工大额补充医疗保险待遇标准

	医疗费	支付标准
住院	住院医疗费基本医疗保险统筹基金年度内累计支付4万元至8万元（含8万元）的个人按比例负担部分	50%
	住院医疗费基本医疗保险统筹基金年度内累计支付8万元至19万元（含19万元）的个人按比例负担部分和超过19万元以上符合基本医疗保险规定范围的医疗费	95%
门诊	甲类特殊慢性病门诊治疗基本医疗保险统筹基金年度内累计支付2万元至8万元（含8万元）的个人按比例负担部分	50%
	甲类特殊慢性病门诊治疗基本医疗保险统筹基金年度内累计支付8万元至19万元（含19万元）的个人按比例负担部分和超过19万元以上符合基本医疗保险规定范围的医疗费	95%
封顶线	城镇职工大额补充医疗保险年度内累计支付限额为20万元	

资料来源：《呼和浩特市城镇职工大额补充医疗保险办法》，自2019年1月1日起执行，有效期5年，规范性文件统一编号为：BG—2019—06号。

最后，关于管理经办，城镇职工大额补充医疗保险实行市级统筹。大额补充医疗保险由市医疗保障局组织实施，市和旗县医保经办机构负责经办具体业务。

2021年，呼和浩特市城镇职工大额医疗保险参保人数为804251人，基金收入8773万元，基金支出5970万元，基金结余2803万元①。

① 2021年基本医疗保险基金收支情况[EB/OL].（2022－05－16）. 呼和浩特市医疗保障局网站，http://www.huhhot.gov.cn/bmxxgk/szfzcbm/sylbzj_22432/fdzdgknr_25424/tjxxnew/tjxx1/202205/t20220516_1279362.html.

（二）职工互助保障活动

除职工大额医疗保险之外，自治区还开展了职工互助保障作为基本医疗保险的补充。职工互助保障是2019年由自治区总工会主办、内蒙古职工互助保障协会发起的，依托各级工会组织，主要针对在职职工开展的一项互助互济活动；是工会组织动员广大职工在自筹资金、自愿参加的基础上，发扬团结友爱、互助互济精神的一项公益性保障活动。凡是内蒙古自治区行政辖区内参加城镇职工基本医疗保险，年龄在16～60周岁的在职职工，每人每期交纳100元互助金（含自治区总工会给每名会员补助的10元，个人实际交纳90元），均可成为本会会员。活动采取团体会员制，由所在单位工会统一组织职工参加，不接受个人单独参加。同一单位参加活动的职工不得少于其全部职工的75%（含）。参互职工住院统筹内费用在基本医疗保险和大额（大病）补充医疗保险等报销之后的自付部分，分段按比例补助报销，进一步减轻个人经济负担。最低不少于200元，一个互助期内最高不超过50万元。

自2019年内蒙古自治区总工会开展职工互助医疗保障活动以来，活动已经开展了3年多的时间。年度入会单位近4万家，参互总人数达到320多万人，连年保持15%以上的增长速度。全区共有10.8万多人（次）从中受益，申领次数最多的达到40次，补助金额最高的达到34.54万元，切实减轻了许多职工家庭的经济负担①。

2022年，职工医疗互助保障中的住院医疗互助待遇提高了报销比例和报销最高限额：由原来的3个区段增加为6个区段，每段的报销比例都提高了10%～20%；报销金额上限由之前的25万元提高到了50万元，成为全国申领补助限额最高的地区之一；针对职工出院后申领时间短的问题，由原来出院结算后的90天变成本单位保障期结束后的90天，为申领报销提供了更加宽裕的时间。

---

① 自治区政府新闻办召开2022年度（第四期）职工医疗互助保障行动新闻发布会[EB/OL].(2022-05-18). 内蒙古自治区人民政府网站，https://www.nmg.gov.cn/zwgk/xwfb/fbh/zzqzfxwfb/202205/t20220518_2057195.html.

（三）城乡居民大病保险

2015年，内蒙古自治区人民政府办公厅发布了《关于全面实施城乡居民大病保险的实施意见》，正式提出要在全区全面实施城乡居民大病保险。争取到2015年底前，大病保险覆盖全区所有城镇居民和农村牧区居民的医疗保险参保人群。2020年，大病保险实现城乡居民医保参保人员全覆盖，降低并统一大病保险起付线为1.4万元，政策范围内支付比例达到60%以上[①]。

大病保险主要保大病医疗支出，保障范围与城乡居民基本医保相衔接，即城乡居民基本医疗保险最高支付限额以上的部分可以由大病保险按比例支付，旨在进一步减轻城乡居民的个人负担，防范“因病致贫”或“因贫困而放弃治疗”现象的发生。

大病保险主要覆盖城乡居民基本医疗保险的参保人群，参保资金按照不低于上年度城乡居民基本医保人均筹资标准的5%筹集，基金结余较多的地区，可适当提高筹资标准。为切实减轻城乡居民的缴费负担，原则上城乡居民无须另外缴纳大病保险资金，而是从城乡居民基本医保基金中划出一定比例作为大病保险资金。例如，2019年，呼和浩特市大病保险人均筹资标准从35元/人·年提高到50元/人·年。所需资金从城乡居民基本医疗保险基金中划拨，居民个人不再另行缴费[②]。

为提高基金的抗风险能力和制度的保障水平。大病保险实行盟市级统筹，实行统一政策、统一管理、统一待遇。同城乡居民基本医疗保险一样，大病保险也不是完全保险，也需要设置起付线和封顶线，具体标准由各统筹地区根据基金承受能力自行确定。原则上支付比例采取分段设定，逐段递增，最低段不低于50%。大病保险的报销方法和基本医疗保险类似，达到大病保险起付线后的、符合医保目录范围的医疗费用才可以按规

---

① 内蒙古大病保险政策范围内支付比例达60%以上[EB/OL].（2020-10-31）.内蒙古自治区人民政府网站，https://www.nmg.gov.cn/zwyw/gzdt/bmdt/202010/t20201031_254944.html.

② 呼和浩特市医疗保障局关于调整呼和浩特市城乡居民大病补充保险筹资及待遇标准的通知[EB/OL].（2019-09-29）.呼和浩特市医疗保障局网站，http://www.huhhot.gov.cn/bmxxgk/szfzcbm/sylbzj_22432/fdzdgknr_25424/qt/ggfwyms/201909/t20190929_945420.html.

定比例进行报销，超出大病保险封顶线的部分不给予报销。

例如，自2019年始，呼和浩特市调整提高大病保险的待遇标准：城乡居民大病保险起付线由年度累计个人负担费用25000元调整为年度累计个人负担费用14000元。起付标准以上符合大病保险政策的费用支付比例由原来的分段计算，调整为直接按60%支付。还调整了建档立卡贫困人口大病补充保险待遇，起付线在非建档立卡贫困人口的基础上降低50%，调整为年度累计个人负担费用7000元；起付标准以上符合大病补充保险政策的费用支付比例在非建档立卡贫困人口的基础上提高5%，调整为65%支付；同时呼和浩特市取消了年度最高支付限额。根据2021年内蒙古医保局颁布的《关于进一步做好呼包鄂乌城乡居民大病保险工作的通知》，自2022年开始，呼和浩特市、包头市、鄂尔多斯市、乌兰察布市的城乡居民大病保险政策标准统一，包括统一筹资标准、统一政策标准，其中四个城市统一取消最高支付限额，即全面取消呼和浩特市、包头市、鄂尔多斯市、乌兰察布市大病保险最高支付限额。呼和浩特市、包头市、鄂尔多斯市、乌兰察布市四市的大病保险待遇大幅提高。自治区还有部分盟市取消了大病保险的最高支付限额，如2022年赤峰市取消大病保险原来25万元的最高支付限额，不再设封顶线①。

关于大病保险的经办，支持商业保险机构承办大病保险。为提高大病保险基金的抗风险能力，各地区原则上按照政府招投标程序和要求选定承办大病保险的商业保险机构。招投标主要包括具体支付比例、盈利率、配备的承办和管理力量等内容。为保持公益性，遵循“保本微利”的原则，将商业保险机构盈利率控制在5%以内。

2022年，内蒙古自治区人民政府办公厅颁布了《关于健全重特大疾病医疗保险和救助制度的实施意见》，提出将特困人员、低保对象、返贫致贫人口大病保险起付标准降低50%，支付比例提高5个百分点，并取消最高支付限额。

---

① 《关于调整我市医疗保险有关政策的意见》的政策解读[EB/OL].(2021-12-17).赤峰市医疗保障局网站,http://ybj.chifeng.gov.cn/xxgk/xxgkzl/fdzdgknr/zcjd/202112/t20211217_1488040.html.

对经大病保险支付后个人负担仍有困难的患者，民政、卫生计生等部门要及时落实相关救助政策，将符合救助条件的患者纳入重特大疾病医疗救助、疾病应急救助和慈善医疗援助范围。

（四）公务员医疗补助

目前，公务员群体除了同城镇职工一样参加城镇职工基本医疗保险和职工大额补充医疗保险外，对于超过基本医疗保险统筹基金和大额补充医疗保险最高支付限额以上的高额医疗支出，还可以由公务员医疗补助制度再进行保障。

2001 年，自治区政府颁布《关于内蒙古自治区国家公务员医疗补助的实施意见》，根据《国务院办公厅转发劳动保障部　财政部关于实行国家公务员医疗补助意见的通知》精神，结合自治区实际，提出自治区的国家公务员在参加基本医疗保险的基础上可以享受医疗补助待遇。

2003 年，自治区社保厅又颁发了《关于印发自治区本级国家公务员医疗补助暂行办法的通知》。对自治区本级国家公务员的医疗补助做出了明确的制度安排。

关于筹资，公务员医疗补助经费由财政负担，具体筹资标准应根据自治区本级享受医疗补助人员当期实际医疗消费水平、基本医疗保险的筹资水平和财政承受能力三方因素合理确定。由自治区财政厅和人社厅每年核定一次。2003 年的筹资水平为本级用人单位上年度职工工资及退休金总额的 4%。

关于待遇给付，公务员医疗补助包括对封顶线以下的个人自付段以及封顶线以上的个人高额自付段两个阶段的保障。首先，封顶线以下的个人自付部分，是指在基本医疗保险和大额补充医疗保险的支付范围内，个人需自付的医疗费用超过自治区本级职工基本医疗保险起付线标准以上的医疗费用，对退休人员补助 95%，对其他人员补助 90%；其次，封顶线以上的个人自付部分，是指在一个年度内所发生的住院医疗费用超过基本医疗保险统筹基金和大额补充医疗保险最高支付限额之和以上的部分，由医疗补助支付 95%。

除保障医疗支出外，自治区本级国家公务员参加职工大额补充医疗保险所需的缴费，也从公务员医疗补助经费中开支。2003 年自治区本级公务员参加职工大额补充医疗保险的缴费标准为 100 元/人·年。

（五）医疗救助

医疗救助主要面向城乡贫困人群，根据自治区相关文件，内蒙古医疗救助覆盖医疗费用负担较重的城乡居民和困难职工，并根据救助对象实施分类救助。对特困人员、低保对象、低保边缘家庭成员和纳入监测范围的农村牧区易返贫致贫人口，按规定给予救助；对不符合低保、特困人员救助供养或低保边缘家庭条件的，但因高额医疗费用支出导致家庭基本生活出现严重困难的大病患者（以下简称“因病致贫重病患者”）[①]，根据实际情况给予一定救助。困难群众具有多重特殊身份属性的按“就高不就低”的原则享受参保资助，不得重复资助。

医疗救助资金通过公共财政预算、彩票公益金和社会各界捐助等多元方式筹集，其中财政资金是主要渠道。医疗救助基金纳入社会保障基金财政专户，实行分账核算、专项管理、专款专用。为保证基金的安全性，城乡医疗救助基金累计结余控制在当年筹集基金总额的15%以内。例如，呼和浩特市医疗救助资金的筹集主要来源于政府财政。其中，市财政按照不低于上一年度当地常住人口 8 元/人·年的标准，旗县区财政按照不低于上一年度当地常住人口 4 元/人·年的标准安排医疗救助资金。2019 年，呼和浩特全市共筹集医疗救助资金 8451.05 万元，其中历年滚存结余资金 1978.05 万元；中央和自治区财政下拨医疗救助补助资金 3548 万元；市本级财政下拨医疗救助资金 2492 万元；县级财政配套 433 万元[②]。

医疗救助的待遇给付主要包括资助救助对象缴费参加基本医疗保险，

① 一般指具有当地户籍，家庭人均年收入低于上年度当地城乡居民人均可支配收入，扣减经基本医疗保险、大病保险等支付的个人负担医疗费用后，家庭人均收入低于当地最低生活保障标准的 1.5 倍，且家庭财产状况符合相关规定的重病患者。

② 2019 年医疗救助工作开展情况[EB/OL].（2020-05-21）. 呼和浩特市医疗保障局网站，http://www.huhhot.gov.cn/bmxxgk/szfzcbm/sylbzj_22432/fdzdgknr_25424/tjxxnew/tjxx1/202005/t20200521_945391.html.

以及对经济困难群体的医疗支出进行保障两个方面。

首先，对贫困群体参加基本医疗保险存在缴费困难的，给予参保资助。根据2022年内蒙古自治区人民政府办公厅颁布的《关于健全重特大疾病医疗保险和救助制度的实施意见》的规定，对个人缴费确有困难的群众给予分类资助。其中，特困人员全额资助；低保对象、返贫致贫人口定额资助，定额资助标准不低于当期居民医保个人缴费标准的45%。具体资助政策由自治区根据医疗救助基金筹集使用和困难群众实际需求情况适时调整。据统计，2021年自治区共资助困难群体参保42806人、支出1363.45万元①。

其次，除资助参保外，医疗救助重点对经济困难群体的医疗支出进行保障。医疗救助基金支付范围，原则上应符合国家和自治区有关基本医疗保险支付范围的规定。救助费用主要覆盖救助对象在定点医药机构发生的住院费用、因慢性病需长期服药或患重特大疾病需长期门诊治疗的费用。主要包括两个阶段：其一，基本医疗保险和大病保险起付线以下的政策范围内个人自付的费用；其二，按照“先保险后救助”的原则，对经基本医疗保险和大病保险支付后的政策范围内的个人自付的医疗费用进行资助，涵盖门诊和住院。据统计，2021年，自治区医疗救助资助门诊慢性病20400人次、支出479万元；住院救助2923人次、支出849.3万元②。

医疗救助的待遇给付标准包括起付标准、支付比例和最高支付限额。首先，根据救助对象家庭困难情况，分类设定年度救助起付标准。对低保对象、特困人员原则上取消起付标准，暂不具备条件的地区，其起付标准不得高于所在统筹地区上年全体居民人均可支配收入的5%，并逐步探索取消起付标准；低保边缘家庭成员起付标准按盟市上年全体居民人均可支配收入的10%左右确定；因病致贫重病患者按盟市上年全体居民人均可支配收入的25%左右确定。其次，分类设定制度支付比。在年度救助限额内，对特困人员实施全额救助；对低保对象政策范围内费用按不低于70%

①② 2022年全市医疗保障工作会议（视频）召开[EB/OL].（2022-03-08）. 内蒙古自治区医疗保障局网站，https://ylbzj.nmg.gov.cn/xwzx/msdt/202203/t20220308_2014120.html.

的比例救助；对其他救助对象政策范围内费用救助比例不低于60%。各盟市可以根据经济社会发展水平、人民健康需求、医疗救助基金支撑能力，合理设定当地医疗救助比例和年度最高支付限额。表2－12是以呼和浩特市为例，对不同救助对象实施分类救助的具体待遇标准。

表2－12　呼和浩特市医疗救助按人群分类救助标准

救助对象	普通疾病门诊医疗救助	大病门诊医疗救助	普通疾病住院医疗救助	重特大疾病住院医疗救助
特困人员	70%支付比，年度封顶线0.1万元	70%支付比，年度封顶线10万元	100%支付比，年度封顶线10万元	100%支付比，年度封顶线10万元
城乡低保对象	70%支付比，年度封顶线0.1万元	70%支付比，年度封顶线10万元	70%支付比，年度封顶线1.5万元	3万元以下，80%；3万元以上，85%；年度封顶线10万元
建档立卡贫困人口	—	—	70%支付比，年度封顶线1.5万元	3万元以下，80%；3万元以上，85%；年度封顶线10万元
低收入者	—	—	—	个人自负费用超过5000元的，超出部分按照80%的比例给予救助，年度最高救助5万元
因病致贫者	—	—	—	个人自负部分超过家庭年度总收入的，超过部分按照80%的比例给予救助，年度最高救助5万元

资料来源：关于进一步明确医疗救助有关事项的通知［EB/OL］.（2020－05－21）. 呼和浩特市医疗保障局网站，http：//www.huhhot.gov.cn/bmxxgk/szfzcbm/sylbzj_22432/fdzdgknr_25424/qt/shgysyjs/shjzyshfl/202005/t20200521_945413.html.

内蒙古医疗救助还建立了高额医疗负担患者的监测预警机制。对医疗救助对象的信息实施动态管理，将符合条件的及时纳入救助范围。监测预警机制包括因病致贫和因病返贫双预警机制，对于年度医疗费用经基本医疗保险和大病保险等支付后，个人累计负担超过当地上年农村牧区常住居民人均可支配收入的，纳入因病致贫预警监测；对于个人累计负担超过当地上年农村牧区常住居民人均可支配收入 50% 的，纳入因病返贫预警监测。对个人医疗负担较重的低保边缘家庭成员和农村牧区易返贫致贫人口要进行重点监测。

关于统筹层次，目前自治区已经全面做实医疗救助盟市级统筹。2020 年内蒙古医保局颁布《内蒙古自治区关于推进城乡医疗救助制度盟市级统筹的工作方案》，提出医疗救助实现盟市级统筹的目标，要求各盟市要在 2020 年 10 月底前出台具体政策文件。2021 年 5 月全区实现了医疗救助盟市级统筹，实行全市范围内救助范围统一、待遇保障统一、基金管理统一、保障目录统一。

四、内蒙古医疗保险制度面临的问题与挑战

内蒙古探索社会医疗保障体系建设已有 20 余年，全民医保建设取得了突出的成绩，业已实现制度层面上的普遍覆盖。在制度普惠的前提下，内蒙古城乡（牧区）居民基本医疗需求不断释放，“看病难、看病贵”的问题得到缓解。全民医保体系在保障居民基本医疗需求、助力经济发展及维护社会稳定方面发挥着不可替代的制度性作用。但成绩仍是阶段性的，新时期伴随社会主要矛盾的转变，社会医疗保险制度还存在发展的不充分与不平衡。

（一）社会医疗保险发展的不平衡——多元群体差异

城乡居民基本医疗保险的整合，消除了农村居民与城镇居民之间的参保身份壁垒和制度待遇差距。但整合之后的城乡居民基本医疗保险与城镇职工基本医疗保险之间仍存在差距。一方面，这意味着就业者与未就业者之间的医保待遇存在差别；另一方面，随着就业结构的变化，以灵活就业、弹性就业以及新业态就业为主要就业形式的非正规就业比例越来越高。相关从业人员由于劳动关系不规范、工作时间不稳定、收入偏低等因素的限制，大多被屏蔽在职工基本医疗保险制度之外。正规就业者与非正规就业者的医保待遇差别也越发明显。

如果说整合之前的制度体系具有典型的城乡二元分化特征，那么整合之后的制度，随着社会结构与社会分层的变化，逐步呈现出多元群体差异的特征。

表 2－13 是近年来内蒙古城镇职工基本医疗保险与城乡居民基本医疗保险的参保人数和基金支出数据。对比发现，参保人数这一指标居民医保大约是职工医保的 3 倍，而基金支出这一项职工医保却远远高于居民医保，可见职工医保待遇优于居民医保。对比前文的表 2－3 和表 2－10，以住院统筹待遇为例，可见居民医保与职工医保之间存在明显的待遇差异。2021 年，内蒙古职工医保和居民医保政策范围内住院费用支付比例平均分别为 84% 和 70% 左右①。再以呼和浩特市为例，2021 年职工医保统筹基金最高支付限额为 19 万元，而居民医保则是 17 万元。

表 2－13　内蒙古城镇职工医保与城乡居民医保待遇差异

年份	城镇职工基本医疗保险		城乡居民基本医疗保险	
	参保人数/万人	基金支出/亿元	参保人数/万人	基金支出/亿元
2019	530.7	189.00	1647.73	128.10
2020	553.0	197.02	1630.95	113.05
2021	564.7	209.23	1627.50	133.32
2021 年统筹基金平均支付比	84%		70%	

资料来源：根据内蒙古自治区医疗保障局网站数据整理。

根据现行制度规定，城镇所有类型企业职工都应该加入城镇职工基本医疗保险。2021 年，内蒙古城镇就业人数为 806.4 万，但同期职工医保参保人数只有 564.7 万，这其中有约 241.7 万城镇就业人员没有纳入职工医保，以城镇灵活就业人员、困难企业员工、小微企业雇员居多（见表 2－14）。据统计，2019 年，呼和浩特市以个体身份参加职工医疗保险的灵活就业人员只有 8.36 万人②。

① 内蒙古自治区“十四五”医疗保障事业发展规划［EB/OL］.（2021－10－13）. 内蒙古自治区医疗保障局网站，https://ylbzj.nmg.gov.cn/hdjl/xwfbh/202110/t20211013_1902739.html.

② 我市灵活就业人员社保缴费核定开始［N］. 呼和浩特日报，2019－07－24.

表 2－14　内蒙古城镇就业人数与职工医保参保人数　　单位：万人

年份	城镇就业人数	职工医保参保人数	城镇就业者未参保人数
2019	619.5	530.7	88.8
2020	784.0	553.0	231.0
2021	806.4	564.7	241.7

资料来源：《内蒙古统计年鉴》，内蒙古自治区医疗保障局网站。

根据自治区相关政策，灵活就业人员可以个人身份参加职工医保，但缴费全部由个人负担。其中，缴费基数并不是灵活就业者的实际收入，而是以统筹地区上年度在岗职工平均工资为缴费基数。表 2－15 和表 2－16 是呼和浩特市灵活就业人员参加职工医保的缴费基数和缴费情况。与正规就业者主要集中在城镇非私营企业不同，灵活就业人员主要集中在城镇私营企业，因此，依据《呼和浩特市统计年鉴》，收集了同期的城镇私营企业就业人员平均工资，通过观察灵活就业人员比较集中的城镇私营企业就业人员的平均工资可以近似估计灵活就业人员的实际工资情况。通过对比发现，呼和浩特市灵活就业人员的参保缴费基数远远高于同期城镇私营企业就业人员实际平均工资。在一定程度上反映出对于相当大一部分的灵活就业人员而言，选择职工医保存在高于自身实际工资的高缴费，实践中会有灵活就业人员因此放弃参加职工医保，转而参加低缴费水平的居民医保。

表 2－15　呼和浩特市灵活就业人员参保缴费基数　　单位：元

时间	缴费基数	城镇私营企业就业人员平均工资
2018 年	5257	3407.9
2020 年	5688.17	4235.4
2021.01—2021.06	5688	4435.3（2021 年）
2021.07—2022.06	6343.83	4435.3（2021 年）
2022.07—2023.06	6751	—

注：自 2021 年 7 月起，自治区将灵活就业人员核定缴费由自然年度调整为缴费年度。

资料来源：根据《内蒙古统计年鉴》、呼和浩特市医疗保障局网站、呼和浩特市政府网站数据整理。

表 2－16　2021 年 7 月至 2022 年 6 月呼和浩特市灵活就业人员参保缴费

项目	缴费比例/%	缴费基数/元	月缴费额/元	年缴费额/元
住院统筹＋个人账户	8	6343.83	507.51	6090.08
住院统筹	4.8	6343.83	304.50	3654.05
大额医疗保险：100 元/年				

资料来源：根据呼和浩特市医疗保障局网站数据整理。

最后，社会医疗保险发展的不平衡还体现为地域差异。目前内蒙古社会医疗保险还未实现自治区统筹，不同盟市之间还存在待遇差别。例如 2022 年，城乡居民基本医疗保险统筹基金的年度最高支付限额，呼和浩特市为 17 万元，鄂尔多斯市为 23 万元①，赤峰市只有 12 万元②，各盟市之间差距明显。此外，盟市医保基金累计结余的情况也不同（见表 2－17）。地方财政实力较强的鄂尔多斯市，职工医保和居民医保基金累计结余额最高，制度的保障能力也比较强。

表 2－17　2021 年自治区各盟市医保基金结余情况　　单位：亿元

盟市	职工医保累计结余	居民医保累计结余
包头市	35.87	9.27
巴彦淖尔市	16.89	12.87
阿拉善盟	7.72	0.62
鄂尔多斯市	82.28	17.63

资料来源：根据各盟市医疗保障局网站数据整理。

（二）社会医疗保险发展的不充分

自治区社会医疗保险发展不充分，医疗保障水平还有待提高。根据《中国卫生健康统计年鉴》（2021）数据，2019 年内蒙古卫生总费用增长至 1169.4 亿元，卫生总费用占 GDP 比重达到 6.79%，但仍低于西部地区的平均水平（8.0%）。同年，内蒙古个人现金卫生支出占卫生总费用比重下降到 30.56%（见表 2－18），但仍高于西部地区的平均水平（23.59%），也高于全国的平均水平。可见，与西部地区相比，内蒙古地

① 鄂尔多斯市医保局．鄂尔多斯市城乡居民基本医疗保险暂行办法[Z]．2022－05－10.

② 赤峰市城乡居民医保怎么报销[EB/OL]．(2022－03－02)．赤峰市医保局网站，http://ybj.chifeng.gov.cn/xxgk/xxgkzl/fdzdgknr/zcjd/202203/t20220302_1687624.html.

区的卫生费用总投入较低，而个人卫生负担较重。根据《国家统计年鉴》（2021）数据，2020年内蒙古地区居民平均就诊次数为4.0次，低于全国平均水平（5.49次）和西部地区的平均水平（4.37次），居民医疗服务利用相对不足。

表2-18　内蒙古政府卫生支出与个人卫生支出情况对比　单位：%

年份	政府卫生支出占GDP比重		个人卫生支出占卫生总费用比重	
	内蒙古	全国平均水平	内蒙古	全国平均水平
2010	1.19	1.39	43.84	35.29
2011	1.30	1.53	40.38	34.80
2012	1.29	1.57	38.67	34.34
2013	1.32	1.61	38.28	33.90
2014	1.36	1.64	39.37	31.99
2015	1.52	1.81	36.45	29.27
2016	1.68	1.86	33.46	28.78
2017	2.07	1.83	31.57	28.77
2018	1.88	1.78	30.79	28.61
2019	1.99	1.83	30.56	28.36
2020	—	2.17	—	27.65

资料来源：《中国卫生健康统计年鉴》（2021），《内蒙古卫生健康统计年鉴》（2021）。

随着经济与社会的发展，社会成员的医疗需求也在增长，具体见表2-19。根据《内蒙古统计年鉴》中的指标解释，个人医疗保健支出是指个人用于医疗和保健的药品、用品和服务的总费用，包括医疗器具及药品，以及医疗服务。对比历年的个人医疗保健支出和个人可支配收入的增长速度，发现医疗费用的增长速度超过了个人可支配收入的增长速度，个人卫生负担仍然较重，社会医疗保险还需适度提高保障水平，满足社会成员不断增长的医疗需求。

表2-19　内蒙古个人医疗保健支出与个人可支配收入增长率比较

年份	个人医疗保健支出/元		增长率/%		个人可支配收入/元		增长率/%	
	城镇	农村	城镇	农村	城镇	农村	城镇	农村
2016	1840	1130	16.8	4.8	32975	11609	7.8	7.7

续表

年份	个人医疗保健支出/元		增长率/%		个人可支配收入/元		增长率/%	
	城镇	农村	城镇	农村	城镇	农村	城镇	农村
2017	1907	1221	3.6	8.1	35670	12584	8.2	8.4
2018	2106	1468	10.4	20.2	38305	13803	7.4	9.7
2019	2349	1749	11.5	19.1	40782	15283	6.5	10.7
2020	2040	1667	-13.2	-4.7	41353	16567	1.4	8.4

资料来源：历年《内蒙古统计年鉴》。

为了进一步对比新时期居民基本医疗需求增长与个人可支配收入增长的变化趋势，再选取门诊和医院的平均医疗支出这一指标进行观察。

关于医疗需求的度量，在国内外的研究文献中常采用医疗支出或医疗使用次数两种方式来衡量医疗需求数量①。国内学者的研究曾运用医疗使用次数指标，如两周患病就诊率②和县级以上医院的门（急）诊人次③等测量基本医疗需求。本文采用医疗支出指标衡量居民医疗需求，拟将内蒙古年度人均医院门（急）诊费用和人均住院费用的总和作为居民“基本医疗需求”的度量指标。其依据在于：内蒙古业已实现社会医疗保险的普遍覆盖，并且与国家各项医疗保险制度的顶层设计保持一致，城乡各项医疗保险制度的保障定位一直是保障“基本医疗需求”。因此假设在这样的保障定位下，所有的制度受保人实际获取的大体上都是基本医疗卫生服务，所发生的医疗费用也基本上都属于基本医疗开支这一范畴，通过观察这一指标，一方面可以了解历年来内蒙古居民基本医疗服务支出绝对值的变化情况，另一方面通过对比个人可支配收入的增长率，可以了解居民满足基本医疗需求的经济负担程度。

① 韩华为．个体医疗需求行为研究综述［J］．经济评论，2010（4）：146－153.

② 陈心广，饶克勤，魏晟．中国农村基本医疗服务需求弹性经济学模型研究［J］．中国卫生事业管理，1996（3）：150－153.

③ 王梅．基本医疗研究系列报告之二——从经济学看基本医疗需求［J］．中国社会保障，1997（7）：20－25.

表2－20按医院口径[①]，分别统计了内蒙古居民历年平均门诊费用和平均住院费用，并汇总为年度人均基本医疗服务支出，观察这一指标可发现，2010—2020年，该指标增长了近3倍，其历年的增长率超过了个人可支配收入的增长率[②]（见图2－1）。可见内蒙古居民为满足基本医疗需求，其经济负担越来越重。新时期，伴随生活水平的提高以及对自身健康重视程度的提高，居民基本医疗需求不断释放和增长。为此，内蒙古面向城乡居民的基本医疗保险制度体系要适时做出调整，探索提升制度保障能力和经办能力的特色之路，适时构建发展更充分的全民医保制度体系。

综上所述，内蒙古社会医疗保险发展不平衡、保障不充分，与新时期人民群众日益增长的健康需求之间存在矛盾；与“十四五”期间建成高质量的医疗保障体系的目标还存在差距。主要表现为：全民医保在制度层面上已经实现，但是参保稳定性不足；基本医疗保险实现制度整合，但是制度的公平性不足；基本医疗保险待遇稳步提升，但是缴费机制和待遇给付机制还有待完善，基于经济增长和共享理念的适度保障还有待构建；基本医疗保险的制度设计有待优化，个人账户和医保费用支付方式改革有待深化；医保经办能力提高，但是谈判机制、协议购买机制等还尚未理顺；基于数字治理理念的智慧医保有待强化。

在接下来的发展建设过程中，既要迎接挑战，也要把握机遇，从机遇看，“健康内蒙古”战略深入实施，自治区高度重视高质量全民医保体系的建成，制定内蒙古“十四五”医疗保障事业发展规划，围绕深化医疗保障制度改革规划了全面的目标体系和具体的实施意见，为推进医疗保障改革发展提供了坚实的政治保证。随着一系列重大国家战略的深入实施，内蒙古医疗保障事业从公平医保、协同医保、智慧医保入手，推动全面深化改革。

---

① 根据《中国卫生健康统计年鉴》，医院包括综合医院、中医医院、中西医结合医院、民族医院、各类专科医院和护理院，不包括专科疾病防治院、妇幼保健院和疗养院。

② 2020年受新冠感染疫情的影响，城乡居民的门诊就诊率和住院率都有所下降，基本医疗服务支出增长率出现负增长。

表 2－20　内蒙古基本医疗服务支出与可支配收入增长率对比

年份	年度平均门诊费用/元*	年度平均住院费用/元**	年度人均基本医疗服务支出/元***	基本医疗服务支出增长率/%	人均可支配收入/元	可支配收入增长率/%
2010	183.1	378.1	561.3	31.1	12538	13.8
2011	217.4	459.9	677.2	20.6	14715	17.4
2012	268.1	594.9	863	27.4	16800	14.2
2013	306.5	698.4	1004.9	16.4	18693	11.3
2014	354.9	773.0	1127.9	12.2	20559	10.0
2015	382.5	773.0	1155.5	2.4	22310	8.5
2016	422.3	924.7	1347	16.6	24127	8.1
2017	457.5	1006.4	1463.9	8.7	26212	8.6
2018	521.2	1115.6	1636.8	11.8	28376	8.3
2019	626.9	1175.9	1802.8	10.1	30555	7.7
2020	633.4	1011.3	1644.7	－8.77	31497	3.08

注：*表示个人年度平均门诊费用＝平均就诊人次×次均门诊费用，即平均每位社会成员的年度门诊支出总额。其中次均门诊费用为医院次均门诊费用，通过内蒙古卫健委历年卫生事业发展统计公报获取。

**表示个人年度平均住院费用＝（总人口×住院率×人均住院费用）/总人口，即平均每位社会成员的年度住院支出总额。其中，人均住院费用为医院人均住院费用，通过内蒙古卫健委历年卫生事业发展统计公报获取。

***表示年度人均基本医疗服务支出＝年度平均门诊费用＋年度平均住院费用。

资料来源：历年《中国统计年鉴》、历年《中国卫生健康统计年鉴》、历年《内蒙古统计年鉴》、历年《内蒙古卫生健康统计年鉴》以及历年《内蒙古卫生健康事业发展统计公报》。

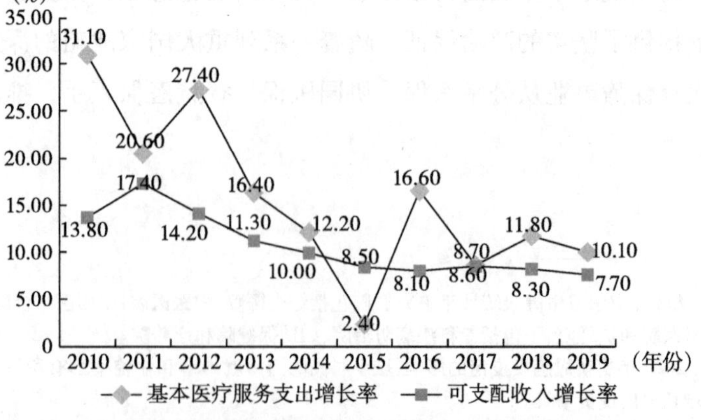

图 2－1　内蒙古基本医疗服务支出与可支配收入增长率对比

五、内蒙古医疗保险制度发展的对策建议

新时期内蒙古完善全民医保制度体系，要在社会主要矛盾转变的背景下，以“健康中国”和“健康内蒙古”为指导方向，构建发展更平衡、更充分的高质量医保。

（一）继续推进制度整合，构建更公平的全民医保

目前在制度层面上已经实现了新农合与城镇居民基本医疗保险的整合，打破了参保机制的城乡二元壁垒。但是城乡居民之间，以及不同社会群体之间还存在保障上的差异：整合之后的城乡居民基本医疗保险与职工基本医疗保险之间还存在待遇差异；就业者群体内部存在保障差异，非正规就业、灵活就业（新业态就业）以及个体经营者要么参加低缴费、低待遇的居民医保，要么以个人承担全部缴费的高负担加入职工医保；部分中小企业职工、低收入职工还存在“职转居”的现象；低收入群体尤其农村牧区居民中的低收入群体保障不足，等等。总之，医疗保险制度体系内部的城乡二元分化正慢慢退去，但是多元的社会群体分化正在凸显。制度还需要在现有城乡整合的基础上进一步探索多元群体之间的整合。

首先，放缓优势参保人群的待遇增长速度，缩小城镇职工与城乡（牧区）居民之间的制度差异，以及缩小不同收入阶层居民之间的医疗保障差异。尽管自2017年起内蒙古启动了城乡（牧区）居民基本医疗保险整合，此后制度的覆盖范围和筹资规模增长迅速，但是与职工基本医疗保险相比，差距仍然较大。2017年，内蒙古城镇职工基本医疗保险筹资占卫生总费用比例为19.58%，而城乡（牧区）居民基本医疗保险的这项比例只有11.14%，这意味着内蒙古城乡（牧区）居民医疗保险保障水平仍远低于职工医疗保险保障水平①。对于高保障人群，可以适当放缓待遇增长的速度，改善制度发展的不平衡之处。

其次，针对城乡低收入群体基本医疗需求保障不足的现状，应该将经济增长的红利以及由此形成的医保福利增值部分更多地惠及低收入人群或

① 于彩霞．完善医疗保障体系　降低居民卫生负担[J]．中国卫生经济，2019(12)：13－17.

低保障人群，科学合理地对该群体制定差异化的医疗保险补偿方案，进一步提高其医保受益程度。例如，在保证基金安全性的前提下，可考虑适当降低其门诊统筹或住院统筹的起付线，提高其封顶线和支付比。诚然，在差异化的政策倾斜过程中精准识别城乡低收入者和低保障者是关键，除城乡低保家庭外，还应重点考虑低收入组的家庭，尤其低收入组的牧户。受自然气候、生产生活环境、饮食条件以及诊疗条件等多种因素的影响，牧民患传染病、慢性病以及人畜共患病的概率高，据统计，内蒙古牧民的人均期望寿命低于全区平均寿命 20 岁①。牧民的健康状况不理想，具有较高的医疗服务需要，然而受限于家庭经济状况，对于低收入的牧民而言，起付线以下的部分以及社会统筹段的个人自付部分，都是不小的支出压力，也因此会出现放弃医治的情况。贫困抑制了内蒙古农牧户家庭的医疗消费，为构建更加公平的全民医保体系，应重点将有限的医疗保障资源更多地向城乡低收入群体倾斜。改善制度发展的不平衡之处，真正实现健康中国战略中提出的“共建共享、全民健康”的目标。

（二）构建保障适度的全民医保

新时期居民基本医疗需求总量的增长要求同步提升医疗保险制度的整体保障能力，构建发展更为充分的全民医保制度体系。

首先，基于制度理性，在保证基金安全性和可持续性的基础上，可适度提高医保待遇标准。目前政策范围内医疗费用的报销比，职工医保支付85%，居民医保支付75%左右。所谓政策范围，即医药费用要在医保三个目录内，并且是起付线以上，封顶线以下的医疗费用。由于受到这些“政策范围”的限制，医保实际报销率明显下降。有学者指出由于受封顶线、药品目录等因素影响，医药费用的实际报销率明显下降。医药费用报销率不再是制度规定的80%，因为住院期间要用一些目录外的自费药等，可能实际报销率仅为60%②。与西部地区相比，内蒙古地区的卫生费用总投入

---

① 陈江芸，邓立新，胡良志，等．北疆农牧民卫生服务现状调查[J]．中国卫生资源，2016(19)：242－247.

② 褚福灵．中国医疗保障制度现状与改革方略[J]．北京劳动保障职业学院学报，2019（4）：3－13.

较低，而个人卫生负担较重。内蒙古应合理增加政府用于卫生事业的财政投入，力争达到西部地区的平均水平。在经济增长和财政投入的支撑下，可以探索适度提高待遇给付。

其次，保障范围逐渐扩大。一方面，积极推进职工门诊统筹，不断健全职工医保门诊费用保障机制，逐步由病种保障向费用保障过渡。根据医保统筹基金承受能力，稳步提高保障水平，减轻参保人员门诊就医负担。逐步将门诊多发病、常见病纳入医保统筹基金支付范围。另一方面，深化个人账户改革，推动个人账户资金家庭共济使用。个人账户资金除了用于支付参保人员在定点医疗机构或零售药店发生的政策范围内自付费用外，还可以用于支付参保人员本人及其配偶、父母、子女在定点医疗机构或零售药店发生的自付费用。也可用于配偶、父母、子女参加居民医保、职工大额医疗费用补助、长期护理保险等的个人缴费。

最后，加强对贫困群体的保障力度。基本医保、大病保险、医疗救助覆盖全部城乡贫困群体，并关注边缘贫困群体的“因病致贫”问题。加大大病保险的保障力度，降低起付线，提高支付比，有条件的盟市可以探索取消大病保险的封顶线。

（三）提升全民医保的参保质量，构建更加稳定的参保机制

首先，单位就业人员参加职工基本医疗保险，继续以非公单位员工、劳务派遣员工、灵活就业人员、城镇个体户和新业态从业人员为重点，开展职工医保扩面。对于职工医保参保不稳定的群体，防止“职转居”，规范企业和个人的参保，杜绝缴费中断。

其次，非就业人员参加城乡居民基本医疗保险。与职工医保的强制参保原则不同，城乡居民基本医疗保险实行自愿参保，这是延续了新农合时期的制度路径，防止强制参保给农民形成摊派感。但是从社会保险自身规律来看，自愿参保不利于实现全覆盖，可能会出现逆向选择的问题。可以考虑建立吸引居民长期持续参保的激励机制，对于连续参保达到一定年限的居民在医保待遇给付上适度倾斜，使参保成为常态。

最后，构建更加适应新业态就业者参保的制度。随着“互联网+”就

业形式的多样化发展，基于平台经济、共享经济的新业态就业快速成长。新业态就业方式给按职工和居民分类的基本医疗保险制度的参保扩面和应保尽保带来巨大挑战。新业态就业多以劳务派遣和劳务外包方式为主，与传统就业模式最大的区别是就业平台网络化、虚拟化，劳动关系较为模糊，一方面是新业态就业者与用工单位之间尚未签订正式的书面合同；另一方面是我国的劳动法是“只有认定了明确的劳动关系才可以享受劳动基准的保护”，而新业态就业下模糊的劳动关系可能会影响就业者的某些劳动权益，其中就包括社会保险的参保权益。新业态就业者以雇员身份加入职工医保的并不多见。中国劳动和社会保障科学研究院 2018 年一项调查显示，新业态灵活就业人员参加职工医保的仅占 6%。从学理上，有工资性收入的城镇就业人群应该参加职工医保，而不是参加政府承担较大筹资责任的具有一定福利性质的居民医保。因此，应完善新就业形态人员纳入职工医疗保险的参保缴费机制。强化平台企业的社会责任意识，依法、强制其参加医疗社会保险，履行缴费分担机制。

（四）构建高质量医保，实现从制度普惠走向质量提升

目前全国范围内已经实现了医疗保险制度的广覆盖，医疗保险从以数量上扩面为主的初始建设阶段逐步迈向以运行机制成熟定型，制度公平高效为核心的质量优化阶段。内蒙古构建高质量医保还需在以下几个方面持续深化改革：

首先，深化医保费用支付方式改革。费用支付方式是连接医、保、患三方关系的经济纽带，也是合理控制医疗费用的关键环节。“十四五”期间，内蒙古将全面推开区域点数法总额预算和按病种分值（DIP）付费、按疾病诊断相关分组（DRG_S）付费，形成本地化的 DIP 病种库、完善分值测算，按 DRG_S/DIP 支付方式覆盖 90% 以上的统筹区。在推进费用支付方式改革过程中还需要注意多元复合费用支付方式在不同人群、不同病种和不同医疗机构的契合性，如对于社区基层家庭医生开展的全科医疗服务，可采用按人头付费；对于病情清晰稳定、需要长期诊疗的慢性病，考虑按单病种付费；对于病情复杂、并发症多的诊疗项目，采取 DRG_S/DIP

支付方式；在使用总额预付制时要做好科学精算，合理预测预算总额。

其次，提高统筹层次，实现自治区统筹。2020 年《中共中央关于制定国民经济和社会发展第十四个五年发展规划和二〇三五年远景目标的建议》提出“推动基本医疗保险省级统筹”。自治区也出台多个文件提出要在盟市级统筹业已实现的基础上推动自治区统筹。目前，全国有京津沪渝 4 个直辖市和海南省实现了“统收统支”意义上的职工医保省级统筹，宁夏实现了城乡居民基本医疗保险的省级“统收统支”。其他地区的省级统筹，大多是省级调剂金模式①。实现省级统筹有利于提高医保基金的共济能力，但是对于省级地方的治理能力也是一个不小的挑战，而且还面临地区发展差异、制度现有碎片化格局的阻碍。内蒙古要结合地方实际，在统收统支确有困难的前提下，可以尝试省级调剂金模式。

再次，落实医保谈判机制和协议购买机制，完善医药价格形成机制。医患之间存在严重的信息不对称问题，患者对医疗服务的需求弹性呈刚性，因此极易发生供给方诱导的过度需求。基于制度经济学中的委托代理理论，医疗保险制度打破了医患之间的直接交易。作为参保人的代理人，医保经办机构首要职责是成为第三方购买者，利用其强大的信息优势和集团购买力，在医疗服务的供需双方之间建立起经济桥梁，保护参保人的权益。第三方购买机制主要通过“支付机制、谈判机制、价格机制和监管机制”② 发挥系统性作用。内蒙古医保经办部门也要适时进行角色的转换，真正承担起第三方购买者的角色和功能。一方面，医保机构应基于协议购买机制，通过签订契约的方式，在价格与质量两个维度上激励和约束定点医疗机构。另一方面，通过谈判机制实现对药品生产企业的价格管控，药品的实际价格应该由市场供求和市场交易决定，而不是传统的强制性价格管制。在谈判环节，医保机构要通过专家咨询、大数据等获取充分的信息，提高医保经办机构的谈判能力和话语权。根据参保患者药品利用的实际需求将一些靶向用药、国产新特药等通过谈判机制“质优价低”地纳入医保目录。

---

① 袁涛．医保省级统筹的目标价值和实践路径[J]．中国社会保障，2022(3):52－53.

② 仇雨临．医保与“三医”联动：纽带、杠杆和调控阀[J]．探索，2017(5):65－71.

最后，持续推动“三医”协同，提高医药服务的可及性。根据“三医联动”理念，构建发展更充分与更平衡的医疗保险制度体系还要与增强医疗服务的可及性相结合。第一，针对医疗资源区域配置的不均衡，要强化偏远的农村牧区的医疗卫生服务体系，将医疗服务下沉延伸到基层。加强苏木、嘎查的基层医疗机构建设，不仅强调数量建设，还要提高医疗服务的质量，防止基层卫生资源的闲置。第二，针对牧民居住分散、医疗服务半径大的特点，创新卫生资源的供给方式，发展家庭医生签约服务，提供流动性和主动上门式的医疗服务，如“马背药箱”“流动医疗室”等，增强医疗服务的可及性与可得性，依据“无缝隙政府”理论，构建农村牧区高效的医疗服务递送体系。第三，大部分蒙古族牧民由于语言、文化和习俗的影响倾向于选择蒙医和蒙药，因此在推广和发展牧区的城乡（牧区）居民医疗保险时，应注意到这种差异性，制定更加符合不同民族需要的保险政策，将更多的符合资质的蒙医院列入定点医疗机构，并将蒙医特色化的医疗服务及药品列入医保目录。

（五）提高医保经办服务能力，实现数字治理

随着医疗保险制度建设的重心逐渐从制度普惠转变为质量提升，增强医保经办能力将成为建设高质量医保的题中之义。数字治理为提高医保经办能力提供了新契机。党的十九大报告中提出建设数字中国，提升社会治理的智能化水平。“十四五”规划和 2035 年远景目标中进一步提出要加强数字社会、数字政府建设，提升公共服务、社会治理等数字化、智能化水平。数字治理已经逐渐融入国家公共管理的各项职能中。大数据、云计算、人工智能、区块链、物联网等数字技术的广泛应用，为优化管理绩效提供了新动力。

内蒙古《“十四五”医疗保障事业发展规划》中明确提出要建设“智慧医保”，令医疗保障管理服务标准化、信息化、智能化水平显著提升。建设“智慧医保”要在医保管理服务中引入数字治理模式，以数字治理技术实现精准施策，同时以更快的政策回应速度和更低的行政成本实现公共服务的优化。数字治理技术的应用主要体现在以下几个方面：

首先，医保基金要依托数字技术实现精细化治理。时下，医保基金面临“系统老龄化”、异地就医即时结算、提高统筹层次等挑战和任务，为保证基金的安全性和制度的可持续，应及时构建基于数字治理的精算机制。基金的筹集和支付都要建立在医保精算基础之上，而非运动式整治或是地方政府基于福利竞赛的僵化调整。

其次，目前自治区的医保监管以人工监管为主，对异常行为的监管主要以人工随机抽样审核的方式进行。受技术条件限制，人工监管忽略事前预警，倾向于事中监控和事后审核，对未抽查到的违规行为无法做到及时止损，且“人治”还会滋生腐败和低效。为提高权力的透明性，应由人工监管向智能算法监管转变。医保机构要充分利用信息优势，开发建设医保智能监管平台，将医保费用结算系统、医保两定管理协同平台、医保智能监控系统集成一体。然后设计医保监管的清晰指令，实现算法监管。通过实时在线观测平台上的各项业务，对费用异常行为进行即时监测，实现自动化、智慧化的预警及干预。

最后，医保经办机构的组织建设应由人力密集型向技术密集型转变。随着全区医疗保险制度的全面覆盖，参保人数日益增长，医保机构的经办能力与经办需求之间出现严重的不平衡。在行政经费和人员编制都有限的条件下，数字治理可以有效提升业务能力，弥补人力不足的同时实现智能化、便捷化的公共服务供给。未来一段时期，经办机构组织建设的重心应是由人力密集型向技术密集型转变，一方面，在严格控制行政编制及行政管理成本的前提下，适时引入信息技术专业人才。提高人员队伍中信息技术人才的比重，对既有医保经办专业知识，又熟练掌握数字技术的复合型人才需求量将增加。另一方面，以数字技术和智能经办为依托，通过构建技术密集型组织，实现有限组织规模下的巨大工作潜能。

报告三　内蒙古失业保险制度发展报告

王　坤[①]

近年来，内蒙古自治区城镇失业率保持着较为稳定的水平，在3.6%～3.8%浮动，失业人员再就业情况也逐年好转，甚至于5年时间增加近一倍，良好的就业形势离不开失业保险制度发挥的功效。内蒙古自治区失业保险制度经历了待业保险、失业保险、失业保险逐步发展完善三个过程，尽管失业保险制度随社会需求持续完善，但也暴露出一些亟待解决的问题，如保险覆盖范围较窄，重点群体关注度不足，失业保险金受益程度低，保险资金结余过大，保险统筹层次低以及产业转型后的失业群体再就业问题，应当通过多种方式针对性地解决，这对于内蒙古失业保险制度的发展具有十分重要的意义。

一、内蒙古城镇失业与再就业状况

下文将对内蒙古失业保障制度的发展历史沿革做全面阐述，同时对内蒙古失业与再就业状况进行描述，如内蒙古失业保险实施状况等，另外，数据为2016—2020年以及2017—2021年，以《中国劳动统计年鉴》、国家统计局、内蒙古自治区统计局以及各盟市统计局公布的数据为标准。

（一）内蒙古自治区城镇失业状况

内蒙古自治区2016—2020年城镇失业基本保持在较为稳定的水平。如表3－1所示，城镇登记失业人口数量呈缓慢增加趋势，涨幅为1%左右，

---

① 王坤，内蒙古大学公共管理学院教授。

由2016年的26.7万失业人口增长至2020年的30万失业人口。5年来内蒙古自治区城镇登记失业率维持在3.6%～3.8%，与全国城镇登记失业率相比略低，但与西部地区5个省区相比，除宁夏回族自治区外，内蒙古自治区城镇登记失业率均高于其他省份。

表3-1　2016—2020年内蒙古及西北地区5个省区城镇登记失业情况

年份	内蒙古		陕西		甘肃		青海		新疆		宁夏		全国失业率/%
	失业人口/万人	失业率/%	失业人口/万人	失业率/%	失业人口/万人	失业率/%	失业人口/万人	失业率/%	失业人口/万人	失业率/%	失业人口/万人	失业率/%	
2016	26.7	3.7	22.7	3.3	9.8	2.2	4.6	3.1	9.7	2.3	5.1	3.9	4.0
2017	27.1	3.6	23.4	3.3	9.6	2.7	4.7	3.1	10.0	2.7	5.1	3.9	3.9
2018	27.0	3.6	24.1	3.2	10.0	2.8	4.6	3.0	9.5	2.5	5.4	3.9	3.8
2019	28.1	3.7	23.8	3.2	10.8	3.0	3.1	2.2	8.4	2.5	5.0	3.7	3.6
2020	30.0	3.8	24.5	3.6	12.2	3.3	3.1	2.1	9.4	2.7	5.6	3.9	4.2

资料来源：国家统计局官网。

我国城镇登记失业率的失业人口数据主要来自相关部门的行政记录，仅包括16周岁至退休年龄内没有工作而想工作并在就业服务机构进行了失业登记的城镇人员，而部分已失业但未去劳动部门登记的失业者、高校毕业生、灵活就业者、乡村就业人员和农民工等群体未被纳入统计数据。所以，目前实行的城镇登记失业率无法真实全面地反映失业情况，事实上还存在大量未被登记的失业者，就业形势依旧比较严峻。

（二）内蒙古自治区失业保险实施状况

就业乃民生之本，无论从全国还是地方层面来看，激励失业人员再次就业，缓解当前严峻的就业形势已经是时势所趋，失业保险作为缓解就业的“减压阀”，是预防失业和促进就业功能发挥的物质基础，其通过投入一定的支出费用来运用资金扶持或者就业培训的方式支持与激励再就业的开展，可以为失业人员再就业提供有力的保障。

1. 内蒙古自治区失业保险参保状况

由表3－2可知，近5年来内蒙古自治区失业保险参保人数有所提高，从247.1万人增加到290.9万人，年均增长率为3.5%。从表3－2中可以看出，相较于全国的年增长率4.9%，内蒙古的参保人数增长率还是偏低，且累计领取失业保险金人数与表3－1中的登记失业人口数量相比总体偏低，失业保险受益率相对较低。

表3－2　2017—2021年内蒙古自治区失业保险参保基本状况

年份	内蒙古参保人数/万人	内蒙古参保人数增长率/%	全国参保人数增长率/%	内蒙古累计领取保险金人数/万人
2017	247.1	2.5	3.8	5.3
2018	255.5	3.4	4.6	4.9
2019	267.4	4.6	4.6	4.6
2020	271.5	1.5	5.6	5.0
2021	290.9	5.2	5.9	5.7

资料来源：《内蒙古自治区国民经济和社会发展统计公报》（2017—2021年）。

2. 内蒙古自治区失业保险基金收支状况

由表3－3可知，2017—2021年内蒙古自治区失业保险基金收入及支出呈总体上升趋势，但从2019年开始内蒙古自治区失业保险基金累计结余出现降低趋势，说明失业人群规模仍在扩大，就业形势仍然严峻。尤其与全国基金支出占基金累计结余比重相比，内蒙古自治区的基金支出占比偏低。

表3－3　2017—2021年全国及内蒙古自治区失业保险基金收支情况

年份	基金收入/亿元		基金支出/亿元		累计结余/亿元		基金支出占累计结余比重/%	
	全国	内蒙古	全国	内蒙古	全国	内蒙古	全国	内蒙古
2017	1112.6	17.0	893.8	7.3	5552.4	128.9	16.1	5.7
2018	1171.1	21.2	915.3	9.9	5817.0	139.7	15.7	7.1
2019	1284.2	19.7	1333.2	12.3	4625.4	119.2	28.8	10.3
2020	951.5	17.7	2103.0	23.0	3354.1	113.9	62.7	20.2
2021	1440.5	22.9	1508.9	20.1	3313.0	117.2	45.5	17.2

资料来源：根据《中国劳动统计年鉴》（2017—2021年）与国家统计局官网整理计算得出。

由表3-4可知，2017—2020年内蒙古自治区部分盟市失业保险基金支出呈逐年增长趋势，各盟市不断认识到发挥失业保险促进就业功能的必要性，不断通过增加基金支出促进失业人员重新就业。其中，2020年由于新冠感染疫情等原因就业形势异常严峻，呼和浩特市、包头市、鄂尔多斯市、通辽市失业保险基金支出均大于基金收入。

表3-4 2017—2020年内蒙古自治区部分盟市失业保险基金收支情况

单位：亿元

年份	呼和浩特市		包头市		鄂尔多斯市		通辽市		兴安盟		锡林郭勒盟	
	基金收入	基金支出	基金收入	基金支出	基金收入	基金支出	基金收入	基金支出	基金收入	基金支出	基金收入	基金支出
2017	4.03	2.01	2.71	1.26	1.81	0.63	1.24	0.44	0.70	0.50	0.79	0.42
2018	6.03	3.50	2.85	1.42	3.64	1.08	1.23	0.70	0.63	0.31	0.85	0.89
2019	4.17	3.52	2.98	2.23	2.62	0.93	1.40	1.20	0.72	0.42	0.88	0.37
2020	2.74	5.31	2.56	6.49	2.62	3.61	1.62	1.98	0.62	0.62	1.11	0.70

资料来源：2017—2020年各盟市政府决算报告与统计年鉴。

3. 职业培训实施状况

城镇失业人员进行职业培训的场所主要包括政府主导的就业培训中心和民办职业培训机构。如表3-5所示，就业培训中心的结业人数中失业人员占比较高，民办职业培训机构的结业人数中失业人员占比较低，一般处于30%以下，且呈逐年下降趋势。

表3-5 2016—2020年内蒙古自治区就业培训中心及民办职业培训机构培训状况

年份	职业培训结业人数/人		失业人员结业人数/人		失业人数占比/%	
	就业培训中心	民办职业培训机构	就业培训中心	民办职业培训机构	就业培训中心	民办职业培训机构
2016	109042	108295	44407	30289	40.7	27.9
2017	48682	111304	26012	33219	53.4	29.8
2018	22579	108734	12760	27978	56.5	25.7
2019	16956	143326	9187	29339	54.2	20.5
2020	10786	208541	5631	32904	52.2	15.8

资料来源：根据《中国劳动统计年鉴》（2017—2021年）整理计算得出。

（三）内蒙古自治区城镇再就业状况

再就业是指劳动者在失业阶段通过自身努力或相关组织的就业扶持找到工作，重新实现就业的行为或状态。由表3-6可清晰看出，近5年来内蒙古自治区城镇失业人员再就业人数呈逐年上涨趋势，从2017年的5.7万人增长到2021年的11.4万人，且2021年超额完成了国家和自治区年度计划（5万人）的228.2%。

表3-6　2017—2021年内蒙古自治区城镇失业人员再就业人数

单位：万人

年份	城镇失业人员再就业人数
2017	5.7
2018	6.0
2019	8.9
2020	10.5
2021	11.4

资料来源：根据《内蒙古自治区国民经济和社会发展统计公报》（2017—2021年）整理得出。

如表3-7所示，2016—2020年内蒙古自治区第一产业、第二产业就业人员数量不断下降，第三产业就业人数逐年上升，就业人员占比不断提升。内蒙古自治区需要不断扩大第三产业从业人员，改善就业结构，使就业结构合理化，进而长远提升就业率。

表3-7　2016—2020年内蒙古自治区产业就业结构状况

年份	第一产业		第二产业		第三产业	
	就业人员/万人	占比构成/%	就业人员/万人	占比构成/%	就业人员/万人	占比构成/%
2016	555.9	41.9	315.5	23.8	454.6	34.3
2017	533.5	40.5	292.2	22.2	491.3	37.3
2018	507.3	38.9	269.5	20.7	527.2	40.4
2019	475.2	37.4	239.2	18.8	557.6	43.8
2020	443.0	35.7	211.0	17.0	588.0	47.3

资料来源：根据《内蒙古统计年鉴》（2017—2021年）整理而得。

职业介绍机构是对城镇登记失业人员、农村劳动者、应届毕业生进行就业服务的承担机构，主要是引导失业人员前往求职登记，提供相关法律法规的咨询和职业指导，为其推荐相关的岗位信息，帮助失业人员找到合适的工作，尽快实现再就业。从总体来看，内蒙古自治区城镇失业人员通过职业介绍成功再就业人数在近几年不升反降（见表3－8），并且处于较低的水平，职业介绍的效果不太显著，除了失业人员自身的因素，职业介绍机构的服务范围、有关部门对职业介绍工作的重视程度以及介绍工作与失业人员本身的匹配性等都对职业介绍的效果有一定程度的影响，内蒙古职业介绍服务仍需改进和完善。

表3－8　2016—2020年内蒙古自治区基层以上工会职业介绍机构情况

年份	职业介绍机构数量/个	职业介绍成功人数/人	职业介绍成功的失业人员数/人	职业介绍成功人员中失业人员占比/%
2016	27	12369	2741	22.2
2017	37	5752	2357	40.9
2018	37	5537	1574	28.4
2019	33	5620	1776	31.6
2020	28	2824	1041	36.9

资料来源：根据《中国劳动统计年鉴》（2017—2021年）整理所得。

二、内蒙古失业保险制度相关概念及发展概况

（一）相关概念

1. 失业保险制度

失业保险制度是国家对非因本人意愿中断就业而失去工资收入的劳动者提供一定时期的资金帮助，通过就业培训和就业指导来帮助失业者尽快实现再就业的一种制度安排，它具有三个方面的功能：保障基本生活、预防失业、促进就业，它是社会保障体系里的一个重要组成部分，目的就是提高劳动者抵御失业风险的能力，三个基本特征是：普遍性、强制性、互

济性[①]。

2. 失业保险基金

失业保险基金是在国家法律或政府行政强制的保证下，集中建立起来的，用于化解失业风险，给予符合领取条件的失业者物资补偿的资金[②]。失业保险基金的主要用途就是失业保险待遇与促进就业支出。我国在1998年12月通过的《失业保险条例》中，第五条失业保险基金的构成有：一是城镇企业事业单位缴纳的保险费和城镇企业事业单位职工缴纳的失业保险费；二是失业保险基金的利息；三是财政补贴；四是依法纳入失业保险基金的其他一些资金。

（二）内蒙古失业保险的发展概况

我国的失业保险制度从失业救济开始萌芽，逐步发展到待业保险，在提出“失业保险”的概念后正式建立失业保险制度并不断发展完善，逐步构建成了相对完善的失业保险制度体系。内蒙古地处偏远，经济欠发达，失业保险制度的发展相对滞后，大致经历了三个发展阶段：

1. 初步建立待业保险制度

1986年7月，国务院颁布了《国营企业职工待业保险暂行规定》，该规定产生于特定的时代背景下，当时我国的国营企业正进行劳动制度改革，国营企业职工处于待业期间，为保障其待业期间的基本生活并维护社会稳定而出台该政策，这项政策是我国失业保险制度的雏形；同年10月30日，内蒙古自治区人民政府按照国务院颁布的《国营企业职工待业保险暂行规定》（以下简称《暂行规定》）的相关要求，发布并实施了《内蒙古自治区国营企业职工待业保险实施细则》，规定保险费由企业按全部职工标准工资总额的1%缴纳，此时待业保险的受益范围仅针对于国营企业的职工，而且更多从失业救济的角度考虑，保障层次是非常低的。

20世纪90年代国营企业发展遭遇了“瓶颈”期，由于经营不善引发

---

① 信长星．失业保险[M]．北京：中国劳动社会保障出版社，2011.

② 郑功成．社会保障学[M]．北京：中国劳动社会保障出版社，2005.

了“下岗潮”，1993 年为适应新发展趋势，国务院在《暂行规定》的基本框架上出台了《国有企业职工待业保险规定》，对待业保险的部分规定进行修改：首先，拓宽了覆盖人群，由之前国营企业内的“四类人”[①]，扩大到“七类人”[②]，基本上将所有失去工作的国有企业职工都包含在内；其次，将待业保险基金统筹层次由省级调整为市、县级；再次，明确了待业保险工作应当与职业介绍、就业训练和生产自救等就业服务工作密切结合起来进行统筹安排；最后，调整缴费基数，设立了有一定调整幅度的基金收缴比例，提高了救济金的发放标准[③]。同年 12 月，内蒙古自治区为了更好地保障待业职工的基本生活，按照国务院《国有企业职工待业保险规定》的要求，结合自治区实际情况制定了《内蒙古自治区职工待业保险办法》，明确了包括企业化管理的事业单位职工在内的六类保障对象，对待业保险基金的来源和缴纳标准做出了明确规定，并提出享受待遇的待业职工要接受就业指导和职业介绍去参加社会活动和专业的训练。自此内蒙古自治区完成了从待业保险向失业保险的过渡，失业保险制度的雏形逐渐显现出来[④]。

2. 正式建立失业保险制度

20 世纪 90 年代中后期，改革开放不断推进，经济形式发生了变化：民营企业、外资企业等私营企业迅速发展，国有企业占有的绝对地位在慢慢下滑，此时，1993 年颁布的以国有企业职工为主体的待业保险制度已经很难满足现实经济发展的需要了。因此，在 1999 年 1 月 22 日，国务院正式发布并实施了《中华人民共和国失业保险条例》，该条例是我国失业保险发展史的里程碑事件，自此我国的失业保险制度进入了新发展阶段。此

① “四类人”包括宣告破产的国营企业职工，濒临破产的国营企业法定整顿期间被精减的职工，国营企业终止、解除劳动合同的工人，国营企业辞退的职工。

② “七类人”包括依法宣告破产的企业的职工，濒临破产的企业在法定整顿期间被精减的职工，按照国家有关规定被撤销、解散企业的职工，停产整顿企业被企业精减的职工，终止或者解除劳动合同的职工，企业辞退、除名或者开除的职工，法律、法规规定的企业职工。

③ 孟颖颖，李慧丽. 改革开放以来我国失业保险制度的政策回顾与述评[J]. 社会保障研究，2015(5):73-81.

④ 俞庭瑶. 我国失业保险运行现状与对策研究[J]. 投资与创业，2021,32(20):222-225.

条例在 1993 年《国营企业职工待业保险暂行规定》的基础上做了重要调整：一是将“待业保险”正式命名为“失业保险”，相应地，将“待业救济金”正式改为“失业保险金”；二是将失业保险覆盖范围进一步扩大了，包含了城镇各类企事业单位；三是对失业保险费的缴费比例进行了调整，确立了单位与个人的保险费分担机制；四是将失业保险金的给付标准与最低工资和城镇居民最低生活保障线挂钩；五是对失业保险金的给付期限做出了明确规定①。

随后，内蒙古自治区人民政府出台了《内蒙古自治区失业保险实施办法》，这项政策的出台进一步扩大了失业保险的受益范围，使得城镇各类企事业单位、民办非企业单位、社会团体的正式职工也享受到了失业保险政策。此项实施办法对失业保险费的缴纳方式进行了调整，规定各单位按照本单位工资总额的 2% 缴纳失业保险费，职工按照本人工资的 1% 缴纳失业保险费；此外，失业保险基金在设区的市实行全市统筹，即二连浩特市、满洲里市实行全市统筹，其他地区实行旗县级统筹；并由自治区和盟市建立失业保险调剂金制度，统筹地区的失业保险基金不敷使用时，由盟市和自治区予以调剂，调剂后仍不敷使用时，由统筹地区财政补贴。

3. 进一步完善失业保险

自 2000 年内蒙古自治区失业保险制度建立以来，自治区的失业保险制度开始进入发展完善期，积极响应国家相关政策，结合本区的实际情况，对失业保险促进就业的方式不断发展完善，切实有效地促进了地区失业人员再就业。

（1）阶段性降低失业保险费率。

2015 年 2 月，国家人力资源和社会保障部、财政部发布《关于调整失业保险费率有关问题的通知》，该通知对降低失业保险费率有关问题做出以下说明：从 2015 年 3 月 1 日起，降低失业保险费率，由原来条例规定的 3% 降到了 2%，单位和个人缴费的具体比例由各省、自治区、直辖市人民政府确定。

① 丁煜．我国失业保险制度的演变、评估与发展建议［J］．中国软科学，2005（4）：30－36.

自治区按照人社部《关于调整失业保险费率有关问题的通知》，紧接着在2015年5月发布了《内蒙古自治区人力资源和社会保障厅财政厅地方税务局关于阶段性降低失业保险费率的通知》，通知自2015年3月1日起失业保险费率降到2%，其中用人单位失业保险费率由原来的2%降到1.5%；职工个人失业保险费率由1%降至0.5%。2016年自治区人社部又发布相关通知：自2016年5月1日起，自治区失业保险费率由2015年的2%降低至1.5%，该政策对用人单位的失业保险费率进行了降低，从2015年的1.5%降到1%，职工个人的费率保持0.5%不变，此次失业保险费率降低的政策期限是暂按两年执行。2017年，自治区又一次降低失业保险费率，降到了1%，用人单位和职工个人的费率一样，都是0.5%，2017年降低至1%之后，连续5年执行该费率，一直到2023年4月30日，用人单位和个人的缴费的比例均为0.5%。2022年1—5月，阶段性降低工伤、失业保险费率累计减轻企业等用人单位缴费负担10.87亿元。阶段性地降低失业保险费率不仅为企业减负，在促进实体经济发展深化供给侧结构性改革上发挥了功效，更重要的是对就业起到了很有效的促进作用。

（2）援企稳岗补贴政策。

为更好地发挥失业保险防失业、稳就业的作用，人社部同有关部门印发了《关于失业保险支持企业稳定岗位有关问题的通知》，这是我国第一次正式将稳岗补贴方式作为促进就业的措施，自此我国开启了稳岗返还政策的先河，对那些不裁员、少裁员的企业实施稳岗返还政策，给企业返还一定比例的失业保险费。2015年1月，内蒙古自治区根据国家政策的要求，结合本地区实际，进一步对失业保险支持企业稳定岗位做出了相关规定：对于在政策范围内且符合基本条件的企业，在其兼并重组、化解产能过剩以及淘汰落后产能期间，可给予一定的稳岗补贴，稳岗补贴主要用于职工生活补助、缴纳社会保险费、转岗培训、技能提升培训等方面的支出。具体补贴的比例是按不超过该企业及其职工上年度实际缴纳失业保险费总额的50%，需要的资金从失业保险基金中列支。

为了更好地对失业保险稳岗补贴政策进行落实，2017年人社厅发布《人力资源社会保障部办公厅关于实施失业保险援企稳岗“护航行动”的通知》，决定在全国范围内实施失业保险援企稳岗的两年“护航行动”。自治区积极响应该通知，于2018年3月发布了《内蒙古自治区失业保险援企稳岗“护航行动”实施方案》，决定在全区范围内开展失业保险援企稳岗“护航行动”，此次的护航行动将失业保险支持企业稳定岗位政策的实施范围进一步扩大了，由原来的兼并重组企业、化解产能过剩企业、淘汰落后产能企业，扩大到所有符合条件的企业均可享受此政策；各统筹地区在失业保险基金滚存结余具备一年以上支付能力的，稳岗补贴的返还比例依然按照符合条件的企业上年度缴纳失业保险费的50%进行补贴，对于那些去产能任务重的钢铁、煤炭、煤电等行业按80%给予企业稳岗补贴。此次开展的失业保险援企稳岗“护航行动”，将稳岗补贴返还政策范围扩大了很多，帮助了很多企业渡过难关，进一步稳定了就业；随后两年，援企稳岗力度逐渐加大，起到了及时雨、稳定器的作用。

新冠肺炎疫情发生以来，稳岗返还政策相比之前又进一步加大了实施力度，2020年放宽了稳岗返还政策认定标准，中小微企业的返还比例从最高50%直接提到了100%且持续一年时间；2021年，人社部继续实施失业保险稳岗返还补贴政策，自治区也积极响应号召，将受益主体由企业扩大到个体工商户、社会团体等，比例由50%调整为大企业30%、中小微企业60%；2022年以来，中小微企业的返还比例调整到高达90%，未来自治区将继续加大政策力度，帮助企业解决困难。按照规划，2022年全年预计为约5.2万户企业发放稳岗返还资金12亿元左右，帮助稳定职工队伍165万人左右。

（3）技能培训提升就业政策。

2017年5月，人社部出台了《关于失业保险支持参保职工提升职业技能有关问题的通知》，对于那些获得职业资格证书和职业技能登记证书的职工，按照级别发放技能提升补贴，分别为：5级（1000元）、4级（1500元）、3级（2000元）。同年8月，内蒙古自治区根据人社部相关通知的要求，也为提升企业参保职工相关职业技能，增强就业的稳定，发布了《内蒙古自治区人力资源和社会保障厅　财政厅关于失业保险支持参保职工提升职业技能有关问题的通知》，做出了以下规定：2017年1月1日起在国家规定的职业（工种）目录中取得职业资格证书或职业技能等级证书的，可按照初级（五级）1000元、中级（四级）1500元、高级（三级）2000元的标准申请技能提升补贴；列入自治区紧缺急需职业（工种）目录的，技能提升补贴标准向紧缺急需职业（工种）适当倾斜，但倾斜幅度不得超过规定标准的20%。

2018年，自治区为使各盟市深入落实失业保险技能提升补贴政策，充分发挥政策效应，于5月便按照人力资源和社会保障部办公厅《关于实施失业保险支持技能提升"展翅行动"的通知》部署，制定了《内蒙古自治区失业保险支持技能提升"展翅行动"实施方案》在全区范围实施失业保险支持技能提升"展翅行动"。旨在通过"展翅行动"，使那些符合条件的参保职工都可以享受到技能提升补贴，进一步激励和引导广大职工积极主动提高职业技能，加强社会就业形势的稳定性，从根本上减少失业，为维护社会就业稳定，培养一支技能型、创新型的劳动大军助力，为自治区经济社会发展提供强有力的人才支撑。

2019年7月，根据《国务院办公厅关于印发职业技能提升行动方案（2019—2021）的通知》的要求，自治区制定了《内蒙古自治区职业技能提升行动计划实施方案（2019—2021年）》，确定了2019—2021年在全区范围内开展各类补贴性培训达60万人次以上的目标。2022年为加强"十四五"时期自治区技能人才队伍建设，按照人力资源和社会保障部、教育部、发展改革委、财政部《"十四五"职业技能培训规划》，人力资源和社会保障部《"技能中国行动"实施方案》和自治区《"十四五"就业促进规划》《内蒙古优化营商环境就业扩容提质工程》部署，内蒙古自治区人力资源和社会保障厅、发展改革委等18个部门联合制定实施了《"技能内蒙古行动"实施方案（2022—2025年）》，计划到2025年开展补贴性培训达到125万人次以上，其中参加职业技能培训的农牧民工达35万人次以上；技能人才新增75万人以上，高技能人才14万人以上，技能人才占就业人口的30%以上，高技能人才占技能人才的32%以上。

自治区的失业保险制度建立以来，随着国家政策不断完善调整，逐步降低的失业保险费率，大大减轻了企业的运营成本；颁布的稳岗返还、职业技能培训、创业指导、证书补贴等一系列措施，扩展了失业保险的支出范畴，使在职员工也能享受到失业保险带来的实惠，降低了企业失业风险，在稳定民生、提高就业率方面起到了积极作用。同时，面对新冠感染疫情的冲击，自治区进一步将失业保险的保障范围扩大了，高风险的失业人群被纳入了失业保险中，有力地维护了社会公平，促进了经济社会的发展。

三、内蒙古失业保险制度面临的问题与挑战

我国的失业保险制度从无到有，日趋完善，其“保证生活、预防失业、促进就业”功能显著提升，在社会经济发展、社会治理水平方面也发挥了巨大作用，但同时也存在一定的问题，就内蒙古自治区来看，失业保险制度在覆盖面、待遇水平、就业功能、基金结余、统筹层次等方面仍存在改进之处。

（一）失业保险覆盖面较窄，待遇水平较低

失业保险基本功能就是能够对失业人员的生活起到一定的保障作用，但从参保范围和失保收益率来看，失业保险保证生活的覆盖率较低，待遇水平也有待提高。

《失业保险条例》规定，参加失业保险的法定群体以及待遇给付主要以长期固定就业人群为主。可以明显看出，失业风险群体与参保群体不匹配，就业稳定、失业率低的群体较多享受这一制度，而失业风险较高也更需要失业保险保护的群体却游离于制度之外，这对于灵活就业人员、个体工商户、临时工等流动性较大的非正规就业群体来说保障率较低，尤其重大突发事件对这类群体的考验更为巨大，2020 年初暴发的新冠感染疫情由其不可抗力性、传播广泛性、严重破坏性引发的“封城”政策更加剧了非正规群体失业问题。比如，农民工就业灵活，以一线普工居多，主要分布在制造业（27.4%）、批发和零售业（12.0%）、交通运输业（6.9%）、住宿餐饮业（6.9%）以及居民服务修理和其他服务业（12.3%）等行业①，“封城”政策下企业用工需求锐减，外出务工机会减少使得农民工易受新

① 侯艺．保就业背景下青年就业现状研究[J]．中国青年研究，2020(9)：107－112.

冠感染疫情影响而陷入失业困境，加之农民工较低的参保率更可能出现生计返贫的窘境①。再比如，相较于第一产业、第二产业来说服务业所受的冲击更大，个体工商户及其雇工在新冠感染疫情冲击下的失业是无法避免的，同时由于其法定领取资格难以判断，参加失业保险的缴费基数难以界定，就业和失业手续难以管理造成低投保率，在新冠感染疫情影响下的失业带来了生活及再就业等问题。再比如，作为吸收就业主渠道的中小微企业贡献了 80% 以上的城镇劳动就业机会，而在新冠感染疫情影响下，经营成本上升、用工需求减少、正常运营受阻、破产威胁加剧，这些情况令大量劳动者失业，加剧了求职难度②。为此，人力资源和社会保障部与财政部出台“六保”“六稳”政策，2020 年 7 月，内蒙古自治区人社部发布《关于扩大失业保险保障范围的通知》，通知对失业保险发放时间进行了灵活调整，扩大了农牧民保障范围，增加了多项临时补助，而政策之间的衔接、临时补助能否准确覆盖实际需求群体来应对新冠感染疫情的影响，其实际效果有待检验。

《失业保险条例》对失业金领取条件有各种条件限制，使得真正能领取到失业金的失业人员数量很少，这也是失业保险金受益率较低且呈下降趋势的主要原因。此外，为预防“失业陷阱”，我国失业保险金领取标准以低于当地最低工资，高于城市居民最低生活保障为设定标准，由省、自治区、直辖市人民政府确定。与国外参照社会平均工资一定比例来确定失业保险金的做法相比，我国的待遇标准显然较低，既与参保者失业前工资无关，又没有根据物价水平调整的相应机制。以呼和浩特市领取的失业保险金为例，第 1 至 12 个月按照统筹地区最低工资标准的 80% 发放，第 13 至 24 个月按照统筹地区最低工资标准的 70% 发放。例如，2017 年呼和浩特市区最低工资标准为 1760 元/月，那么失业保险第一年发放标准为 1408 元，第二年发放标准为 1232 元。失业保险待遇水平是否能解决失业者所面

---

① 杨胜利，邵盼盼．疫情冲击下农民工失业状况及影响因素研究［J］．西北人口，2021，42（5）：42－54.

② 孟繁锦，王玉霞，王琦．疫情期扶持中小微企业发展与保障就业研究［J］．工业技术经济，2020，39（10）：15－20.

临的生活困难，以及失业保险的待遇标准的确定是否有考量到当年的物价水平和经济发展状况，以及是否有考量到像新冠感染疫情这样的突发性社会事件对失业者生活水平的影响。

（二）对重点群体关注度不够，配套政策不足

由清华大学和复旦大学合作完成的《中国劳动市场技能缺口研究》表明，我国劳动力供需结构矛盾显著，其中失业风险最高的三类群体是16～29岁的青年农民工，22～24岁的大学毕业生，45～60岁的中年劳动力，这三类群体因其较低的社会保障以及就业压力成为弱势群体，但从《失业保险条例》相关规定来看，对这三类突出群体的关注度不够，相应配套政策不足。

1. 农牧民等流动性人口失业问题

《中国人口和就业统计年鉴》显示，2020年末我国的流动人口数量为1.21亿。流动人口已经成为城市劳动力市场中重要的组成部分，是促进经济发展和社会建设的关键力量。以往观念认为不存在流动人口失业问题，因为流动人口失业后会返回户籍地再就业，尤其是农业流动人口在失业后会返回户籍地进行农业生产。但是由于农业生产机械化和土地流转造成了农业生产人口过剩和失地农民增多，流动人口回乡难以再就业。

内蒙古第七次人口普查数据显示，全区常住人口中居住在城镇的人口为16227475人，占比为67.48%；居住在乡村的人口为7821680人，占比为32.52%。与2010年第六次全国人口普查相比，城镇人口增加了2507301人，乡村人口减少了3164437人，城镇人口比重上升了11.95%。全区流动人口为9068444人，流动人口中跨自治区流入人口为1686420人，自治区内流动人口为7382024人。与2010年第六次全国人口普查相比，流动人口增加了2939749人，增长了47.97%。内蒙古自治区的流动人口主要为农牧民群体，为促使长期在城镇居住、有相对稳定工作的农牧民工有序融入城镇，内蒙古自治区人力资源和社会保障厅在2015年出台了《内蒙古自治区人民政府关于进一步做好为农牧民工服务工作的实施意见》，通过开展农牧民职业技能培训、农牧民劳务对接输送，指导和督促所有用人单位与农牧民工依法签订并履行劳动合同，改善农牧民居住条件等措施

切实保障农牧民群体的生存权益。同时，在社会保障方面，不断扩大农牧民工参加城镇社会保险覆盖面，推动农牧民工与城镇职工平等参加住房公积金、失业保险、生育保险并平等享受待遇。但是在现实生活中，农牧民流动人口群体对于参保意识不强烈，社会保障参保率相对较低，即使参保也面临社会保障异地不能够提供保障服务等问题。如何让农牧民等流动人口群体提高参加失业保险的意识，主动缴纳失业保险，主动参与再就业技能培训等，这都对政府的社会保障能力提出了更高的要求。

2. 大学生就业问题

大学生是特殊的就业群体，他们能否顺利就业关系到自身及国家人力资本投资回报问题，更影响着经济发展与社会稳定。近年来，大学生就业形势严峻，他们在校期间所学理论性知识较多，就业指导欠缺实用性，使得实际工作中不能满足办公需求，造成初次就业质量不高，且很多学生为达成毕业即就业的目标，会选择与自身专业不匹配的就业岗位，这属于“隐性失业”，是教育资源的极大浪费的一种表现[①]。除此以外，就业期望与社会需求错位是造成就业难的主要原因，毕业生较多选择发展好的城市即呼和浩特市、包头市、鄂尔多斯市进行就业，通常这些城市的就业岗位一岗多求，而发展落后或者地区偏远的盟市、旗县的工作岗位却无人问津。根据《内蒙古自治区普通高校2020届毕业生就业质量年度报告》统计高校毕业生就业地区来看，已就业毕业生较多集中留在呼和浩特市，共占区内就业毕业生总数的31.65%，其后依次是鄂尔多斯市、赤峰市、包头市等。

为鼓励大学生多渠道就业，2015年内蒙古自治区人民政府发布《关于进一步做好新形势下就业创业工作的实施意见》，对于高校毕业生多种就业情况做出经济奖励，对于经由旗县以上人民政府认定的自主创业且稳定经营一年以上的，给予不低于1万元的创业补贴（具体补贴标准由各盟市自行制定）；对于艰苦边远地区、基层旗县级以下单位和小微企业就业履行三年以上（含三年）服务期限的，执行学费补偿和国家助学贷款代偿政

① 耿俊茂，张瑞．西南民族地区大学生失业群体就业保障机制探究[J]．山东社会科学，2015，(S2)：230－232.

策；对高校毕业生申报从事灵活就业的，要求各级公共就业人才服务机构按规定将其纳入各项社会保险，并提供人事、劳动保障代理服务。除此以外，全区每年组织就业招聘会，并采取“1+14”模式在自治区主会场和12个盟市、2个计划单列市同步启动，通过网络招聘、新媒体推介、“直播带岗”等多种方式开展公共就业服务。在政策文件和相关举措并行下，内蒙古自治区2020届普通高校毕业生为134380人，其中91529人实现就业，就业率为68%，同比增加4.92个百分点。大学生群体是未来推动社会发展、建设家乡的主要力量，解决大学生的就业问题，出台相关政策保障大学生生存权益，降低失业风险，是政府以及地区社会保障制度需要持续关注的重点问题。

3. 中高龄群体失业、再就业问题

第七次人口普查数据显示，内蒙古自治区常住人口中15~59周岁人口为15914249人，占常住总人口的66.17%，60周岁及以上人口为4757233人，占比为19.78%，65周岁及以上人口为3138918人，占比为13.05%。按照国际公认的老龄化标准，65周岁及以上人口占比7%~14%为轻度老龄化，14%~20%为中度老龄化，20%~40%为重度老龄化，据此标准，内蒙古自治区的人口老龄化属于轻度老龄化。在“老有所养，幼有所育”的重压下，中高龄群体的就业问题便成了家庭收入的重要来源。但其实，在劳动力市场中中高龄群体“易失业，难再就业”问题显著，由于中高龄劳动者在体能灵活、身体素质、知识储备、技能操作等方面逊于青年劳动者，他们就成了裁员的首选对象，而再就业时以往的从业经验并未发挥太多功效，企业出于人力资源效率最大化目标，也会优先考虑其雇佣成本及雇佣风险，因此，供需双方的结构性差异是造成中高龄群体失业的主要因素。除此以外，我国在政策导向上更加重视青年劳动者的就业，忽视中高龄劳动者就业；重视中高龄的福利保障，轻视其就业权利保护；重视再就业现状，忽视针对性的技能和知识的培训①。对于中高龄群体的失业

① 刘亚丽．老龄化背景下中高龄劳动者失业再就业研究——基于企业用工偏好的数据分析[J]．社会科学家，2018（7）：62－67.

保障、再就业的意向，政府应及时探查，并提供所需的相应服务。

（三）失业保险金受益程度低，再就业培训效果不显著

失业保险制度提供的失业保险金与再就业培训是为失业者提供再次就业的保障与机会，但相关规定以及执行的缺陷使得真正得到帮扶的人数较少，由此产生的再就业率较低。

内蒙古自治区失业保险金的支付模式分为一次性支付模式和固定支付加递减支付模式两种，即对失业的农牧民合同制工人使用一次性支付模式，而对于城镇企事业单位职工则使用固定支付加递减支付的模式。在这样的支付模式下，失业保险待遇不与失业者的缴费水平挂钩，不与在职时收入水平挂钩，而是随着缴费时间的增加延长领取期限并递减领取数额。在这个过程中，实际缴费水平高低之间的差别被待遇计发环节平均化，这种统一、固定的支付模式，不仅难以保证失业保险的公平性，还会抑制失业者积极搜寻就业机会，使其仅以失业保险金维持低水平的生活。

除了资金问题，再就业培训也是阻碍失业人员再就业的重要原因。《失业保险条例》对再就业培训进行了原则性规定，但并未具体规定再就业培训的实施内容，比如，培训的具体方式以及培训程序没有明确的操作规范，培训的内容缺乏针对性与专业性，培训机构数量较少，师资力量较弱，失业人员参加培训的审批期限过长、环节过多，诸多因素导致再就业培训工作时常出现混乱或者低效的局面①。为促进失业人员再就业，内蒙古自治区还提出了实施失业人员跟踪帮扶计划，要求相关部门及时向登记失业人员提供服务清单和政策清单，分级分类提供职业技能培训信息、职业介绍、职业指导、创业开业指导等服务。要落实定期联系制度，每月开展1次跟踪调查，了解登记失业人员情况，做好持续帮扶工作。为符合条件的失业人员及时足额发放失业保险待遇，为未参保、未纳入低保的生活困难人员协调一次性临时救助金。但与近几年不断上涨的失业人数相比，内蒙古自治区再就业率仍处于较低水平，并未伴随失业规模的扩大实现更

① 胡珀．我国失业保险中促进再就业法律制度的完善[J]．江西社会科学，2016，36(9)：171－177.

大幅度的增长，再就业的形势依然严峻，说明内蒙古自治区为促进失业人员再就业开展的相关工作需要结合实际状况重新审视培训的目的以及培训的方式。

（四）失业保险基金累计结余过高，贬值风险较大

失业保险制度可以发挥双向平滑经济的功能，即在经济衰退期失业率飙升时，通过增加支出来为失业者提供救济，增加收入从而拉动总需求；在经济繁荣期则正好相反。例如美国，1929 年金融危机时出台的社会保险制度，通过增加失业保险金的支出来降低社会失业率，对社会经济的发展产生了积极的效果[①]。且美国自 1990 年以来的失业率和失业保险金支出基本是同向吻合的，这主要是由于美国的失业保险制度每年收入几百亿美元，七八年遇到一次失业高峰，此时累计的资金会全部支出用于反经济周期，这一过程伴随经济周期不断循环，因此，收支会呈规律的锯齿形状。而我国保险金的收支情况并未和经济发展形成良好互动，以金融危机发生后的 2008 年和 2009 年为例，城镇失业率分别高达 4.2% 和 4.3%，失业保险支出占比创历史新低，仅分别为 0.08% 和 0.11%，失业保险基金结余依旧保持增长态势，基本上维持着向右上方永远攀升的斜线，这不符合经济变动期的表现特征，也未能较好地发挥失业保险制度的经济功能。

造成这种现象的关键因素是“少支多收”的支出惯性。我国的失业保险基金一直保持快速增长的态势，2000 年基金结余为 196 亿元，2018 年达到高峰 5817 亿元，后者较前者增加了近 28 倍[②]。全国各省份都出现了资金结余现象，内蒙古自治区居于中列水平，以 2020 年为例，年末参加失业保险人数为 276.5 万人，年末领取失业保险金人数为 2.7 万人，失业保险基金收入 17.7 亿元，基金支出 23 亿元，结余 113.9 亿元。从失业保险基金人均滚存结余指标来看，成倍增长的失业保险金即使在金融危机期间存在大量失业人员的情况下也继续滚存增加，高结余不仅意味着高备付能

① 李珍，王怡欢，张楚．中国失业保险制度改革方向：纳入社会救助——基于历史背景与功能定位的分析[J]．社会保障研究，2020(2)：68－75.

② 刘军强．政策的漂移、转化和重叠——中国失业保险结余形成机制研究[J]．管理世界，2022，38(6)：101－117.

力，也意味着隐性损失较大。按照《内蒙古自治区失业保险实施办法》的规定，存入银行和按照国家规定购买国债的失业保险基金，分别按照城乡居民同期存款利率和国债利息计息。当失业保险基金按活期存款利率存入银行时，其收益远不能弥补物价上涨带来的基金损失，贬值风险极大，这项规定使得每年较多资金处于闲置状态，加之不够合理的使用方式，最终形成了巨额的失业保险基金结余。当失业保险基金没有发挥出其应有的效用或者使用效率低下时，通货膨胀和基金贬值的风险极大。

（五）失业保险统筹层次低，低效行为频发

失业保险制度的统筹层次对其发挥的功效有着重要的影响，既需要中央统筹也需要地方执行，既需要管理资金也要注意人员调配。比如失业保险金结余问题，在广东、北京、上海等经济发达的地区，每年都有大量结余，这些结余通过各种运营手段不断实现保值、增值。而在一些欠发达地区，失业保险基金常常入不敷出，更不用谈保值、增值了，这就极大地显示出失业保险统筹层次较低所造成的地区间巨大的差异。失业保险结余较多的地区可以为其地区内的失业者提供更多的补助和更完善的服务，而其他地区只能通过减少失业金等方法维持财政平衡，最终形成恶性循环。从全国的层面看，各省份之间会因为经济发展造成区域性差异，而从省级层面看，各市县间经济发展差异同样也会造成差异性发展。失业保险较低的统筹层次会降低失业保险的管理效率，影响功能发挥，还会在一定程度上损害劳动者的合法权益。因此，提高失业保险的统筹层次不仅有利于保证失业保险政策的统一性和持续性，更有利于增强失业保险抵御风险的能力，保证参保人员的合法权益。

2012 年，内蒙古自治区人民政府办公厅发布的《关于全区失业保险基金实行盟市级统筹的指导意见》中提道："2008 年底前，设区的市全面实行失业保险基金市级统筹，各盟要在 2009 年以前实行失业保险基金盟级统筹，实现失业保险在征缴筹集、调剂使用、资金管理等方面的统一，确保失业保险征缴、发放、监控功能和水平切实得到有效提高，为下一步实行自治区级统筹，建立更加完善的失业保险制度奠定良好基础。"但实际的发展状况并未随之完全转变，目前依旧存在统筹层次低的问题，这导致管理低效，并直接关系到劳动者的合法权益。

（六）地区产业转型引发的失业问题突出

中国经济社会发展进入“增长换挡、动力转化、结构优化、效益提升”的“新常态”，淘汰落后产能，通过先进科学技术改进传统产业和培育发展新兴产业的“供给侧”结构性改革成为实现新常态的重要举措。

资源型产业是内蒙古自治区的主导产业，是内蒙古经济增长的重要支撑，也是推进城市化建设的重要力量。内蒙古经济的快速增长是主观与客观、自身优势与外部机遇等多重因素共同作用的结果，得益于富饶的自然资源，以及国家在工业化进程中对能源和材料的巨大需求，使得内蒙古资源型产业面临巨大的市场空间与发展机遇，内蒙古鄂尔多斯市曾一度成为全国煤炭产量和煤炭输出量最大的地级城市。资源型产业的蓬勃发展为内蒙古经济增长奠定了坚实的基础，但资源型产业在不断发展的过程中，也面临着低附加值、高能耗、能源利用效率低和污染排放高的困境。随着我国经济发展进入调整结构、转变动能的新常态，以往靠消耗环境资源来换取经济增长的方式已不再可行，相关产业的转型升级势在必行。但是随之而来的问题是因为产业转型而造成的大量劳动力失业，而且这些劳动力因为年龄大、缺乏技术能力等无法满足新兴产业发展所需要的劳动力要求，对于失业人口来说承担着巨大的社会压力以及心理负担，对于整个社会发展来说则会带来不稳定因素。从图3-1中可以看到，内蒙古第二产业产值从2011年开始呈下降趋势，2017年逐渐保持平稳。而第三产业与第二产业呈现相反的增长趋势，从2011年开始第三产业产值逐年增加，第三产业和第二产业的交替体现了内蒙古自治区产业转型的趋势。随着产业转型、生产结构的调整，劳动力市场的供需结构也发生相应变动，大量第二产业淘汰后的劳动力面临着失业。从图3-2中可以看到，三次产业中第二产业因为产业转型就业趋势平稳下降。

这些失业者既被时代所抛弃也不被社会所接纳，生活举步维艰，失业者的安置工作对于政府来说尤为迫切，而资源依赖型产业、重工业偏向型产业结构和既定的体制环境，造成了劳动力所拥有的人力资本专用性强、黏性高且存在人力资本失灵现象[①]。资源型地区转型过程中的失业问题将严重而复杂，且存在影响社会稳定的就业隐患，当某一区域出现大量的失业人员时，不仅会影响当地经济发展，甚至威胁着社会的和谐稳定[②]。可以看到，因为经济结构转型升级引发的结构性失业的再就业问题是对政府的社会保障体系的一大考验和挑战，对政府的失业保险服务和再就业培训体系都提出了更高的要求。

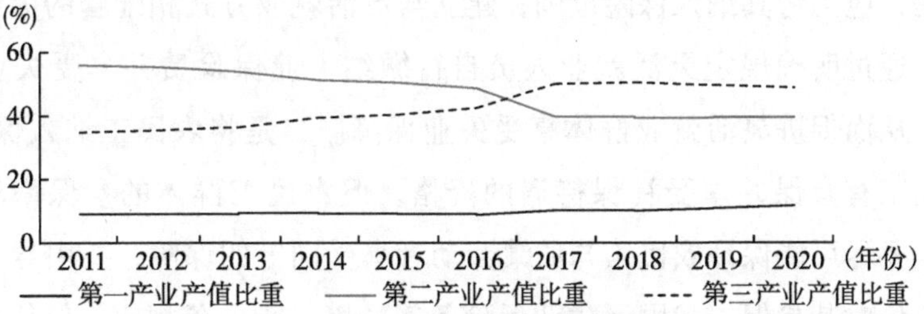

图 3－1 三次产业占生产总值的比重

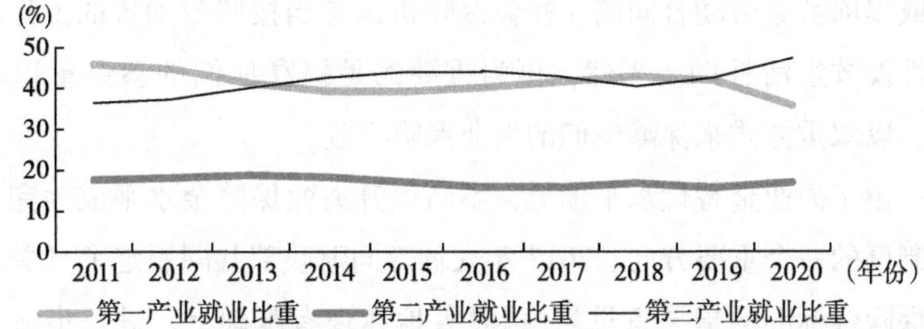

图 3－2 三次产业的就业结构

四、内蒙古失业保险制度发展的对策建议

（一）扩大失业保险覆盖范围，合理提高失业保险待遇

失业保险制度是确保社会主义市场经济良好运行的“缓冲剂”，其功

① 赖德胜，孟大虎．专用性人力资本、劳动力转移与区域经济发展［J］．中国人口科学，2006(1)：60－68，96．

② 于立，于左．资源枯竭型城市产业转型与社会稳定的关联度［J］．改革，2009(1)：37－42．

能与作用决定了制度的保障范围应该同基本养老保险、基本医疗保险一样，面向全体劳动者。国际劳工组织发布的《国际劳工条约》中也明确规定，失业救济保险适用于所有工薪人员，大部分国家也将覆盖率提升到社会的全体劳动者。当前我国失业保险覆盖面仍然有限，尤其是突发事件之下失业群体更需要关注支持和兜底保障，因此，降低失业保险门槛，要尽可能将更多群体纳入失业保险覆盖范围。一是将灵活就业群体纳入保障范围。灵活就业也是一种积极有效的就业方式，对于稳定就业同样起着积极作用，应当将其纳入保险范围，建立与灵活就业方式相配套的失业保险制度，通过明确规定灵活就业人员自行缴纳失业保险费并享受失业保险待遇，从而促进灵活就业群体享受失业保障。二是将农民工纳入保障范围。农民工有参保并享受社保待遇的资格，但农民工群体的参保率较低，因此，要尽可能保证农民工与城镇劳动者享受同等的保障，要引导和规范用人单位对其参保。我国《失业保险条例》第二十一条规定，单位聘用的合同制农民工连续工作1年以上，单位为其依法缴纳过失业保险的，劳动期满或提前解除劳动合同的，社会保险机构应当按照劳动者的工作时长，一次性发放生活补助。当然，更为重要的是提高他们的参保意识和领取意识，以双重方式来保障他们的失业保险权益。

由于失业金替代水平偏低，不断提升失业保险金水平成为完善失业保险制度的一个重要方向。2017年人社部同财政部共同制定了《关于调整失业保险金标准的指导意见》，指导各地在现有基础上，进一步适当调整失业保险金标准形成增长机制，并逐步将失业保险金标准提至最低工资标准的90%。因此，建议内蒙古自治区进一步合理调整失业保险金待遇水平，并改进失业保险金的发放模式。一是实行失业保险浮动费率。针对不同的行业设计差异性的失业保险缴费费率，失业风险高的行业失业保险缴费费率高，失业风险低的行业失业保险缴费费率低，实现劳动者和用人单位在失业保险缴费方面的权责对等。二是实行失业保险递减发放模式。借鉴国外失业保险促进就业的具体实践，进一步采用递减的失业保险发放模式，提高劳动者再就业的积极性，而不是选择领取失业保险金期满，从而提高失业保险金的使用效率。三是失业保险金发放标准要综合考虑家庭生活因素。当前失业保险金发放标准实行“一刀切”，所有人员均按统一标准享受失业保险待遇，应当灵活性地综合考虑失业人员的个人、家庭情况。针对家庭生活水平尚可、经济负担较轻的失业人员采取职业培训的方式，从而提供再就业的机会；针对家庭条件较差、个人劳动能力不足的失业人员适当提高失业保险待遇，在满足其基本生活的前提下提供职业介绍服务。

（二）完善重点群体的针对性政策，加强后期监测工作

为改善农牧民等流动人口的失业问题，就要真正实现流动人口的市民化，使流动人口在包括社会保障、医疗、就业、居住、教育、养老等各个方面享受到与“城里人”一样的市民待遇，保证基本公共服务的有效覆盖，真正让所有流动人口共享发展的成果。一是加强立法保障。我国关于流动人口社会保障的立法相对欠缺，完善的流动人口社会保障制度亟待建立，可以根据流动人口的现实需求，优先解决最紧迫的社会保障问题。流动人口在就业方面灵活度、自由度大，且用工不稳定，因此亟须建立相应的失业保险制度。且要针对流动人口收入低、流动性强等特点形成顶层设计，从制度框架上，探索建立针对流动人口的社会保障管理体系，着力解决流动人口社保关系转移接续难问题。二是重视劳动合同的签订。劳动合同是规制劳资双方权利、义务关系的契约，其内容涉及劳动者参加社会保险的相关条款。流动人口应该充分意识到劳动合同是确保其社会保险权益的重要凭证，要主动学习并不断培养这种意识。政府可以有意引导各种媒介，如微视频、在线咨询、公益讲座、知识竞赛、案例分析、文艺活动等融入劳动合同法相关知识，以增强流动人口对劳动合同法律教育的可接受度。三是打破流动人口参保的障碍。从社会机制上来看，流动人口之所以会面临失业风险，主要是由于城镇化质量不高，户籍人口城镇化率低，大量流动人口游离在城市户籍居民之外，难以享受到均等的公共服务，难以融入城市。因此，要着力提升城镇化的质量，消除由户籍制度带来的“隐性不平等”，推进公共服务的均等化，提升流动人口的社会融合水平，从而更好地抑制流动人口失业问题，当然，社会保障跨区域使用和转移还面临较大的困难，这需要通过设计相应的结算公式和制度安排，打通不同的

社会保障体系的联通障碍。

大学生群体就业保障问题、失业风险都具有外部性，且这种风险不是个人能完全控制的，因此，要建立大学生就业导向型失业保险制度，这既是对我国现行失业保险制度的改进和完善，更是保障大学生就业的一种长效机制。一要完善就业服务工作体系和项目内容。各级政府、各大高校要形成分工明确、目标分解、部门联动的工作格局，为大学生建立通畅、便捷、精准的求职渠道，并利用基础数据研判就业市场需求，加强就业信息服务，整合就业服务资源，以此提高大学生初次就业的质量，并鼓励其享受就业创业扶持政策，提升新生劳动力职业技能，促进大学生群体就业创业。二要强化高校主体责任。在制度设计方面，不仅要凸显政府的主体功能，也要强化学校的责任，在校期间要扭转学生的工作认知，组织专业老师对学生进行职业素质和能力测评，帮助学生进一步认识个人特点，提升职业竞争力，科学确定职业方向；开展团队训练和应聘模拟指导等系列活动，提升求职技巧和应聘水平，此外，还应创新宣讲方式，让大学生在就业前充分了解当地人才供求的市场情况、就业形势、就业政策等多项信息。三要注重发挥失业保险功效。应将大学生纳入失业保险制度范围，要将保险待遇与就业措施有机结合起来，同时注重保障功能和就业功能，为大学生失业后再就业提供便捷，对高校提供的实名制信息进行台账管理，借助户籍和基层平台分解落实具体人员，掌握失业大学生就业需求，建立多渠道筹集方式的失业保险专项基金，通过失业保险和失业救济互助补充等方式做好保障工作，不断加强跟踪和监管，保障失业大学生顺利就业。

中高龄群体再就业机制最终还要通过劳资双方的合作实现，所以要考量和均衡劳资双方的需求和利益，以便设计出合理并可行有效的失业再就业机制。一是提升中高龄群体的再就业能力。一般情况下，中高龄劳动者的再就业有较长的失业等待期，在此期间可以给予特殊就业补贴以鼓励其再就业。除了补贴以外，更为重要的是由就业服务机构指定专职或兼职人员，作为失业者的就业顾问，为愿意接受指导服务的中高龄劳动者提供具体和单独的指导服务，帮助他们分析自身的从业经验和特殊优势，制定并适时调整再就业方案；提高就业技能，寻找培训资源；给予失业者以心理辅导，帮助其树立再就业的信心。二是建立企业雇用的奖励机制。当企业雇用或者多雇用中高龄群体时，政府可以根据雇用人数来补贴就业者的工资，或者根据雇用人数的多少对企业应缴税收给予相应减免两种奖励方式，来削减企业对中高龄群体的额外经济支出。三是通过综合的教育提升中高龄劳动者的就业能力。中高龄劳动者应逐渐改变学习观念，积极践行“终身学习”的理念，但目前我国以老年大学和社区学校进行的超高龄教育，教育内容与中高龄就业无关，尤其是第三年龄大学是专门为了协助高龄者再就业以及促进高龄者的职业发展。但缺乏中高龄这一年龄阶段的相应学习教育，因此，区政府可以整合地方教育资源，发展有特色的中高龄教育。

（三）调整失业保险制度设计，突出稳定就业与预防失业功能

我国失业保险发展的实践表明，必须探索构建更加积极的失业保险机制，充分发挥其稳定就业、抑制和预防失业的能动作用，才能更好地应对和解决日益严峻的失业问题。失业保险金能够对失业人群实施及时有效的保护，通过资金扶持使得失业人员积极主动寻找工作，为防止“失业陷阱”，如何既能达到保障失业者基本需求，又不造成过度依赖便成了政府政策制定的基本准则。但当下的政策太过于偏向预防工作，反而使得失业保险金利用率低。因此，要建立灵活完善的失业保险待遇机制，严苛失业保险金申领资质，缩短失业保险待遇给付期限，具体的失业待遇享受期可根据失业者本人的参保缴费时间确定，并拉大保险待遇的差距，失业期越短给付水平越高，如在法定享受失业保险给付期限内提前找到工作，可将尚未支付的失业保险金作为就业补助发给本人。内蒙古自治区按照《人力资源和社会保障部　财政部　国家税务总局关于做好失业保险稳岗位提技能防失业工作的通知》要求，从失业保险稳岗返还政策、技能补贴政策受益范围、降费率和缓缴社会保险费政策、失业保险保障扩围政策等多个方面做出工作。

失业保险基金应重新进行分配，用于职业培训及职业介绍，失业人员接受职业培训及职业介绍的补助金额都应当予以增加。在扩大此项支出的

同时，也要注意保证职业培训的效果，要与获得专业资质的培训机构合作，聘请高素质的培训人员，以劳动力市场需求为导向，使接受培训的失业人员真正学有所获，重新获得合适的就业岗位。也可以提取一定比例的失业保险基金作为失业人员创业的引导基金，对于有意愿创业、敢于创新、创业项目具有可行性的失业人员，通过引导基金的扶持，为其提供创业培训补贴、创业贷款担保、创业贷款贴息，不仅给失业人员创业提供更广阔的舞台，还可丰富内蒙古自治区的创业融资模式。继续利用失业保险基金对经营困难企业的员工进行转岗培训，采取为失业人员发放转岗培训补贴、支付社会保险补贴、岗位补贴、求职补贴等相关措施来稳定就业、预防失业。不仅是资金援助，完善的失业救助方式应当囊括物资救助、精神救助与技能救助等多种方式，尤其是技能救助，由原先重补贴的救助方式转变为注重就业培训、职业介绍等积极鼓励再就业的方式，帮助失业人员提高职业技能，增强其就业能力和创业能力①。除此以外，预防失业是失业保险的补充机制，一般而言，在市场经济条件下不宜干预过多，而在经济不景气时，就业保险可以通过薪资补贴等利益诱导机制来对企业做出鼓励行为②，因此，失业保险应急预警机制是重要的保障手段，可以针对局部地区发生的重大事件或因自然灾害而出现的大规模失业，给予及时的应急失业补助，保障失业人员基本生活，为社会经济发展营造一个稳定的社会环境③。

（四）完善失业保险基金管理，降低资金贬值风险

失业保险基金并非结余越多越好，作为大数法则最为典型的制度之一，失业保险基金收入与支出的平衡应该与经济周期密切关联，经济稳定时期失业保险金得到积累，经济衰退期失业保险金大量支出以增加消费④。

① 邓大松，李芸慧．新中国70年社会保障事业发展基本历程与取向[J]．改革，2019(9)：5－18.

② 王显勇．回归与变革：我国失业保险制度的完善之路[J]．四川大学学报（哲学社会科学版），2017(5)：138－149.

③ 程惠霞．失业保险制度促进就业功能的发挥及递进研究[J]．社会保障评论，2018，2(4)：85－98.

④ 张盈华，张占立，郑秉文．新中国失业保险70年：历史变迁、问题分析与完善建议[J]．社会保障研究，2019(6)：3－15.

要想逐步实现失业保险基金“收支平衡，略有结余”，提高基金利用效率，可实行弹性费率制，从基金收入和基金支出两方面着手：第一，从基金收入看，建议实行弹性费率制，实现失业保险的“自我调节”，根据基金的结余情况和当前就业形势划定失业保险缴费率弹性浮动范围，根据失业风险系数由用人单位自主调节失业保险缴费率，设立失业风险系数都是行之有效的方式。第二，从基金支出看，扩大支出规模，提高用于生活保障方面的基金支出水平，使失业保障制度切实起到保障失业人员基金生活的作用。

对于资金贬值的问题可以通过建设失业保险基金省级投资管理体制，以省级社会保险经办机构作为“委托人”，采取招标的方式将基金“外包”给法人投资主体，采取市场化投资方式。对于具体的投资范围，可参照养老保险基金的投资管理办法，将少量失业保险基金投资于银行存款和国债以保证流动性；设定基金购买股票、股权、股指期货、国债期货的投资上限以保证安全性；采取组合投资策略，通过专业化的投资运营团队获取可观的投资收益，使失业保险基金保值、增值，解决基金贬值问题。明确失业保险基金和就业专项资金的责任界限。将与参保登记失业人员促进就业、预防失业相关的支出，列入失业保险基金支出范围，其余失业人员的稳定和扩大就业支出划入就业专项资金的保障范围。不断完善和规范基金、资金管理工作，加强相关信息的公开与披露，引入社会力量加强监督。开展基金、资金管理使用及制度建设情况专项检查，检查对象为经办、管理、使用基金、资金的相关单位与个人，甚至根据需要对职业培训机构、享受待遇者进行延伸检查，并将专项检查的结果予以公开，引入公众监督力量，维护基金安全。

（五）提高失业保险统筹层次，建立信息管理机制

我国目前也在不断提高失业保险的统筹层次。2019 年 9 月，人力资源和社会保障部、国家税务总局和财政部联合印发《关于失业保险基金省级统筹的指导意见》，提出自治区的失业保险基金要实现全区统筹。2021 年内蒙古自治区人力资源和社会保障厅发布了《关于建立失业保险基金自治

区级统筹制度的实施意见》，明确提出，从 2023 年 1 月 1 日起，实施失业保险基金自治区级统筹管理。在失业保险政策、基金收支管理、预算管理、责任分担机制、信息系统、经办服务管理、激励约束机制等方面做到全区规范和统一，实现以失业保险政策全区统一为基础、以基金自治区级统收统支为核心、以基金预算管理为约束、以经办服务管理和信息系统为依托、以基金监督为保障，均衡区内基金负担、增强互济能力、保障政策有序实施的自治区级统筹制度。

在网络新媒体高速发展的背景下，大数据和智能系统可以为失业保险制度统筹管理开辟新的道路。利用信息化手段来采集失业人员的基本信息、了解失业保险缴费情况、就业与失业情况等信息，并运用现代化信息处理手段对采集后信息进行处理从而帮助失业人员。同时也可以根据这些失业者的情况了解目前劳动力市场和就业形势的变化。在失业人数多时增加对应的公益性就业岗位，投入更多资金帮助失业者重新就业，提高失业保险基金的有效性，维护社会稳定。失业保险信息化还有利于失业保险异地转移。在我国，失业保险异地转移手续要求失业者向转出地的失业保险办理相关机构申请享受失业保险转移到异地，过程手续烦琐，耗时较长，失业保险信息化可有效提高异地转移效率。

（六）完善社会保障制度，解决结构性失业问题

政府在社会保障中起着兜底性作用，只有政府制定的正式规则和制度才具有强制性，因此，只有不断地完善社会保障制度才能较大程度地解决结构性失业问题。一要完善失业保险制度，加大失业救助力度，提升就业服务能力。首先加大对失业者的政府救助力度。仅有失业保险制度是不够的，在失业保险无法覆盖的地方或领域，为了保障失业者的基本生活，需要加大对失业人员的政府救助。通过经济救济、扩大再就业培训，为失业者提供新的就业技能。其次提升政府的就业服务能力。各级政府需要进一步完善就业及人才市场，推进就业及人才流动的制度化和信息化建设，保障劳动力市场服务的即时性和有效性，为失业者再就业提供保障。并要降

低企业缴费率，扩大覆盖面，注重新就业人群的社会保障问题①。二要强化再就业技能培训体系，扎实提升再就业人员素质。为了促进失业人员再就业目标的实现，同时避免“二次失业”情况的出现，需强化失业人员的技能培训。首先是选择合适的培训项目，培训机构应该在举办技能培训之前进行大量的市场调查，结合市场需求以及失业人员的再就业诉求，挑选具有针对性的培训项目成立培训班，为失业人员提供服务。其次是强调培训的系统性和长期性，宽泛短暂的培训对失业人员的技能提升或者综合素质提升都非常有限。因此，技能培训过程中应该重点在培训师资、培训时间、培训地点、培训教材和培训考核等方面进行完善，切实提高失业人员再就业技能培训的科学性和实效性，以此为失业人员的再就业提供切实的帮助。最后是培育有实力的技能培训机构。在失业人员聚集的区域，应培养与市场需求接轨的技能培训机构，并着重加强培训机构的软硬件建设。在硬件建设上要注重培训场所的选择和实践设备的配置，让失业人员理论与实践相结合，提高其动手能力，使失业人员能够快速融入新的岗位。另外，在培训机构的师资配备上，要聘请有实力的教师进行授课，并能深入浅出地让失业人员尽快接受这些新的知识，着力做好再就业人员培训的项目规划、教材选择、师资配置、时间安排、培训模式创新和效果考核等工作，切实提高再就业人员的职业技能和综合素质②。

① 李敏．供给侧改革对社会保障制度影响几何[J]．人民论坛,2017(29):64-65.

② 孔庆景,翟路萍．产业转型升级背景下失业人员再就业对策研究——以河北省为例[J]．智库时代,2018(40):239-240.

报告四　内蒙古工伤保险制度发展报告

李　杰　付冀珊[①]

工伤保险是社会保险制度中的重要组成部分。工伤保险制度指国家和社会为在生产、工作中遭受事故伤害和患职业性疾病的劳动者及亲属提供医疗救治、生活保障、经济补偿、医疗和职业康复等物质帮助的一种社会保障制度。工伤直接危害职工生命健康，并由此造成职工及家庭成员的精神痛苦和经济损失，劳动者的生命健康权、生存权和劳动权被直接影响甚至剥夺。劳动者在其单位工作、劳动，必然形成劳动者和用人单位之间相互的劳动关系，因此在劳动过程中，不幸发生意外事故而致使劳动者伤残、死亡或罹患职业病，劳动者自然具有享受工伤保险补偿的权利，由国家宪法和劳动法给予根本保障。随着健康中国战略的全面实施、健康内蒙古建设的不断深入，全区经济、社会快速发展，营商环境持续优化，产业能级不断提升，健康需求日益增长。因此，合理调整制度发展矛盾，弥补制度发展缺陷与不足，是自治区完善工伤保险制度建设的首要任务。

一、内蒙古工伤与职业病状况

（一）内蒙古工伤与职业病概况

由于内蒙古自治区独特的地理位置与资源优势，工伤与职业病主要分布在煤炭、矿山、冶金、化工等行业。随着经济水平与科学技术的迅猛发展，自治区大部分产业已实现全自动化与人工智能运行模式，职业病高发

① 李杰，内蒙古大学公共管理学院讲师；付冀珊，内蒙古大学公共管理学院硕士研究生。

势头得到了一定程度的遏制，但仍存在一系列突出问题。截至2022年内蒙古自治区累计报告职业病16150例，其中2020—2022年3年新增病例712例，平均每年新增加230多人。新增加职业病人的职业安康体检率低于平均水平，其中尘肺病、职业中毒等职业病发病率居高不下，尘肺病成为自治区最主要的职业病，约占职业病病人总数的2/3以上。由于职业病具有迟发性和隐匿性的特点，自治区每年实际发生的职业病要大于报告数量。此外，自治区职业病范围囊括煤炭、矿山、冶金、化工、医药等具有一定危险性的行业，不同程度地存在职业病危害工伤风险，尤其是一些中小企业工作环境与条件较为恶劣，劳动者缺乏必要的职业病防护措施。在这些行业中，尘肺病等职业病发病率居高不下，对劳动者健康损害较为严重。尘肺病等慢性职业病一旦发病往往难以治愈，伤残率高，极易导致肺部、呼吸道疾病，甚至危及生命安全。群发性职业病事件时有发生，尤其大部分对于职业病的防治与工伤申诉敏感度不高的群体，类似于返乡农民工在患病之后无法得到有效工伤赔偿，成为影响产业发展和社会稳定亟待解决的问题。职业病防治与工伤体系建设事关劳动者身体安康和生命安全，事关经济发展和社会和谐稳定大局。

长期以来，自治区党委政府高度重视职业病防治工作。为科学谋划“十四五”时期全区职业健康事业发展，自治区卫生健康委结合工作实际，组织编制了《内蒙古自治区职业病防治规划（2021—2025年）》（征求意见稿）。自治区各级、各有关部门认真履行职责，加强协调配合，严格监督执法，职业卫生监管能力、职业病患者社会保障能力显著提升，全社会积极支持的职业病防治工作机制基本形成。当前自治区工伤与职业病源头治理进一步加大，职业病防治技术服务能力显著增强、监测范围逐步扩大，重大急性职业病危害事故、主要慢性职业性化学中毒事故数呈下降趋势。劳动者职业健康教育培训覆盖面逐步扩大，工伤保险、医疗救助等社会保障政策进一步完善。到2025年，自治区规划职业健康治理体系更加完善，治理能力显著提升，用人单位主体责任有效落实，劳动者健康水平将进一步提高，职业病危害状况明显好转，尘肺病等重点职业病得到更加有效的控制，职业健康服务能力和保障水平不断提升，全社会的职业健康意识进一步增强，劳动者职业健康权益得到切实保障，并努力完成计划指标。内蒙古自治区“十四五”职业病防治主要指标见表4－1。

表4－1　内蒙古自治区“十四五”职业病防治主要指标

序号	指标名称	目标值
1	工伤保险参保人数	稳步提升
2	工业企业职业病危害项目申报率	≥90%
3	工作场所职业病危害因素监测合格率	≥85%
4	非医疗放射工作人员个人剂量监测率	≥90%
5	重点人群职业健康知识知晓率	≥85%
6	尘肺病患者集中乡镇康复服务覆盖率	≥90%
7	职业卫生违法案件查处率	100%
8	依托现有医疗资源，自治区级设立职业病防治院所或职业病医院	100%
9	自治区级至少确定1家机构承担粉尘、毒物、噪声、电高辐射等职业病危害工程防护技术指导工作	100%
10	设区的盟市至少确定1家公立医疗卫生机构承担职业病诊断工作	100%
11	旗县（市、区）至少确定1家公立医疗卫生机构承担职业健康检查工作	95%

（二）内蒙古典型工伤案例

1.“2·23”内蒙古矿业公司安全事故

2019年2月23日8时20分许，内蒙古锡林郭勒盟西乌珠穆沁旗银漫矿业有限责任公司使用超员承载违规车辆运送工人时发生井下车辆伤害重大生产安全事故，造成22人死亡，28人受伤。2019年2月26日，内蒙古锡林郭勒盟“2·23”重大事故调查组发布初步调查结果，事故主要原因系企业网上非法购置运输车辆，且该车辆没有国家规定的安全标志，没有经过相关机构的检测检验，并私自将运输地面人员的车辆用于井下运输，此外，事故车辆的核载人数不超过30人，但事发时实载50人，属严重超载。此次重大生产安全事故造成50人伤亡，内蒙古银保监局组织辖区保险机构迅速开展承保理赔排查工作，对伤亡人员及家属按照工伤及工伤致死赔付标准进行保险赔付，启动应急预案，开通绿色理赔通道。经初步排查，有11名遇难者在5家保险公司投保14笔保险，涉及意外伤害险、终身寿险等险种，9 名受伤人员在 8 家保险公司投保 10 笔保险，涉及意外伤害险、重疾险等险种。截至 2 月 26 日 12 时，保险业预估赔款共计 94.94 万元。2019 年 10 月，内蒙古自治区应急管理厅发布《锡林郭勒盟西乌珠穆沁旗银漫矿业有限责任公司“2·23”井下车辆伤害重大生产安全事故调查报告》，认定该事故是一起重大生产安全责任事故，对 63 名有关责任人进行追责。2020 年 11 月 13 日 9 时，西乌珠穆沁旗人民法院依法公开宣判锡林郭勒盟西乌珠穆沁旗银漫矿业有限责任公司“2·23”井下车辆伤害重大生产安全事故所涉重大责任事故罪、非法经营罪以及相关职务犯罪等 4 起刑事案件，对事故单位涉案 18 名被告人、2 名非法经营罪被告人以及 2 名相关职务犯罪被告人依法判处刑罚。

2. 12·3 赤峰煤矿爆炸事故

2016 年 12 月 3 日，内蒙古自治区赤峰市元宝山区宝马矿业有限责任公司发生一起煤矿井下瓦斯爆炸事故。造成 32 人死亡、20 人受伤，直接经济损失达 4399 万元。事故发生时，井下共有 181 名作业人员正在作业。事故发生后，公司内部以及相关单位救援人员立即开展救援。国务院责成内蒙古自治区人民政府向国务院做出深刻检查，针对相关部门职责失察等问题，依法依纪对 2 人予以通报。由相关地方和部门对其他 64 名责任人员包括厅局级干部 15 人、县处级干部 27 人依法依纪做出处理。司法机关对 57 名责任人依法立案侦查并采取刑事强制措施。同时，依法吊销宝马煤矿有关证照并实施关闭。

以上事故表明，内蒙古自治区造成重大人员伤亡的生产事故屡有发生，且多集中于煤炭、矿业、燃气等行业。因此，强化工伤危害源头防控，督促和引导用人单位采取工程技术和管理等措施，对辖区内所有煤矿、燃气、化工等产业包括已经停产停工煤矿进行突击检查、随机抽查、暗查暗访，不断改善工作场所劳动条件已成为促进产业发展和完善工伤制度的重要环节。

二、内蒙古工伤保险制度发展概况

（一）工伤保险制度发展沿革

“走进新时代，工伤保险工作将以习近平新时代中国特色社会主义思想为指引，继续坚持问题导向和目标导向，针对业务领域存在的不平衡、不充分的矛盾和问题，抓重点、补短板、强弱项，脚踏实地、真抓实干、锐意创新、继往开来，不断推动工伤保险事业取得新的、更大的发展。”随着改革开放的大潮和社会保障事业的发展，我国工伤保险事业经历了从企业劳动保险到工伤社会保险的发展历程，不断取得辉煌成就。新中国成立以来，中国工伤保险制度虽历经挫折，但在调整与改革中不断前进，各方利益主体向着更加和谐、健康的关系发展，“最大限度地保障与维护劳动者权益 ”成为中国工伤保险制度的发展目标。①

1. 新中国成立之初

新中国成立之初，国家确立了以集中优势配置经济资源、保证重工业发展为目标的计划经济体制，同时建立以保障劳动者权益为目的的社会保险制度。这一时期，工伤保险制度实行“国家负责，企业包办”的运作模式，低工资、高福利政策使得工伤保险成为职工福利的一部分，工伤预防由劳动部门中的劳动保护机构负责，与工伤保险成为并行的制度安排。

2. 20 世纪 50—80 年代

中共八届三中全会提出调整和完善社会保险制度后，工伤保险制度在待遇、范围及死亡抚恤等方面进行了相关调整，增加了一系列职业病类别。但之后的“十年动乱”导致工伤保险退化为“企业保险”，社会保险的统筹调剂职能丧失，且这一时期，对职工的权益保护观念仍然低下，保险制度严重扭曲，但仍保留着主体框架。

3. 改革开放以来

改革开放以来，我国经济体制和企业制度发生了重大变化，原有的企

① 孙树菡，朱丽敏．新中国工伤保险制度六十年的发展变迁[J]．河北学刊，2009，29(6)：1－6.

业劳动保险模式存在诸多问题，建立适应社会主义市场经济体制的工伤保险制度成为时代新需要。这一阶段，经济发展强调“效率优先”，对工伤保险制度的重视程度有所提高，强制性加强。20 世纪 80 年代中期，一些地区陆续开展工伤保险改革试点，但全面保障职工权益的观念仍相对薄弱；由于经济的迅速发展，国有企业改革与企业工伤保险制度之间的矛盾日益激化，催生着对新制度的探索实践。

4. 1996—2003 年

1996 年，劳动部在总结各地试点经验和借鉴国际成熟做法的基础上，颁布了《企业职工工伤保险试行办法》（以下简称《办法》），成为中国历史上首部针对工伤保险的专项立法，对企业自我保险制度进行了根本性变革。《办法》的颁布，首次在国家政策层面确立了工伤社会保险的制度模式，为工伤保险制度改革进入全面实施阶段奠定了基础，也为不断探索实践、发现问题、积累经验、加强立法创造了条件。1996 年，劳动部在总结各地试点经验和借鉴国际成熟做法的基础上，颁布了《企业职工工伤保险试行办法》，对企业自我保险制度进行了根本性变革。

2003 年 4 月 27 日，颁布了《工伤保险条例》（以下简称《条例》），它的出台标志着我国工伤保险制度走上法制化轨道，工伤保险的发展进入到一个崭新阶段。《条例》标志着顺应改革开放需要、适应社会主义市场经济的新型工伤保险制度框架初步形成，为保障工伤职工权益、分散用人单位风险提供了新的制度保障，对工伤保险制度建设具有里程碑意义。《条例》是五项社会保险项目中最早颁布的行政法规之一，对于我国社会保险法治建设起到了推动作用，该条例将建立统一的、健全的工伤社会保险体系设定为中国工伤保险制度的发展目标，把工伤预防、康复与补偿一并列为中国工伤保险制度的三大职能。同时，《条例》明确建立工伤保险费率与工伤发生率挂钩的机制，对促进企业改进安全生产、降低事故发生率起到了推动作用。此后，《社会保险法》的颁布，更是把包括工伤保险在内的社会保险制度提升到国家法律规定的高度。[①] 21 世纪以来，“以人为本”理念逐步形成，对职工的权益保障重视程度也逐步加强，工伤保险制度法制化程度不断提高，工伤保险制度进入了全面发展时期，工商保险制度改革不断适应社会发展进步需要，未来也将持续推进。

因此，工伤保险制度发展应遵循以下发展逻辑：公平与效率权衡、政府“主导”而非“包揽”、利益机制整合、各方主体主动反应，只有坚持“以人为本”的发展理念，最大限度地保障劳动者合法权益，始终坚持工伤预防、补偿、康复“三位一体”的发展格局，才能不断推动工伤保险制度有序发展。虽然当前制度内容仍存在诸多问题和亟须完善之处，但随着保障范围的不断扩大，保障水平的不断提高，职工的权益将更加全面、更大限度地受到应有保护。

（二）内蒙古工伤保险参保概况

2014 年内蒙古自治区工伤保险参保人数为 289.6 万人，工伤保险基金收支总规模达 20.4 亿元，工伤人员伤残津贴、生活护理费及供养亲属抚恤金的待遇标准得到提高，并建立了三项待遇随养老金增长适时调整的机制，更好地保障工伤人员及其供养亲属的基本生活。截至 2021 年 7 月底，全区工伤保险参保人数达到 336.54 万人，已提前完成国家下达的参保扩面任务目标。新开工项目参保率达 99%，尘肺病重点行业参保人数为 24.1 万人，各盟市参保人数如表 4-2 所示。

表 4-2　截至 2021 年内蒙古自治区各盟市参与工伤保险人数　单位：万人

盟市	各盟市参保人数
呼和浩特市	47.24
包头市	51.09
乌海市	9.33
赤峰市	39.02
通辽市	25.26

① 孙树菡，朱丽敏．中国工伤保险制度 30 年：制度变迁与绩效分析[J]．甘肃社会科学，2009(3)：59-65.

续表

盟市	各盟市参保人数
鄂尔多斯市	40.20
呼伦贝尔市	28.45
巴彦淖尔市	16.72
乌兰察布市	16.47
兴安盟	13.27
锡林郭勒盟	15.06
阿拉善盟	6.51
满洲里市	3.29
二连浩特市	0.80

(三) 内蒙古工伤保险制度运行现状

自2020年7月1日起，《内蒙古自治区工伤保险自治区级统筹办法》开始实施。该办法规定，工伤保险实行自治区级统筹，按照制度统一、分级负责、属地管理、缺口分担的原则实施。

1. 统一工伤保险参保范围和参保对象

自治区内工伤保险参保范围和参保对象按照《工伤保险条例》和《内蒙古自治区工伤保险条例实施办法》等规定执行。

2. 统一工伤保险费率政策和缴费标准

按照以支定收、收支平衡的原则，制定自治区统一的费率浮动管理办法。用人单位缴纳工伤保险费的数额为本单位职工工资总额乘以单位缴费费率之积。用人单位上年度职工月平均工资低于自治区职工月平均工资60%的，按照自治区职工月平均工资的60%计算；高于自治区职工月平均工资300%的，按照自治区职工月平均工资的300%计算。

3. 统一工伤认定和劳动能力鉴定办法

按照人力资源和社会保障部、内蒙古自治区人民政府、内蒙古自治区人力资源和社会保障厅关于工伤认定、劳动能力鉴定等相关规定执行。

4. 统一工伤保险待遇支付标准

自治区级统筹后，严格按照《工伤保险条例》《内蒙古自治区工伤保险条例实施办法》相关待遇标准执行。工伤保险待遇的计发涉及上年度职工月平均工资的，以自治区上年度职工月平均工资为计发标准。为保持待遇水平平稳衔接，盟市上年度职工月平均工资高于自治区上年度职工月平均工资的，采用“封定基数”办法进行过渡。伤残津贴、生活护理费、供养亲属抚恤金等待遇的调整按照人力资源和社会保障部工伤保险待遇调整和确定机制的指导意见，由自治区人力资源和社会保障行政部门、自治区财政部门统一调整。

5. 统一工伤保险经办流程和信息系统

按照自治区统一的工伤保险业务经办规程办理各项工伤保险业务。建立全区统一的工伤保险信息系统。推进社会保障卡在工伤保险领域的应用，实现工伤保险参保登记、工伤认定、劳动能力鉴定、待遇核发、基金管理等信息互联互通。

6. 统一工伤保险考核机制

建立健全考核机制。各级人民政府要明确各部门责任，优化完善约束手段，建立健全工伤保险自治区级统筹工作的考核机制。

7. 统一工伤保险基金预决算管理

按照收支级次分级填报、编制数据，报自治区人力资源和社会保障部门所属社会保险经办机构汇总编制，行政部门进行审核汇总。预算的编制、执行、调整、决算、审批和监督管理等按照国家和自治区社会保险基金预算管理规定执行。此外，完成参保扩面和基金征缴等目标的盟市，若当期工伤保险基金出现缺口，首先动用本地区累计结余，仍然有缺口的，自治区调剂金按缺口资金的一定比例进行调剂，剩余缺口资金由属地财政落实投入，保障基金平稳运行。

2021 年 12 月 10 日，自治区工伤预防联席会议领导小组召开自治区工伤预防项目启动会，标志着自治区全面启动实施工伤预防五年行动计划。经过自治区上下的共同努力，预防、康复、补偿“三位一体”的工伤保险制度体系进一步完善，实施了工伤保险建设领域按项目参保、尘肺病重点行业参加工伤保险等专项扩面行动，统一了缴费基数和待遇调整标准，建立了全区工伤保险信息化系统，基金实现自治区级统筹。

（四）内蒙古工伤保险待遇现状

当前，内蒙古职工如因工作遭受事故伤害或者患职业病，可直接享受工伤医疗待遇。治疗工伤所需费用符合工伤保险诊疗项目目录、工伤保险药品目录、工伤保险住院服务标准的，从工伤保险基金支付。职工住院治疗工伤或职业病的伙食补助费，以及经医疗机构出具证明，报统筹地区经办机构同意，工伤职工可到统筹地区以外就医，所需符合规定的交通、食宿费用从工伤保险基金支付。基金支付的具体标准由统筹地区人民政府规定。职工治疗工伤在签订服务协议的工伤定点医疗机构就医，情况紧急可以先到就近的医疗机构急救，并由用人单位在5个工作日内报告经办机构。工伤职工病情相对稳定后，由经办机构视伤情确定是否转入签订服务协议的工伤定点医疗机构继续治疗。

如职工因工致残被鉴定为一级至四级伤残的，可按伤残等级享受从工伤保险基金支付的一次性伤残补助金，标准为：一级伤残享受27个月的本人工资，二级伤残享受25个月的本人工资，三级伤残享受23个月的本人工资，四级伤残享受21个月的本人工资。工伤职工伤残津贴扣除本人基本养老保险、基本医疗保险缴费部分后，实际领取额低于统筹地区最低工资标准的，由工伤保险基金补足差额。工伤职工符合领取基本养老金条件的，停发伤残津贴，享受基本养老保险待遇。基本养老保险待遇低于伤残津贴的，从工伤保险基金补足差额。

如职工因工致残被鉴定为五至十级伤残的，可享受伤残补助金标准分别为18个月、16个月、13个月、11个月、9个月和7个月的本人工资。此外，保留与用人单位的劳动关系，由用人单位安排适当工作。难以安排工作的，由用人单位按月发放伤残津贴。经工伤职工本人提出，可以与用人单位解除或者终止劳动关系。工伤职工与用人单位解除或者终止劳动关系时，由工伤保险基金支付一次性工伤医疗补助金，由用人单位支付一次性伤残就业补助金。工伤职工未达到法定退休年龄前，由用人单位和工伤职工以伤残津贴为基数，按规定缴纳基本养老保险费和基本医疗保险费。

如伤残津贴低于当地养老保险最低缴费基数的，按现执行养老保险政策缴纳养老保险费。工伤职工达到法定退休年龄时，其养老保险和医疗保险缴费年限未达到统筹地区规定的缴费年限的，由用人单位和工伤职工按规定一次性缴纳其所余年限的基本养老保险费和医疗保险费。

三、内蒙古工伤保险制度面临的问题与挑战

（一）覆盖范围与主体较狭窄

内蒙古自治区工伤保险参保范围为基本医疗保险的事业单位、民间非营利组织及中直单位、区直行业管理单位。参保对象包括自治区本级用人单位全部职工（包括在职工作人员、合同制职工和有事实劳动关系的职工）。但自治区参加工伤保险的人数仅相当于参加养老保险企业职工数的42.7%，占医疗保险参保人数的15.4%。工伤保险覆盖面较为狭窄且分布不均衡。虽然《企业职工工伤保险试行办法》规定“中华人民共和国境内的企业及职工”都必须参加工伤保险，但目前大多数地方工伤保险主要集中于国有企业、事业单位和一些大型集体企业，一些私营企业和乡镇企业并未为员工参加工伤保险。且在内蒙古这一煤矿、冶金、化工等产业广泛分布的地区，并未将这一类事故风险较高的企业纳入工伤统筹。一些小型生产与运输单位生产条件与环境较差，产业资格不健全，在没有为员工缴纳工伤保险的前提下一旦发生工伤事故，职工自身承担的治疗金额巨大，相关权益得不到良好保障。同时，一些非工伤保险改革地区的企业职工以及广大城乡个体劳动者（尤其是农民工群体）未被包含在工伤保险制度内，这些社会群体的工伤费用在个人或单位难以承受的情况下，往往成为较严重的社会问题。虽然近几年工伤保险的参保范围与力度不断扩大，参保人数不断提高，但相较于在岗人数仍有提升空间。且目前自治区仍然存在属于工伤适用范围，但难以确定认定范围的情况。许多职业病与工伤具有隐秘性和长久性特点，极有可能出现职工退休或离职之后发病的情况，此时的职业病与工伤问题就需要进行详细认定与落实。

（二）费率设置缺乏合理性

内蒙古工伤保险缴费比例的确定包括两个方面：按行业划分确定单位

费率和按工伤保险费的使用、工伤发生率及职业危害情况确定浮动费率。工伤保险根据《国民经济行业分类》将行业划分为风险较小行业（金融业，居民服务业，餐饮业，零售批发业，邮政业，软件业，计算机服务业，电视、广播、电影和音像业，城市公共交通业等）、中等风险行业（房地产业，农副食品加工业、食品制造业、饮料制造业，水利管理业，公共设施管理业，纺织业，农林牧业，医药制造业，电力、热力，建筑装饰业，铁路道路运输业、水上运输业、航空运输业等）和风险较大行业（炼焦及核心燃料加工业、石油加工业、化学原料及化学制品制造业、有色金属冶炼及压延加工业、黑色金属冶炼及压延加工业、黑色金属矿采选业、石油和天然气开采业、有色金属矿采选业、煤炭开采和洗选业、非金属矿采选业等）三种。各行业的基准费率分别控制在用人单位工资总额的0.5%、1.0%和2.0%。在费率浮动方面，除属于第一类行业的用人单位按行业基准费率缴费，不实行浮动费率外，第二类、第三类行业均实行浮动费率。浮动的办法根据参保单位工伤发生频率等因素，每两年浮动1次。

从中可以发现，单纯因工伤事故风险和职业危害程度进行划分缺乏一定的合理性。不同的行业差别很大，行业分类具有重叠性与交叉性，且危害主要集中于第二类、第三类行业。但三类行业费率均各相差0.5%，没有明显的递进性，较为简单粗糙，从而不能有效激励参保主体积极改造工伤预防和劳动安全环境。因此，行业分类亟须明晰化，费率设定也应根据时间需要有所调整。参考大连市，实行19个费率档，行业费率每档差别仅为0.1%。日本工伤保险费按行业差别划分为8大产业，53个行业最高费率为14.8%，最低为0.5%，另外，各行业都附加0.1%的通勤事故保险费率，行业之间差别费率达25倍。[①] 作为工伤保险大国的德国，其设立了700多个费率等级，详细有效地规定了不同类别工伤制度与费率标准。完善的费率机制既有利于工伤保险制度的落实，也进一步提高了各主体参保的积极性与能动性。

---

① 李志明，章洁，康玉梅．中国工伤保险存在的问题及其对策分析[J]．理论界，2004(5)：211-212.

（三）工伤认定程序耗时烦琐

现行的《工伤保险条例》规定工伤认定赔偿与申请遵循相应程序。程序经历申请工伤认定、劳动能力鉴定和工伤保险待遇理赔三个阶段；用人单位应在一个月内向劳动局提出工伤认定申请，或职工自身向当地劳动局申请工伤认定，并提交工伤认定申请表、用人单位存在劳动关系（包括事实劳动关系）证明材料、医疗诊断证明或职业病诊断证明书等材料；之后劳动局做出相关工伤认定，并向用人单位派发“工伤认定通知书”，伤者可去有资质的医院进行进一步伤残和劳动能力鉴定；之后单位对相关伤残补助金、医疗费进行赔偿。但在实践过程中，此类工伤认定程序烦琐，所需时间较长，对于比较急切的病情存在耽误治疗的风险。且在认定过程中，认定标准模糊不清，对于工作时间、工作场所等的认定说法不一，且认定时间少则一个月、几个月，多则一年至几年，甚至更长。漫长的等待过程耗费大量时间，使患者无法及时有效得到赔偿款项，进而耽误治疗与康复。且相关劳动保障部门与工伤保险认定机构每月受理工伤事件几百件，但直接负责的机构人员仅有十名左右，对于工伤事件严重程度分类较为模糊，极易导致“重伤缓慢办，轻伤敷衍办”的情况，严重影响工作的效率和工伤认定的时间。且如果当事人一方对工伤认定或者劳动能力鉴定结果不服的，可要求机构复审。由于人手紧缺，复审与初审有可能集中在同一人手中，影响了结果的公正性，易导致申请人对职能部门的信任危机。面对数量日益上升的工伤认定和索赔案件，经办机构与人员的缺乏，使众多认定与索赔申请难以被认真审核，极大程度上损害了职工权益，也不利于工伤保险制度的完善。因此，因地制宜地建立符合自治区实际的工伤认定与索赔程序是促进工伤保险制度进一步发展的重中之重。

（四）工伤预防重视程度不高

虽然当前自治区已经全面建立工伤预防、补偿、康复“三位一体”的发展格局，但对工伤预防的重视程度仍然较低。工伤预防工作的开展能够提高企业和职工的安全意识，督促企业整改安全隐患，降低事故的发生概率，提前预防远大于事后补救。但由于各企事业单位工作环境与条件参差不齐，无法对其进行统一标准要求。部分企业缺乏工伤预防工作的专业指导，尚处于用人单位自主管理阶段。由于用人单位在工伤预防理念、专业预防知识以及费用投入等方面的短缺，难以保证规范高效地开展工伤预防工作。另外，大部分用人单位工伤预防工作处于较低水平，对工伤预防观点的理解仅停留在戴安全帽，发手套、眼镜等最基本的劳动保护设备上，岗前培训也往往侧重操作技术的学习，对科学的工伤预防理念传播不够重视。且许多企业缺乏必要的工伤预防经费投入，现行的工伤保险制度偏重于待遇的处理，工伤补偿对预防和康复没有做出特别的要求，在工伤预防职业康复方面投入很少，这直接影响到工伤预防工作系统长久地开展。参考发达的社会保险制度代表国家——德国，德国工伤保险管理机构发放所有预防、康复及工伤待遇，并且将其主要关注方面和工作重点都放在事故预防上，同时尽最大努力提供康复帮助。在资金保证上，从工伤保险基金中拨出专款用于职业康复和工伤预防事业，将工伤补偿和职业康复以及工伤预防结合在一起。[①] 这十分值得我们学习与借鉴。我国与内蒙古自治区现行的工伤保险条例虽然确定了工伤保险与事故预防和职业病防治相结合原则，但并未明确职业康复和工伤预防的资金比例，使得大部分资金用于工伤赔付上。

（五）主体责任落实不到位

工伤保险制度运行中的责任问题一直以来都是无法规避且长期存在的。由于工伤保险认定与赔偿过程涉及多个主体——当事人、单位、社会保障认定机构、医院等，因此极易出现逃避责任、互相推诿的情况，有时也会产生寻租现象。2022 年 5 月，一名群众向有关部门反映，其父亲在 2021 年 7 月 6 日于鄂尔多斯华泰园区餐厅上班时，不慎滑倒跌入下水道中受伤，经医院诊断为跟腱断裂，需手术治疗，于 2021 年 9 月在内蒙古医科大学第二附属医院进行手术，手术期间和在职公司领导申请医疗费用，但相关领导回复国有企业审批流程烦琐，声称由家属自费后回公司再行报

---

① 李志明，章洁，康玉梅．中国工伤保险存在的问题及其对策分析［J］．理论界，2004（5）：211－212.

销。同年10月认定为工伤，2022年1月劳动能力鉴定认定为十级，但公司迟迟不按《中华人民共和国劳动法》规定给予赔付和报销，并且取消了其父亲的停工留薪期。家属与公司领导沟通几次均无果，医疗费用迟迟没有得到报销，希望相关部门协助处理。这即是用人单位逃避赔偿责任、损害职工权益的典型案例。

此外，《工伤保险条例》中规定，职工因工作遭受事故伤害或者患职业病进行治疗享受工伤医疗待遇时，工伤职工治疗工伤所需的挂号费、住院费、医药费、就医路费以及其他相关费用均由工伤保险基金支出，于是某些企业便产生“事不关己，高高挂起”的思想，逃避赔偿责任，认为职工发生工伤后的医疗费用应从工伤保险中支出，企业可以不管或少管，从而不重视安全生产和劳动者权益保护。这极大地损害了职工及时获赔的劳动权益。此外，《工伤保险条例》规定社会保险行政部门应当自受理工伤认定申请之日起60日内做出工伤认定的决定，并书面通知申请工伤认定的职工或者其近亲属和该职工所在单位。社会保险行政部门对受理的事实清楚、权利义务明确的工伤认定申请，应当在15日内做出工伤认定的决定。然而相关工伤认定部门以工作难度大、工作数量多为由拖延认定，职工等待认定结果长达几个月甚至几年的情况时有发生，插队认定、高额索赔的情况也时常存在。因此，有效约束各主体工伤保险制度运行中的权力行使，合力监督其职责履行，从而有效保护劳动者的劳动权益势在必行。

（六）资金征收与安全性较低

工伤保险的资金主要来源于企业缴纳的保险费（企业必须按照国家和当地人民政府的规定参加工伤保险，按时足额缴纳工伤保险费）、工伤保险费滞纳金、工伤保险基金的利息、法律法规规定的其他资金等。工伤保险费根据各行业的伤亡事故风险和职业危害程度的类别实行差别费率，并每5年调整一次。然而，在资金征收方面，一些企业上缴工伤保险费时进行瞒报、少报，一些私营企业不注重工伤保险的缴纳，发生工伤事故后再要求参加工伤保险，使得工伤保险基金的支出无端增加。且部分用人单位按规定缴纳工伤保险费后，发现长期未发生工伤事件，便要求返还相关工伤保险费用，这是不符合法律程序的行为。无论该单位是否发生工伤或发生多大程度与范围的工伤，都应按照法律的规定由基金支付相应工伤保险待遇。缴费单位不能因工伤事故未发生而要求返还缴纳的工伤保险费。社会保险经办机构也不能因某单位发生的工伤多、支付的基金数额大而要求该单位追加缴纳工伤保险费，只能在下一轮缴纳时适当考虑其工伤保险基金费率浮动与支付情况。此外，一些企业的工伤保险基金计入生产成本，有些计入管理费用，有些则归为营业外支出，或其他职工福利费开支项目，工伤保险费用开支渠道混乱，亟待统一整合。

同时，“自伤”以骗取工伤赔偿费用的事件也屡有发生。钱某等14人为同乡，事先合谋并提前踩点，瞄准未为职工及时缴纳社会保险的用工单位，安排1~2人应聘进入单位上班。成功入职后，钱某等人根据计划，由一人在上班时假装摔倒，制造颈部受伤严重的假象，并通过隐瞒身体真实反应的方式瞒过医院初步诊断。后其同伙根据事先安排赶到医院，以颈部伤情严重为由，向用工单位索要赔偿。邗江法院审理查明，2018年9月至2020年6月，被告人钱某等14人时分时合、交叉作案，先后至多市以假装遭受工伤进行索赔的方法实施诈骗，骗得赔偿款超300万元。不少用工单位往往采用“灵活用工”的方式雇用工人，不能及时、足额地为职工购买保险。因此，不及时缴纳工伤保险的公司看似降低了用工成本，实则隐藏着巨大的风险，不仅有可能被他人利用，也有可能面临相关部门的严重处罚。该案例中，被告人利用用工单位未为职工购买相应工伤保险的纰漏，以及事后急于私了、息事宁人的心理实施诈骗，给用工单位造成了巨额损失，也给相关资金部门造成了经济损失，带来信用危机。因此，用工单位应当在建立劳动关系后，尽快为职工购买社会保险，这不仅是法律的要求，也为职工和企业上了一道安全网。

（七）农民工权益维护有待提高

当前，内蒙古自治区农民工已成为城市“产业工人”的主要群体，在不断完善和发展的工伤保险制度架构与设计过程中，农民工对工伤保险的认知、参保率和权益维护等方面都得到了一定程度发展。“十三五”时期，内蒙古实现农牧民转移就业 1264.3 万人次，其中，农牧民转移就业 6 个月以上 1034.2 万人次。到“十四五”期末，预计实现农牧民转移就业 1200 万人次，脱贫人口务工规模预期 98.8 万人次。但在工伤保险内容的落实上，农民工依然是弱势保障群体，工伤保险制度仍然存在诸多困境。

农民工群体多集中在劳动密集型、污染较重的行业或企业，如煤炭、化工、建筑、餐饮等行业或企业。农民工就业“低层化”“低收入”“低待遇”，劳动环境较差，保障性也相对较低，因此成为工伤高发群体。2021 年，道路运输、建筑业和工矿商贸其他行业事故总量居内蒙古前三位，其中，道路运输业发生事故 413 起、死亡 326 人；建筑业发生事故 106 起、死亡 107 人；电力、热力、居民服务等工矿商贸其他行业发生事故 91 起、死亡 100 人。其中大部分为农民工群体，其受到的职业危害风险远远高于其他行业的从业人员。因大部分农民工没有完善的工伤保险，一旦发生工伤事故，也就无法享受工伤赔偿的权益，大部分治疗康复费用由农民工自己承担，给家庭带来沉重负担。除此之外，一些中小型服务企业的雇员、家政服务人员、保安、餐厅或娱乐业服务员等，因其工作稳定性差、流动性大，且有时缺乏劳动合同，往往成为工伤保险制度实践中的“漏保之鱼”，在发生工伤事故时，极易成为无法保障自身权益的受害者。因此，有效保障这一群体的劳动权益也是工伤保险制度持续完善的关键。

（八）职工安全与维权意识不强

调查显示，80% 的单位职工对工作场所安全问题比较关心，但只有 50% 的职工表示较少或不会向单位反映工作中的安全隐患，谈及原因时，表示“自身没有意识到存在的危险”，还有 27% 的职工认为“一般不出事，等出事了再说”。另外，是否参保对工作场所安全问题的关心存在显著差异，未参保的职工对安全问题的关心程度明显低于已参保的职工，还有 15 % 的未参保者不关心安全问题。从中可以看出，当前在岗职工安全意识普遍不高，且具有较高危险性的生产行业职工大多为农民工群体与下岗工人，知识水平与学历不高，对相关岗位安全知识了解较少，岗前培训与工作预防也仅停留在了解阶段，所属岗位对技能要求相对较低，导致企业和职工对安全隐患疏于防范，这极大地提高了发生工伤事故的概率。且很多职工在发生工伤后，因缺乏相关证据，没有及时得到相应认定与赔偿，出于不和公司撕破脸的目的，自己吃下哑巴亏，这也极大地破坏了社会保险制度维护的必要性。这一类问题的根源在于相关行业与企业缺乏普法与宣传，对工伤保险制度问题未普及到职工群体当中，企业自身对工伤保险的关注度也只停留在缴纳工伤保险基金和出现工伤时进行相应赔偿等事件上，对于前期预防的相关宣传工作不够重视。因此，完善社会保险制度体系的必要性与重要性不言而喻。

四、内蒙古工伤保险制度发展的对策建议

（一）预防为主，防治结合

完善工伤保险制度，首要的就是转变工伤保险重补偿、轻预防的传统意识。标本兼治，重在治本，要深入开展职业健康保护行动，强化职业病危害源头防控，督促和引导用人单位采取工程技术和管理等措施。要积极改善用于康复补偿和工伤预防的资金的比例，将更多的资金投入到工伤预防方面，引入专业指导人员进行岗前培训，更多普及相关安全工作知识，扩展对安全工作的理解，增强企业领导与职工的工伤预防理念，提高员工的职业安全素质和应变能力。要不断改善工作场所劳动条件，创造安全的工作环境和必要的生活环境，营造良好的工作氛围与风气。用人单位要及时合理发放合格的劳动保障用品，高危岗位及时张贴醒目的安全生产警示标志，建立安全生产的标准程序，并严格监督执行。职工要增强自我保护意识，安全操作。各主体要时刻遵守有关安全生产和职业病防治的法律法规，执行安全卫生规程和标准，避免和减少职业病和工伤危害。此外，不断强化职业病及职业病危害因素监测评估，对相关危险性高的产业进行定期安全检查，实现精准防控。工伤保险机构可利用可支配资金建立职业病以及有毒有害物品材料数据库，为企业提供必要的防护服务。在工伤保险的立法中，引入奖惩结合的制度，利用工伤保险基金结余额奖励工伤预防表现较好的企业与主体，灵活运用浮动费率这一杠杆促使企业加强安全管

理，调动企业进行工伤预防的积极性。

（二）扩展覆盖范围，简化认定程序

虽然自治区目前工伤保险覆盖率在稳步提高，但是许多小微企业和制造产业的职工仍然存在长久无法参保的情况。因此，要全面扩展工伤保险主体范围与层次，强化雇佣关系，雇员不局限于劳动关系中的用人单位之内，也不局限于公务人员群体和国有企业、事业单位和一些大型集体企业，凡是具有民事权利能力及民事行为能力的自然人，劳动关系一旦形成，就具备参保工伤保险的资格。因此，要不断扩展工伤保险覆盖主体范围。对于具有双重劳动关系的派遣人员，要明确其归属，防止发生出现工伤问题时机构间相互推诿、相互扯皮的情况。对于一些非工伤保险改革地区的企业职工以及广大城乡个体劳动者（尤其是农民工群体），更多纳入工伤保险制度内，并进行定期筛查，明确此类职工数量，督促企业及时进行工伤保险缴纳。此外，要完善工伤保险制度，从立法角度扩展工伤保险覆盖范围，扩展覆盖对象与群体，同时加大执法力度。对不及时进行工伤保险资金缴纳的用人单位加大惩处力度，防止逃缴、漏缴和少缴保费；建立用人单位自我监督和机构之间互相监督，加强工伤保险制度的监督实施力度，加强工伤保险宣传力度，普及工伤保险缴纳并非单纯为一项缴费义务，增强各主体单位的缴费积极性。

对于烦琐的工伤认定与赔偿程序，要进行简化与流程优化。全面梳理工伤认定和劳动能力鉴定服务所需证明和材料，受理时一次性告知所需材料清单，取消不必要或重复提交的证明和材料，对于无法及时提交相关证明材料但医疗救治较为紧急的，考虑进行优先办理并积极调派医疗资金。同时，可将工伤认定办理场所集中起来。将材料提交、劳动能力鉴定、资金赔付等工作集中于统一服务中心办理，同时可进行网上信息和大数据共享，避免因距离远、时间长造成的低效。此外，要进一步优化流程、精简环节，进一步提高工伤认定和劳动能力鉴定工作效率。对于材料明晰、事实清楚的工伤案件通过简易程序，快认快结。对较大安全生产事故或社会关注度较高的工伤案件，主动介入，优先受理，及时做出工伤认定结论。

事后，工伤认定机构要确保所有审核材料一式三份，职工、用人单位各一份，工伤认定机构存档一份，职工与单位双方避免某一方代领但事后未及时转交导致另一方不知情的情况出现。

（三）“互联网＋工伤”，推动信息化建设

当前，互联网的迅猛发展推动各职能部门不断加强信息化网络服务。工伤保险制度要按照统一规划、安全规范、共建共享的原则，依托全区全民健康信息平台，构建覆盖自治区、盟市、旗县（市、区）三级的职业健康管理网。建立“一次性告知”等制度，对于能够提供与单位存在劳动关系等相关证据的，先行接收材料。对不符合受理条件的，及时做出不予受理或终止审理决定，并告知当事人原因及受理要求。努力打造“互联网＋工伤”服务新模式，进行网上材料提交与认定审核服务，充分整合现有信息系统和数据资源，实现工伤危害项目申报、职业病与职业病危害因素监测、职业健康检查、工伤认定报告等信息的互联互通。用人单位可在网上进行工伤认定和劳动能力鉴定申请，不用重复提交材料，工伤认定、劳动能力鉴定和待遇赔偿申请数据网上共享，所有工伤事项进行网上流转，同时也避免了用人单位奔波，极大地提高了工作效率。相关服务机构还可主动申请配置互联网设备与器具，进行多场所安装，无法进行网上认定的职工可在一站式设备上办理。同时，完善各类工伤文书材料递交方式，除现场领取外还可进行邮寄送达，实现“零跑腿”。健全职业健康与民政、人力资源社会保障、生态环境、应急、市场监管、医保等部门间信息共享机制，推动用人单位提升职业健康信息化、智能化水平，督促用人单位职业健康信息对接各级政府职业健康信息管理系统。

（四）加强责任落实与监督

不断健全职业健康法规标准体系，落实地方政府领导责任、部门监管责任、用人单位主体责任和劳动者个人责任，合力推进职业健康工作。用人单位方面，要加强工伤预防意识，推进宣传培训、完善设备、优化环境等。落实工伤医疗抢救措施，确保工伤职工得到及时救治，企业可以设立专门医务诊疗室，或请当地劳动鉴定委员会推荐医生兼职管理。同时，企业要定期如实申报工资总额和职工人数，及时报告工伤和职业病情况，不得瞒报、虚报。劳动部门和工伤保险机构人员调查了解工伤保险情况时，企业要积极配合和协助调查。对从事危险性职业的职工，劳动关系终止、解除或转换工作单位时，应当进行职业性健康检查，如发现患有职业病或存在工伤的，由原工作单位负责工伤保险的处理工作。政府方面，要有效落实监管责任，相关工伤职能部门定期对大、中、小型企业进行抽查走访，并进行职工内部调查。对于存在安全隐患的用人单位要及时督促整改，对于逃缴、少缴或拖缴工伤保险资金的企业进行通报与惩处，并对长期积极配合缴纳工伤保险基金的企业进行奖励，进一步调动各用人单位工伤保险基金缴纳的积极性。对于工伤认定机构时常拖延认定、重复认定的情况，要及时发现问题并督促检查，防止延误工伤职工认定和诊疗。职工方面，应定期接受劳动安全卫生教育和培训，服从企业安全生产管理人员的指导。严格遵守安全操作规程。工伤职工或者其亲属申请工伤待遇时，应当如实反映事故发生情况（时间、地点、经过、现场证人和本人工资收入、家庭成员）。劳动部门和工伤保险经办机构调查了解工伤情况时，有关职工、当事人或者亲属要主动予以配合。工伤职工经过劳动鉴定确认无法继续工作的，用人单位要及时采取待遇补偿措施；确认完全恢复或者部分恢复劳动能力可以工作的，应当服从企业的工作安排。各主体要加强上下联动、协调配合，不断完善工伤保险约束与激励机制。

（五）完善费率调整与资金筹措

当前内蒙古自治区三类行业的基准费率分别控制在用人单位工资总额的0.5%、1.0%和2.0%。在费率浮动方面，除属于第一类行业的用人单位按行业基准费率缴费不实行浮动费率外，第二类、第三类行业均实行浮动费率。但在实施中可以发现，三类行业分类较为笼统模糊，且工伤事故高发于第二类、第三类行业，各行业费率间仅相差0.5%，设置档次少，差别小，缺乏一定合理性。因此，要完善工伤保险费率机制，扩大费率差别，细化费率分级。参考发达工伤保险制度国家——德国，共划分700多个费率等级；澳大利亚的工伤保险行业费率分类也多达520个，各地在国家标准的基础上按照风险水平高低实行行业分类；一些发展中国家如阿根廷将企业职业风险分为 572 类，根据各企业的事故发生率、生产工艺流程、现有安全措施、劳动者个人状况等多种因素分别厘定工伤保险费率。[①]另外，对于职业病与工伤高发的企业提高费率水平，实行差别浮动税率：对安全状况好、工伤事故发生率低的企业，可以缴纳较低的保费；安全状况差、发生工伤事故较多的企业则需要缴纳较高的工伤保险费，因地制宜落实工伤保险制度。这既体现公平，也对企业缴纳工伤保险和职业风险管理具有激励作用。

此外，要加强对工伤保险基金的统筹与安全管理。资金筹集是妥善做好工伤与职业病人员统筹管理工作的重要因素。自治区要结合实际发展情况，对人员纳入工伤保险统筹管理的资金需求进行认真评估和测算，可采取工伤保险基金、用人单位和政府多渠道筹措方式进行统筹。工伤保险基金累计结余较多的地区，可将一些长期患有职业病和老工伤人员纳入统筹。工伤保险基金累计结余较少、资金困难较大的地区，可协商用人单位通过一次性缴费或适当提高费率的方法进行统筹。对于经营困难无法缴纳工伤保险资金的企业，特别是破产改制企业遗留的工伤费用，要加强与政府有关部门的协调，通过政府支持等多渠道筹集资金加以解决。同时要扩大工伤保险基金规模，有效解决保险金的来源和安全性等问题。监督企业工伤保险缴费工作，防止瞒报、少报情况的发生。相关劳动保障部门加强对工伤保险基金的审核，特别注意“自伤”骗保的情况，以免破坏工伤保险制度运行秩序。此外，积极制定合理有效的工伤医疗费用管理机制，对患职业病与发生工伤的职工及时进行资金待遇赔偿；对于发生事故后拖延赔偿的企业及时进行督促整改。同时建立参保职工数据库，防止错领冒领。补缴工伤保险资金的单位，规定从补缴之日起开始享受相关待遇。

（六）加强农民工群体权益保障

对于农民工这一群体，要补充建立适合其工伤保险权益维护的相应制

---

① 张开云，吕惠琴，许国祥．农民工工伤保险制度：现实困境与发展策略[J]．广西民族大学学报（哲学社会科学版），2011，33（1）：49－56.

度。农民工群体大多文化水平不高，对工伤保险制度认识不够，因此，对维护自身权益意识有待提升。许多外出务工农民工因所在地医疗成本较高，工伤保险补偿不到位，因工致残后选择返乡治疗，但家乡医疗条件较差，医疗水平不高，从而耽误治疗。康复之后，原工作单位并未保留其工位，进而导致康复的农民工失业。因此，加强对农民工群体工伤保险权益的保护，制定符合其群体发展的工伤保险细则十分必要。相关劳动保障部门要定期检查各生产行业农民工救治情况，统计人数与调查工伤状况，对因工受伤的农民工及时进行待遇补偿，从工伤保险费中支出一部分费用或财政补贴保证因工受伤农民工康复期间的医疗费用和基本生活费用，并发放康复基金；对康复的农民工予以接收的企业在工伤保险费、税费缴纳等方面给予优惠措施，激励相关企业招聘工伤康复员工，整合地方卫生和医疗资源完善农民工工伤康复机制，因地制宜为农民工提供相应的康复治疗，从而保证更多的因公受伤的农民工再就业。另外，要加强对农民工群体的心理疏导，对因工受伤职工进行定期慰问，使其重建返岗信心。通过一些新颖的宣传形式增强农民工及企业对工伤保险的认知，为农民工群体建立宣传栏和派发宣传手册，帮助农民工了解工伤保险政策。还可以借助社会组织、研究机构等对其进行培训与指导。同时完善工伤保险电子化服务平台，借助网络节约农民工获取信息的成本，提升农民工和企业对工伤保险政策的认知。

（七）推进职业健康与人才培养

职业健康关系千家万户，工伤保险制度的完善离不开职业健康的有效保护。要健全职业病防治工作责任制，推进职业健康保护行动深入开展取得实效，结合“健康中国”战略实施和“健康内蒙古”建设行动，大力开展健康教育和健康促进活动，在全社会营造关心关注职业健康的文化氛围。同时，要严格落实职业病危害项目申报、职业病危害因素检测评价、劳动者职业健康检查和健康培训等制度，以粉尘、毒物、噪声、辐射等职业病危害严重的行业领域为重点，持续开展职业病危害因素专项治理，完善中小企业职业病与工伤防护设施，改善工作场所劳动条件，建立国有、大型企业对中小企业的健康帮扶机制并开展行动，提升职业健康管理能力。鼓励有条件的盟市和用人单位建设职业健康宣传教育基地，建立职业健康体验场馆。重点做好尘肺病患者救治救助工作，提升重点地区尘肺病患者康复能力，改善尘肺病患者生存质量。按照强化自治区级、优化盟市级、提升旗县（市、区）级的原则，推进各级职业病与工伤防治技术支撑机构能力建设，实现自治区级和东、中、西重点地区盟市级职业病防治院（所）或职业病医院布局。同时充分发挥专家队伍及专业人才在职业病危害和工伤事故调查处理、工伤保险制度监督执法、职业健康宣传教育培训等方面的作用，推进各级职业病防治机构人才建设，补齐职业病防治技术人才短板，培养实用型人才。积极实施重点和高危行业工伤预防专项行动，逐步提高劳动者工伤保险参保率和工伤待遇，实现工伤保险与慈善机构、商业保险等的资金统筹和有效衔接，切实减轻职业病患者负担，有效保障劳动者健康合法权益。

“最大限度地保障劳动者”的目标要求工伤保险制度必须把公平作为核心价值理念，以人为本，实现可持续性发展。这就要求多方主体共同参与和努力，不断推动制度革新与责任落实，进一步完善“预防、补偿和康复”“三位一体”的工伤保险制度体系，真正做到保障劳动者的生命与人身健康，实现社会和谐稳定发展。

报告五　内蒙古生育保险制度发展报告

苏　敏　刘　斌　张苇乐①

一、内蒙古生育政策解读

（一）中国生育政策演变历程

人口问题是人类社会面临的基础性、全局性、长期性和战略性的问题。老龄化和少子化带来的人口结构变化是足以动摇老龄化国家经济社会发展的核心动力。基于此，世界各国纷纷出台并调整生育政策以实现人口结构的不断优化。生育政策是一个国家为了调整本国人口存量，以及人口总量增长过快或过慢而采取的对人们生育行为、生育理念及生育环境进行干预的政策措施，其本质是为了通过对人口内在结构的调整使国家的人口总量、人口出生率等指标保持在合理的区间，以实现人口长期均衡发展，从而确保社会经济的可持续健康运转。

新中国成立以来，我国生育政策逐渐产生、发展和完善，经历了一个从鼓励生育，到节制生育与反复，到限制生育，再到鼓励生育的曲折发展过程。一是鼓励生育阶段（1949—1953 年）。新中国成立之初，我国生产技术落后、经济水平低下，国家的生产与建设需要大量的劳动力。因此，政府采取了宽松的生育政策，甚至效仿苏联鼓励和支持生育。二是节制生育与反复阶段（1954—1959 年）。面对大量增长的人口，党和政府已认识

---

① 苏敏，内蒙古大学公共管理学院教授；刘斌，内蒙古大学公共管理学院硕士研究生；张苇乐，内蒙古大学公共管理学院硕士研究生。

到需要控制人口数量和实行计划生育，开始支持群众节育。但是，1958 年“大跃进”运动使原本孕育起来的计划生育思想发生动摇，客观上导致鼓励生育的思想重新占据主要地位。三是计划生育思想复苏阶段（1960—1969 年）。面对人口快速增长和经济严重受挫的双重压力，提出在城市和人口密度大的农村适当地实行节制生育，将晚婚作为控制人口增长的一项具体措施。四是计划生育政策起步和趋紧阶段（1970—1984 年）。1980 年，中共中央发表的《中共中央关于控制我国人口增长问题致全体共产党员、共青团员的公开信》标志着生育政策进一步收紧，将 1970 年“最多两个”转变为严格控制生育二胎和独生子女政策，很大程度上缓解了我国人口增长过快的压力。五是计划生育政策调整阶段（1985—1999 年）。在农村一孩政策执行陷入困境的情况下，我国提出在农村适当放宽生育二胎的条件。六是稳定低生育水平阶段（2000—2012 年）。2000 年发布的《中共中央、国务院关于加强人口与计划生育工作稳定低生育水平的决定》表明，计划生育工作的重点转向稳定低生育水平，实现人口由数量到质量的转变。2007 年我国重申要继续保持低生育水平。七是重新鼓励生育阶段（2013 年至今）。2013 年，党的十八届三中全会审议通过《中共中央关于全面深化改革若干重大问题的决定》，并提出继续坚持基本国策计划生育，实施一方是独生子女的夫妇可生育两个孩子的政策，逐渐调整完善生育政策，促进人口长期均衡发展。2015 年，党的十八届五中全会公报提出全面实施二孩政策，积极应对人口老龄化趋势。2021 年，中共中央政治局指出实施一对夫妻可以生育三个子女政策，是积极应对人口老龄化国家的重要举措，对改善人口结构、保持我国人力资源长期均衡发展优势具有重要意义。

（二）内蒙古生育政策演变历程

内蒙古在国家生育政策的指导下，结合本区实际，对生育政策也做出了一系列的调整，具体如下：

1979 年底，内蒙古自治区人民政府计划生育办公室成立。1981 年 9 月，内蒙古自治区第五届人大常委会第九次会议通过并公布了《内蒙古自治区执行〈中华人民共和国婚姻法〉的补充规定》，并明确提出："在蒙古族和其他少数民族中不提倡节制生育，对有节育要求者给予支持，少数民族男女与汉族男女结婚的，其子女商定为汉族的，则实行计划生育。"

1990 年，内蒙古自治区第七届人民代表大会常务委员会第十六次会议通过《内蒙古自治区计划生育条例》（首次出台），并明确提出"汉族公民，一对夫妻只生育一个子女，蒙古族公民，一对夫妻可以生育两个子女，达斡尔族、鄂温克族、鄂伦春族公民，提倡优生，适当少生"。此后，分别于 1995 年、1999 年、2014 年进行了三次修订，但总体上还是实行上述生育政策。

2016 年，内蒙古自治区第十二届人民代表大会常务委员会第二十一次会议通过《关于修改〈内蒙古自治区人口与计划生育条例〉的决定》（第四次修正）。该条例中，明确提出"提倡一对夫妻生育两个子女，尊重达斡尔族、鄂温克族、鄂伦春族公民的生育意愿"。2019 年内蒙古自治区第十三届人民代表大会常务委员会第十三次会议通过《关于修改〈内蒙古自治区城乡规划条例〉等 3 件地方性法规的决定》进行了第五次修订，但总体还是实行上述生育政策。

2022 年，内蒙古自治区第十三届人民代表大会常务委员会第三十三次会议通过《内蒙古自治区人民代表大会常务委员会关于修改〈内蒙古自治区人口与计划生育条例〉的决定》（第六次修订）。该条例提出"提倡适龄婚育、优生优育，一对夫妻可以生育三个子女"。

（三）内蒙古现行的生育政策

2022 年，内蒙古自治区十三届人大常委会第三十三次会议表决通过了关于修改《内蒙古自治区人口与计划生育条例》的决定，并于 1 月 10 日起施行，为自治区优化生育政策提供法治保障，对调控人口数量、提高人口素质、推动实现适度生育水平、优化人口结构、促进人口长期均衡发展等有着重要的现实意义。

首先，现行生育政策是贯彻落实党中央优化生育政策、促进人口长期均衡发展的必然要求。内蒙古紧紧围绕优化生育政策、完善相关配套措施、保障计划生育家庭的合法权益三个方面细化中央要求，实施符合自治区实际的政策措施，有利于落实党中央优化生育政策，有利于优化人口结构、减缓老龄化压力、促进社会和谐。

其次，现行生育政策是推进三孩政策落地的迫切需要。当前自治区出生人口下行压力增大，老龄化程度进一步加深，生育、养育、教育成本等成为制约生育的主要因素。因此，完善生育支持配套措施有利于推动三孩政策的落地。

最后，现行生育政策结合内蒙古的发展实际，修订并完善了生育调节、奖励保障等条款，增加了优生优育和婴幼儿照护等内容，删除了处罚条款和与三孩生育政策不相适应的措施，为自治区三孩政策的实施提供了重要的法律依据。

就内容而言，《内蒙古自治区人口与计划生育条例》重点围绕优化生育政策、完善相关配套措施、保障计划生育家庭的合法权益，完善相关规定，具体如下：

（1）优化生育政策。一是规定自治区采取综合措施，调控人口数量，提高人口素质，推动实现适度生育水平，优化人口结构，促进人口长期均衡发展。二是提倡适龄婚育、优生优育。规定一对夫妻可以生育三个子女。三是实行生育登记服务制度，加强人口信息资源共享。

（2）完善相关配套措施。一是规定了医疗卫生机构应当开展围孕期、孕产期保健服务和承担计划生育、优生优育、生殖保健的相关咨询、指导和技术服务，规范开展不孕不育症诊疗等。二是明确了在原有一孩、二孩产假的基础上，增加了三孩产假的规定。三是增设了符合本条例规定生育子女的夫妻，在子女三周岁以前，每年给予双方各十日的育儿假，支持有条件的地区建立育儿补贴制度。四是增设了推动建立普惠托育服务体系，鼓励社会力量举办托育机构，机关、企事业单位、社会组织为职工提供福利性的托育服务，有条件的幼儿园为2～3周岁婴幼儿开设托班等。五是规定了在城乡社区建设婴幼儿活动场所及配套服务设施，在公共场所、工作场所按规定配置母婴设施等。

（3）删除与三孩生育政策不相适应的制约措施，并做好政策衔接。一是取消社会抚养费，并删除相关处罚内容。二是删除不符合优化生育政策、不符合促进人口长期均衡发展的相关规定。同时，对全面二孩政策实施前的计划生育家庭，保留了原有的奖励扶助措施。

（4）建立健全婚前保健、孕产期保健制度，保障公民享有计划生育服务，提高公民的生殖健康水平和出生婴儿健康水平。旗县级以上人民政府应当开展免费婚前医学检查，防止或者减少出生缺陷。旗县级以上人民政府应当建设标准化的妇幼保健机构，健全妇幼健康服务网络，提高妇幼健康服务能力。

（5）医疗卫生机构应当针对育龄人群开展优生优育知识宣传教育，对育龄妇女开展围孕期、孕产期保健服务，承担计划生育、优生优育、生殖保健的咨询、指导和技术服务，规范开展不孕不育症诊疗。旗县级以上人民政府应当按照国家有关规定，采取财政、税收、保险、教育、住房、就业等支持措施，减轻家庭生育、养育、教育负担。

（6）符合规定生育子女的夫妻，在子女三周岁以前，每年给双方各十日的育儿假。女方除享受国家规定的产假外，生育第二个子女的增加产假六十日，生育第三个子女的增加产假九十日，并给予男方护理假二十五日。支持有条件的地区建立育儿补贴制度。各级人民政府对生育第三个子女的家庭应当结合当地经济社会发展条件，在生产、生活各方面给予优待和照顾①。

二、内蒙古生育保险制度发展概况

（一）生育保险制度的基本概念

生育保险制度是1994年为配合《中华人民共和国劳动法》的贯彻实施，维护企业女职工的合法权益，保障她们在生育期间得到必要的经济补偿和医疗保健，均衡企业生育费用负担的一项保险制度。生育保险制度是在生育事件发生期间对生育责任承担者给予收入补偿、医疗服务和生育休

---

① 呼和浩特市卫生健康委员会．内蒙古自治区人口与计划生育条例［EB/OL］.（2022－06－17）. http://wjw. huhhot. gov. cn/zwgk/flfg/202206/t20220617_1309156. html.

假的社会保障制度，其具体内容一般包括：①生育津贴，即在法定的生育休假期间对生育者的工资收入损失给予经济补偿；②医疗护理，即承担与生育有关的医护费用（包括产前检查费）；③生育补助，如对生育保险对象及其家属（如妻子和女儿）的生育费用给予经济补助，又如“婴儿津贴”和“保姆津贴”等；④生育休假，包括母育假（产假）、父育假（母亲产假期间的父亲育儿假）和育儿假（母亲产假后父母双亲任何一方的育儿休假）。

（二）生育保险制度的特点

1. 生育保险是专门为适龄女性建立的一项社会保险

虽然生育是男女双方所组成的家庭内的事情，生育行为所产生的经济负担也由夫妻双方共同承担，但生育保险所提供的物质帮助和补偿，只涵盖女性怀孕和分娩的生育行为。

2. 生育保险是对女性生育子女全方位的物质保障

它不仅补偿女性生育时所花费的各项医疗和保健费用，还补偿女性在规定的生育假期内因未从事劳动而不能获得的工资收入。

3. 生育保险是对生育子女全过程的社会保障

在我国，女性无论妊娠期长短或流产，无论娩出者为活胎或者死胎，被保险者都享受生育保险待遇。

4. 生育保险呈阶段性

女性因生育行为所导致的劳动力丧失是暂时的、阶段性的，待身体恢复健康就可重新参与劳动，所以说生育保险呈阶段性特点。

（三）完善生育保险制度的必要性及重要性

1. 强化生育保险是贯彻落实中央优化生育支持政策的重要内容

生育保险是我国《社会保险法》规定的五项社会保险制度之一，是中国特色社会保障体系的重要组成部分。为加快改善我国人口结构、落实积极应对人口老龄化国家战略，降低生育、养育成本，提高生育水平，促进人口均衡发展，中央将生育保险制度作为优化生育政策的重要内容，这是对我国生育社会保障制度功能的充分肯定，必将对进一步完善我国生育保险制度，强化其支持人口生育的保障功能产生重大影响。

2. 强化生育保险是完善我国社会保障体系的必然要求

随着我国经济社会发展水平的不断提高，特别是在新时期人民群众生育负担加剧、生育意愿下降、生育政策不断调整的背景下，生育保险制度的重要性更加突出。但是，我国现有生育保险制度是在严格的计划生育政策时期拟定的，其建制理念、制度运行和保障效果，在当前国家人口战略转变的时代要求面前，迫切需要从有利于国家人口战略发展的角度，进一步改革完善生育保险制度，加快生育保险配套法规改革，完善保障机制，更好地发挥其保障功能。

3. 强化生育保险有利于改善生育文化，促进人口均衡发展

生育保险不仅是为女性职工生儿育女提供健康服务、医疗保障和经济补偿，其产假、津贴制度具有更加广义的制度保障功能。实践证明，其对改善生育文化、提升生育意愿和提高生育率，缓解人口老龄化，促进人口均衡发展具有显著积极效应。党的十八大以来，党中央、国务院根据我国人口发展变化形势，发布三孩生育政策，进一步强化生育保险，进一步完善生育津贴制度，扩大生育津贴受益范围，有利于更好地发挥其促进人口均衡发展的调节作用，有利于促进共同富裕，增进社会团结，提高人民群众的获得感、幸福感和满足感。

（四）我国生育保险制度的发展过程

“生育保险”一词在 1883 年《德国劳工基本保险法》中被第一次正式使用，这一法律的出台是世界生育保险制度的起点。我国生育保险大致经历了以下四个不同的阶段：

1. 社会生育保险时期（1949—1956 年）

新中国成立初期，我国政府以立法形式确立了有关维护女职工权益的相关规定。1951 年，对在生育期的妇女能够享受的保障内容作了明确规定，包括医疗服务、产假时间、生育津贴与补助数额等方面的内容。1955 年发布条例将生育保险的享受范围扩大到一些机构，保障了“机关女工作

人员”享有基本相同的权益。

2. 企业生育保险时期（1957—1978 年）

20 世纪 50 年代至 70 年代，我国规定了国营企业一律停止提取工会经费和劳动保险金。全国统筹生育保险金额逐步减少甚至消失，转向由企业来承担这部分金额。企业职工的生育保险费、生育津贴及其他待遇都由企业来承担，无形中导致企业负担逐步加大，生育保险制度的待遇水平没有达到预期效果，女性生育期间各项权益的保障力度不足。

3. 生育保险改革探索时期（1979—1993 年）

20 世纪 70 年代末 80 年代初，我国的经济体制由高度集中的计划经济体制逐步过渡到社会主义市场经济体制，企业生育保险制度则无法适应市场经济条件下的企业制度，其弊端表现在企业为了降低负担，追求高额利润，开始逐步减少使用女工，或者在执行企业生育保险规定时大打折扣，这一趋势导致妇女职工的生育权益受到损害。

4. 新型社会生育保险时期（1994 年至今）

1994 年，国务院颁布了《企业职工生育保险试行办法》，以法律的形式规范了生育保险制度的保障范围、缴费标准、支付水平、产假、医疗服务等相关内容，这使得妇女的生育行为得到了制度的保障。生育保险制度逐步规范化和法制化，不仅在立法层次上面有了提高，女性的生育贡献也逐渐得到了国家及社会的认可与重视①。2005 年开始在全国各类城市全面实施，逐步推广妇女生育保险社会化管理，在中国真正实现了社会化统筹的新局面②。

截至 2021 年，全国参加生育保险人数为 23752 万人，比上年增长 0.8%。享受各项生育保险待遇 1321 万人次，比上年增加 154 万人次，比上年增长 13.2%。生育保险人均生育待遇支出为 22261 元，比上年增长 1.3%③。

---

① 蒋美华，彭颖．三孩政策背景下完善生育保险制度的思考[J]．南方论刊，2022(4):60-61,74.

② 赵姣．我国生育保险制度研究综述[J]．经济研究导刊，2015(9):66-67.

③ 国家医疗保障局．2021 年全国医疗保障事业发展统计公报[EB/OL]．(2022-06-08)．http://www.nhsa.gov.cn/art/2022/6/8/art_7_8276.html.

（五）内蒙古生育保险制度的发展概况

1. 发展现状

内蒙古自治区位于中国北部边疆，面积118.3万平方千米，占全国总面积的12.3%。内蒙古生活着蒙古族、汉族、达斡尔族、鄂温克族、鄂伦春族、朝鲜族等55个民族。截至2021年底，当地常住人口为2400万人，具有地广人稀、民族众多的人口分布特点。截至2020年底，参加生育保险人数达334.8万人次，享受生育保险待遇11.8万人次①。

2. 保障标准

生育保险和基本医疗保险合并实施后，生育保险基金并入职工基本医疗保险基金，实行统一征缴管理。按照用人单位参加生育保险和职工基本医疗保险的缴费比例之和确定参保单位缴纳职工基本医疗保险费率标准，个人缴费费率不变。财政供养人员单位缴费费率为7.3%，非财政供养人员单位缴费费率为7.5%。在职职工基本医疗保险个人缴费费率为2%，个人不缴纳生育保险费。灵活就业人员不参加生育保险，缴费费率按9%缴纳。

3. 生育保险待遇支付范围

具体支付范围包括：女职工生育期间发生符合规定的医疗费用，女职工生育津贴，男职工护理假期津贴，职工实施计划生育手术发生的医疗费用，国家和自治区规定的与生育保险待遇有关的其他费用。女职工妊娠期、分娩期、产褥期内因生育发生的符合规定的检查费、接生费、手术费、住院费、治疗费、药费以及分娩并发症发生的医疗费用，由基本医疗保险基金实行限额支付，超限额不予支付，限额以内据实支付。具体限额标准为：产前、产后门诊检查费共计1000元。正常产支付3000元，剖宫产支付5000元，多胞胎生育的每多生育一个婴儿增加500元。怀孕不满4个月流产或进行节育手术的支付800元，满4个月以上流产的支付1200

① 内蒙古自治区统计局．自治区统计局编印完成《内蒙古统计年鉴(2021)》[EB/OL].(2021-09-01). http://tj.nmg.gov.cn/tjdt/gzdt/202109/t20210901_1868930.html.

元。职工实施计划生育绝育手术，符合规定医疗费用由基本医疗保险基金实行限额支付，最高不超过1500元。

参加自治区本级基本医疗保险的男职工，其配偶未就业且未参加城镇职工基本医疗保险或城乡居民基本医疗保险的，可享受生育住院医疗费用待遇。实行限额付费的生育医疗住院费用，直接与定点医疗机构按规定结算。门诊检查费用、参保女职工在统筹区外生育的以及在急诊或急救情况下，参保职工在非定点医疗机构住院分娩的先由本人垫付，按规定报销。非财政供养人员，生育津贴以用人单位上年度月平均工资为标准计发。非财政供养女职工产假期间领取生育津贴的天数为：妊娠满4个月不满7个月流产的，按42天计发生育津贴；妊娠满7个月及7个月以上生产的，按98天计发生育津贴；难产的，生育津贴在98天基础上增加15天；多胞胎生育的，每多生育1个婴儿，增加15天生育津贴。非财政供养男职工，其配偶生育期间，由基本医疗保险基金支付10天护理假工资。女职工产前妊娠并发症、产后生育并发症所发生的医疗费用，按照基本医疗保险有关规定执行。

三、内蒙古生育保险制度面临的问题与挑战

生育保险制度的建立和完善，不仅是对妇女生育社会价值的肯定，也是缓解用人单位生育负担、预防就业性别歧视、促进公平就业的制度保障。内蒙古秉持“生育需要计划，生育更需要关怀”的理念，聚焦生育保险制度，高扬关怀旗帜，融入和谐内涵，通过多项举措，给予了家庭关怀和帮助。但由于生育保险制度的发展受社会经济发展水平的制约，内蒙古自治区相关工作仍然面临着亟待解决的问题与挑战，具体表现如下：

（一）财政投入不足，生育成本分担不合理

1. 政府对生育保险的投入不足

政府对生育保险的投入是促进生育保险制度发展的重要保障。近年来，内蒙古社会保障水平逐年提高，但这并不意味着社会保障资金充裕，仍无法充分满足生育保险制度发展的切实需要。2020年底生育保险基金总

支出 1223 亿元，统筹基金累计结余 346 亿元①，虽然支出与结余逐年增加，但由于涉及盟市较多，医疗费用价格上涨，特别是职工基本医疗保险和生育保险合并实施后，由于生育医疗费用和基本医疗保险费用性质相似，对于许多并发症难以进行两种费用的区分②，存在保险待遇代替的情况，无法满足参保人员的真实需求；另外，三孩政策的出台不仅意味着自治区生育政策的又一次重大调整，同时也对政府财政在生育保障方面的投入提出了新要求，但当前的财政投入现状不利于保障参保职工的基本权益，也不利于自治区生育保险制度的持续发展。

2. 生育成本分担机制有待完善

目前内蒙古生育保险费的缴费主体仍然是用人单位，虽然政府及有关部门出台了相关补贴政策，但用人单位缴纳负担依然沉重，且随着全面三孩政策的落地，生育妇女数量会相应增加，生育保险基金的负担势必会持续加重。2020 年内蒙古医保局在《内蒙古本级生育保险和职工基本医疗保险合并实施细则》中规定了“……因生育发生的符合规定的医疗费用，由基本医疗保险基金实行限额支付，其中产前、产后门诊检查费共计 1000 元，正常产支付 3000 元，剖宫产支付 5000 元……”③。但是随着医疗费用价格的上涨，甚至医生诱导需求行为的存在，家庭承担了更多的生育成本，仍然是生育负担与养育负担的主要承受者。因此当前内蒙古的生育成本分担机制亟待完善。

（二）生育保障覆盖面窄，受益人群不平衡

当前内蒙古参保生育保险的人数逐年增长，但占女性总数比例仍然很低，2020 年底全区女性约 1177.0 万人，而生育保险参保人数为 334.8 万

① 数据来源：内蒙古自治区人民政府，https://www.nmg.gov.cn。

② 安妮，张晓蕾，周绿林，等．生育保险与职工基本医疗保险合并实施试点的现状及问题分析[J]．中国卫生经济，2019，38（3）：31－34．

③ 内蒙古自治区医疗保障局．关于印发《内蒙古自治区本级生育保险和职工基本医疗保险合并实施细则》的通知[EB/OL]．（2021－03－23）．https://ylbzj.nmg.gov.cn/zwgk/zfxxgk/fdzdgknr/xzgfwj/xzgfxwj/202103/t20210323_1206763.html.

人，享受生育保险待遇的仅 11.8 万人次[①]，全国女性约 68855 万人，全国生育保险参保人数达 23546 万人，享受生育保险待遇 1167 万人次，相比之下，自治区的生育保险覆盖率及享受生育保险待遇水平均低于全国平均水平[②]。可见，部分女性仍被生育保险制度排除在外，她们不能自行缴纳生育保险，无法享受到生育津贴，也不能享受国家政策带来的福利。这意味着生育保险制度的设计存在缺陷，这种制度缺陷主要体现在地区、职业待遇、城乡待遇与性别待遇方面。

1. 各盟市生育保障覆盖面较窄

内蒙古整体生育保险覆盖率低，且各盟市之间呈现不平衡的状态。如截至 2020 年底，呼和浩特市生育保险参保人数为 47.2 万人[③]，呼伦贝尔市生育保险参保人数为 36.77 万人[④]，乌海市生育保险参保人数为 13.23 万人[⑤]，占各盟市常住人口比例分别为 13.70%、16.39%、23.77%，生育保障覆盖面较窄，受益人群有限。此外，由于医疗服务水平提高而导致的医疗卫生费用迅速增长、大部分基金被生育津贴占据等导致一些盟市无力提高生育保险待遇，加大了生育保险待遇间的地区差异。

2. 职业之间生育保障待遇不同

内蒙古的生育保险制度的覆盖对象与国家一致，仍然是参保职工，但在职工内部，生育保障待遇仍有所不同，即不同用人单位女性的生育保险待遇有所不同。行政事业单位、国有企业单位职工的产假及生育津贴水平远远高出私营企业和个体工商户。一是部分私营企业和个体工商户没有为职工缴纳生育保险费，职工也只能享受较低的产假工资[⑥]。二是国有单位

---

① 内蒙古自治区统计局．“十三五”时期内蒙古社保事业成绩斐然[EB/OL].(2021-11-18). http://tj.nmg.gov.cn/tjdt/fbyjd_11654/202111/t20211118_1954003.html.

② 国家医疗保障局．2020 年全国医疗保障事业发展统计公报[EB/OL].(2021-06-08). http://www.nhsa.gov.cn/art/2021/6/8/art_7_5232.html.

③ 数据来源：呼和浩特市统计局，http://tjj.huhhot.gov.cn/tjyw/tjxx/。

④ 呼伦贝尔市统计局．呼伦贝尔市 2021 年国民经济和社会发展统计公报[EB/OL].(2022-03-23). http://tjj.hlbe.gov.cn/News/show/927341.html.

⑤ 数据来源：乌海市统计局，http://tjj.wuhai.gov.cn/eportal/ui?pageId=682819&currentPage=1&moduleId=6806038061aa4b2592248da49da0c44d。

⑥ 段美枝．“全面二孩”政策目标下生育保障制度改革研究[J]．卫生经济研究，2018(4):20-22.

正式员工和非正式员工之间的生育津贴待遇也存在明显差异，职业间的保障待遇不公平的现象较为明显。

3. 城乡之间生育保障待遇不同

由于长期存在的城乡二元结构，导致内蒙古的社会保障资源在配置上城乡间存在较大差距。从生育医疗费用报销情况看，参加生育保险的城镇女性分娩费用正常产报销2000元，难产报销3500元；而根据内蒙古针对农村牧区孕产妇的分娩政策，乡级正常产报销560元，剖宫产报销1100元；县级正常产报销660元，剖宫产报销1400元①。可见，在生育保险待遇方面存在明显的城乡不公平。由于我国目前的生育保险制度没有覆盖到农村地区，同样，内蒙古的农村地区生育妇女也只能从新农合中得到水平较低的分娩费用的定额补贴，甚至得不到相应补贴。城镇职工享有的生育津贴，农村地区的农业劳动者、家庭主妇却无法享受，因此，城乡生育保险待遇存在明显差异。

4. 性别之间生育保障待遇不同

虽然当前内蒙古的生育保险制度在很大程度上维护女性的合法权益，但却在一定程度上忽视了男性在履行义务时应获得的相关权益，如男性职工陪产、护理假、育儿假等在实际履行中缺少保障，对于不履行义务的行为缺乏相关规范与惩罚措施。此外，过度地强调女性经济权益反而会适得其反，表明女性的用工成本明显高于男性，企业更愿意选择雇用男性，这在一定程度上加深了就业的不平等，不利于维护女性的权益②。

（三）待遇内容不充分，统筹层次不统一

1. 生育保障待遇内容不充分、不规范

生育保障待遇内容设计关系到生育保障待遇的执行，当前内蒙古的生育保障待遇内容尚需进一步明确。首先，随着三孩政策的实施，高龄产妇增加，同时也伴随生育风险的加大和孕期检查次数的增加，由此医疗费用

① 数据来源：内蒙古自治区卫生健康委员会，http://wjw.nmg.gov.cn/。

② 蒋美华，彭颖．三孩政策背景下完善生育保险制度的思考［J］．南方论刊，2022(4)：60-61，74.

上升，但生育津贴和医疗费用并没有增加，影响职工享受其基本权益①。其次，现有生育津贴按照用人单位上年度职工月平均工资标准由生育保险基金支付，当前的内容设计可能引发生育保险欺诈，从而导致待遇的不公平。最后，由于两险合并实施，其缴费登记、管理与经办环节存在脱节，待遇保障内容存在代替行为②，不利于维护参保职工的权益。

2. 生育保险统筹层次尚未实现真正统一

在国家层面，允许（盟）市级生育保险统筹基金管理处于过渡模式，并且没有强制要求迅速实现，因此当前大多数省份，包括内蒙古的生育保险基金统筹的管理模式并没有实现真正意义上的（盟）市级统筹。特别是生育保险和职工基本医疗保险合并实施后，其统筹层次主要为县市级统筹，并且在同一地区相关政策标准不一致、“碎片化”现象较为严重，影响了生育保险和基本医疗保险制度整合的进程、效率和效果③。因此，自治区的生育保险制度仍处于较低层次的统筹阶段，不符合生育保险制度的高层次统筹的发展要求，不利于提高保障水平和落实筹资衔接责任。

（四）生育保险制度的信息化建设不完善

1. 妇幼健康信息系统建设不完善

内蒙古自治区的妇幼健康信息系统可为自治区级妇幼医疗保健中心及地市级、旗县级妇幼保健机构提供完整的生育保障服务。首先，当前自治区实行妇幼健康统计调查制度，但在质量控制与数据质量等方面仍存在改进空间。其次，当前自治区的生育健康信息系统没有与国家平台有关数据系统相衔接，对于系统在基层的应用、异地办理相关业务、地区间信息共享造成较多不便。最后，当前自治区的妇幼健康系统与“云平台”衔接并

① 蒋美华，彭颖．三孩政策背景下完善生育保险制度的思考[J]．南方论刊，2022(4)：60－61，74.

② 内蒙古自治区医保局．关于印发《内蒙古自治区本级生育保险和职工基本医疗保险合并实施细则》的通知[EB/OL]．(2021－03－23)．https://ylbzj.nmg.gov.cn/zwgk/zfxxgk/fdzdgknr/xzgfwj/xzgfxwj/202103/t20210323_1206763.html.

③ 房旭平，郑浩．生育保险和基本医疗保险合并实施问题研究[J]．内蒙古科技与经济，2017(10)：46，49.

不紧密，“互联网+”相关服务亟待深化发展①。

2. 信息服务机构建设不充分

当前内蒙古自治区关于生育保险业务办理部门局限于人力资源和社会保障部门，针对生育保险业务办理没有统一、权威的信息服务机构，有关生育保险业务的办理也没有单独渠道。此外，由于各个部门的工作职责不同，导致生育保险有关信息采集的要求和途径也不一致，仍处于各自为政的状态，使得各个部门采集的信息之间既有交集又自成一体，共享程度低，这不仅对参保人业务办理造成了不便，也造成了公共资源的浪费。

3. 相关大数据平台亟待成立

生育保险与职工基本医疗保险合并后，采取的是保留险种，即保证生育待遇不降低的政策，使得两种保险之间的业务衔接与信息整合度不够流畅。因此，原本的信息系统经办流程满足不了两险合并以后的经办需求，特别是随着自治区经济的快速平稳发展，现在外出务工的劳动者数量急剧增加，人口流动率随之上升，与2010年相比，2020年人户分离人口增长59.85%，市辖区内人户分离人口增长129.76%，流动人口增长47.97%②。流动群体的生育保障权益也应得到保障，但当前自治区缺乏权威、统一、公用的人口大数据平台，不仅影响了信息系统的完整性和互联互通，也影响了生育相关的公共服务的水平与效率。

（五）生育保险的监管与宣传工作不到位

1. 立法目的不明确，立法层次低

内蒙古自治区当前有关生育保险的规章制度更多强调对女性在生育过程中的经济补偿，对于生育后回归社会、继续工作等情况的有关说明较少，且与养育孩子有关立法缺乏有效衔接。除此之外，生育保险的立法层

① 董玉婷．西部地区人口和计划生育公共服务水平与效率研究［D］．呼和浩特：内蒙古大学，2018.

② 数据来源：内蒙古自治区统计局，http://tj.nmg.gov.cn/tjyw/tjgb/202105/t20210526_1596840.html。

次过低且现行法律法规的质量有待提高，一些有关法律和政策性法规的语言表述概括、简约和笼统，缺乏明确的细节规定，弹性和随意性较大，在现实中又缺乏可操作性，特别是对于少数民族聚居的内蒙古地区而言，语言的解释差异使得在执行相关法律时易出现偏差，导致执行效果不佳。

2. 政府监管工作与惩罚力度欠佳

政府本身是一个“经济人”，存在自身的利益与偏好，政府及有关部门会按照自身的利益偏好分配财政支出。因此，在有关生育保险费率、监督生育保险基金运作方面，政府会在自身利益的驱使下出现“缺位”“越位”和“错位”等制度性问题，甚至出现责任不明确及转移支付的方式、方向、金额不固定以及行政效率低等问题，对于生育保险基金运作缺乏监管，甚至对于企业不及时缴纳生育保险费用的行为加以警告、处罚，这些问题都会影响到自治区生育保险制度的持续健康发展。

3. 生育保险的宣传工作有待加强

生育保险制度的覆盖率不仅与其制度设计相关，而且与生育保险制度的宣传工作紧密相连。生育保险一直以来都被认为是我国社会保险五大险种中覆盖小、范围窄、时间短的小险种，但自治区有关部门对生育保险的宣传仍然较少，且形式单一，渠道缺乏多样性，导致自治区公众对生育保险的认知度与重视程度较低，个人和企业参保的积极性都不高，这不仅是导致生育保险覆盖率较低的重要原因，也是影响自治区生育保险制度优化和改革的不利因素。

四、内蒙古生育保险制度发展的对策建议

内蒙古生育保险制度实施以来，在对妇女生育社会价值的认可和补偿、保障妇女平等就业权、促进社会公正、降低妇女的生育成本、提升生育意愿等方面发挥了积极作用。因此，该项制度是对妇女生育价值的认可，是保障妇女人权和平等就业的重要公共政策。但内蒙古自治区生育保险制度还需进一步完善，针对存在的问题，提出对策建议。具体内容如下：

（一）增加对生育保险制度的财政投入

生育保险基金是生育津贴的主要资金来源，基金运作状况关乎参保职工基本权益的实现，而政府有效的财政支持是生育保险制度得以长效发展的经济基础与有力保障。因此生育保险的资金问题不仅与用人单位缴纳息息相关，政府也扮演着举足轻重的角色。

1. 增加生育保险的财政支出比重

当前，养育成本高、抚养难度大等因素是影响生育最直接、最突出的问题。因此，一方面，政府及相关部门应加大对生育保险的财政投入力度，适当增加生育保险的支出比重，给予根本性保障，实现社会保险中各保险制度的均衡、有序、持续化发展；另一方面，政府及相关部门应适时出台生育补贴政策，制定更合理的产休假制度，不断完善托育服务，加大对孕产检的补贴力度①。这对于提高育龄妇女生育意愿、持续创建生育友好型社会具有重要意义。

2. 探索合理的生育成本分担机制

生育不仅与家庭幸福、社会和谐紧密相连，同时也关系到国家人口的发展战略。自治区的生育保险基础薄弱，由政府托底对于切实减轻用人单位负担、保障生育保险基金的良性运行尤为重要。因此，对于合理的生育成本分担机制的构建，政府需要发挥更重要的作用。具体而言，政府应该正确地运用财政、税收手段，降低养育孩子的成本，构建新型生育成本的分担模式；对于企业而言，政府可以通过减税手段以减轻用人单位的经济负担；对于家庭而言，政府可以通过建立专项教育基金的方式给予家庭一定的补贴，专门用于孩子的教育支出。

（二）扩大生育保险覆盖范围与提高受益程度

党的十九大报告指出："加强社会保障体系建设，全面建成覆盖全民、城乡统筹、权责清晰、保障适度、可持续的多层次社会保障体系，全面实

① 韩锐，王威．内蒙古社会保障水平与经济发展的协调性研究［J］．内蒙古科技与经济，2022（2）：7－9.

施全民参保计划。”[①] 保障自治区生育女性的权益，离不开政府的政策保障，政府应为生育女性提供全方位、多角度、深层次、公平的制度保障，具体内容如下：

1. 提高各盟市生育保险覆盖率

在盟市之间，需要政府通过财政补贴及宣传教育工作，鼓励职工应保尽保，降低参保门槛，探索建立普惠社会公众的生育保险制度，以提高各盟市的生育保险的覆盖率。此外，为了防止盟市间的待遇攀比，建议根据城镇居民可支配收入、农村居民人均纯收入等指标制定统一的生育津贴标准，兼顾地区间、城乡间生活水平和消费水平的差异[②]，促进生育保险制度与经济社会均衡、协调发展，推动共同富裕目标实现。

2. 缩小职业间保障待遇差异

在职业之间，应将生育保险覆盖范围拓展到所有育龄期妇女，而不必区分职业等身份条件，即包括非工资生育女性，如此才能真正体现生育保险的核心要义。此外，根据不同职业人群的生育保障健康需求，确定针对性的目标和策略，坚持基本医疗保险与职工生育保险制度合并实施，调节不同用人单位的生育保险待遇差别，促进保障公平与社会稳定。

3. 缩小城乡间保障待遇差异

在城乡之间，合理配置城乡中不同群体的生育保障资源，建立城乡个体工商户、灵活就业人员积极缴费参保的长效激励机制[③]，加大对农牧区女性的政策倾斜力度，做到城镇社会保障服务的平等共享，实现城乡居民生育保险的全面覆盖[④]。生育津贴的领取资格应与生育医疗费用相同，对于城乡居民的生育津贴部分，可以当地居民最低工资标准为基数确定津贴

① 加快建成多层次社会保障体系[EB/OL].(2018-06-27).http://theory.people.com.cn/n1/2018/0627/c40531-30089776.html? ivk_sa=1024320u.

② 何文炯,杨一心,王璐莎,等.中国生育保障制度改革研究[J].浙江大学学报(人文社会科学版),2014,44(4):5-18.

③ 苏文,阿娜尔.内蒙古社会保障服务问题研究[J].北方经济,2016(8):59-61.

④ 董玉婷.西部地区人口和计划生育公共服务水平与效率研究[D].呼和浩特:内蒙古大学,2018.

数额，缩小城乡居民与企业职工之间的待遇差距，构建普惠型生育津贴制度，有效弥补现行生育保障制度的缺失，公平给予每位生育妇女相等的生育津贴。

4. 将男性的义务与权利制度化

生育保险待遇制度在强调对女性权益保障的同时，也亟须关注男性在此过程中扮演的重要角色，将其权利与义务制度化，我国有时间较短的“父育假”，但层次较低，且没有明确的法律法规①。因此应继续提高对于“父育假”的认识，消除企业关于“雇佣女性增加用工成本”的固有偏见，这不仅有利于减轻女性因生育带来的生理、心理负担和职场压力，同时也有利于提高女性的生育意愿，促进家庭和谐与社会发展②。

（三）规范生育保障待遇内容与提高统筹层次

生育保障待遇内容与生育保险统筹层次分别从横向与纵向两个维度促进生育保险制度的持续发展，有利于破除内蒙古生育保障制度存在的“不充分”“不平衡”的“瓶颈”，使更多人民群众共享发展成果，具体内容如下：

1. 规范生育保险待遇的基本内容

根据内蒙古自治区发展实际，按照“尽力而为、量力而行”原则，坚持从实际出发。首先，从保障参保职工的基本权益做起，为参保群体提供便捷优质的服务和保障合理引导预期。其次，规范生育保险待遇的基本内容，如医疗费、法定产假期间的生育津贴、明确男性的“生育陪护假”等内容③，对骗保欺诈等行为给予规范、打击。最后，建立两种保险统一参保登记、缴费管理、服务和经办管理制度，维护生育职工的合法权益。

2. 提高生育保险基金的统筹层次

在内蒙古实现生育保险基金盟市级统筹管理的理想状态，就要将医保

---

① 虞雅琴．完善我国生育保险制度，促进女性就业平等［J］．纳税，2017（15）：44.

② 蒋美华，彭颖．三孩政策背景下完善生育保险制度的思考［J］．南方论刊，2022（4）：60－61，74.

③ 张永英，李线玲．新形势下进一步改革完善生育保险制度探讨［J］．妇女研究论丛，2015（6）：41－46.

基金在盟市级甚至在更高级别范围内实现统筹。具体而言，即进行统一登记、统一收缴、统一管理、统一支出与信息共享，实现职工基本医疗保险与生育保险两种保险基金能够在较大范围内进行统筹调剂，防止生育保险基金与职工基本医疗保险基金运行风险转嫁与代替①。根据生育保险的实际支出需求，动态调整生育保险费率，防止出现一些低层次统筹、基金封闭运行的情况，以实现生育保险制度的可持续发展。

（四）推进生育保险制度的信息化建设

生育保险制度的运行过程涉及不同部门、不同层次、不同目标。因此，只有对生育保险各种信息进行有效组织及管理，严格抓好信息化建设质量，才能保证生育保险业务活动正常进行。针对内蒙古生育保险信息化建设中存在的问题，提出以下对策建议。

1. 推动“互联网+妇幼健康”服务

落实妇幼健康统计调查制度，强化全程质量控制，提高数据质量。依托全民健康信息平台，优化生育信息系统，实现内蒙古与国家平台数据的对接共享。强化孕产保健、儿童保健、妇女保健系统模块在基层的应用，逐步实现机构间、地区间的信息共享、互联互通。利用全区妇幼健康信息系统，发挥“云上妇幼”远程教学、会诊、指导等作用，开展、推进与完善“互联网+妇幼健康”服务②。

2. 建立统一且权威的信息服务机构

在自治区、各盟市、旗县区建立统一、权威、专门的生育保险信息服务机构。首先，通过统一医疗服务管理，实现医疗保险经办机构与定点医疗机构直接结算。其次，提高生育保险与职工基本医疗保险合并实施成效，实现生育保险与基本医疗保险参保人员登记、缴费、管理、经办、信息系统相统一，实行信息服务机构的一体化运行；制定统一政策，使各地

---

① 数据来源：内蒙古自治区医保局，https://ylbzj.nmg.gov.cn/zwgk/zfxxgk/fdzdgknr/xzgfwj/xzgfxwj/202103/t20210323_1206763.html。

② 董玉婷．西部地区人口和计划生育公共服务水平与效率研究[D]．呼和浩特：内蒙古大学，2018.

标准、规则和流程相一致，保证各部门之间信息实现共享，真正做到“信息多跑路，百姓少跑腿”。

3. 构建生育保险大数据信息平台

大数据平台为生育保险的数字管理提供了保障，特别是异地结算生育保险问题的解决离不开大数据信息平台的信息联动与辅助。尤其是生育保险与职工基本医疗保险合并以后，在统一经办服务的原则下，简化生育医疗费用报销流程，将生育保险的异地结算联网功能提上日程①。充分利用大数据相关信息，使外出务工的劳动者享受到应有的服务和待遇，避免在异地工作时遇到医疗经办区别对待的情况，使两险合并真正做到流程一体化。

（五）加强对生育保险制度的监管与宣传工作

法律的保障与政府的监管是生育保险制度完善的坚实后盾，相关的宣传工作是提升社会生育意愿、促进生育保险制度发展的重要手段。针对生育保险制度存在的问题，从立法、监管、宣传三个维度提出对策建议。

1. 明确立法目的、提高立法层次

法律的保障是生育保险制度发展和完善的坚实后盾。由于自治区各地社会经济发展不平衡，实行统一的生育保险立法虽然有一定难度，但是一些原则性的问题可以通过统一立法的形式进行规定。如明确生育保障立法不仅是保障经济权益，更要保障参保人员社会发展的权益。此外，内蒙古自治区的立法机关在制定相关法律政策时，需要提高立法层次，根据国家有关政策出台相关法律法规，提高生育保险制度的法律效力和强制力，促进自治区生育保险制度的可持续发展。

2. 落实政府在生育保险中的责任

首先，明确政府责任，既是政府职能的体现，也是保障生育保险制度发展的义务表现。政府可以税收、补贴等方式要求全民参与生育保险，扩大生育保险的覆盖率、减少基金风险。其次，需要加强对生育保险基金运

① 林海鑫．我国生育保险制度改革问题研究[J]．经济研究导刊，2021(11)：76－78.

作的监管，建立行政监督和社会监督相结合的监督体系，大力推进社会监督，保障公众在基金监管领域的知情权、参与权和监督权，推动基金“在阳光下运行”①。最后，改革生育保险费的缴纳模式，生育保险费率应当根据生育保险基金运行情况制定，切实贯彻“以支定收，收支基本平衡”的基金运作原则②，并依法对违反生育社会保险法律、法规和规章的行为进行处理或处罚。

3. 加大生育保险制度的宣传力度

针对当前内蒙古存在的生育保险覆盖范围窄、成员参保意识不强的问题，应进一步加强生育保险制度的宣传工作，逐步提高企业和社会成员参加生育保险的意识，不断落实生育保险制度③。有关部门必须加大宣传力度、丰富宣传方式、拓展宣传渠道，向公众科学、合理、及时地传递相关知识。同时，生育保险的推广与实施应更加强调其公平性原则，提高整个社会的知晓率和关注度，破除公众“不愿生、不敢生、不能生”的制约“瓶颈”，并与解决育儿难等问题相衔接④，使社会大众充分认识到生育价值，促进自治区生育保险制度的持续、长效发展。

---

① 苏文，阿娜尔．内蒙古社会保障服务问题研究[J]．北方经济，2016(8)：59－61.

② 覃成菊，张一名．我国生育保险制度的演变与政府责任[J]．中国软科学，2011(8)：14－20.

③ 马可．我国生育保险制度现状与完善路径分析[J]．中外企业家，2018(18)：237.

④ 习近平主持中共中央政治局会议　分析研究当前经济形势和经济工作[EB/OL]．(2021－08－02)．http://cpc.people.com.cn/BIG5/n1/2019/0731/c64094－31265701.html.

报告六　内蒙古社会救助制度发展报告

王晓东　吴雅琪　王智宏　李昕怡①

一、相对贫困治理的基本理念

（一）相对贫困与绝对贫困

贫困自古以来就是人类社会面临的威胁之一，《左传昭公十四年》说："大体贫穷相类，细言穷困于贫，贫者家少财货，穷谓全无家业。"②中国古代将贫困视为财物极度缺乏，难以维持基本生存条件。世界银行在《1990 年世界发展报告》中对贫困的定义为：贫困是指缺少达到最低生活水准的能力。通俗来讲贫困就是人们不能满足自身生命所需的基本财物以及遮风挡雨的处所。

对于贫困问题比较成熟的研究可以追溯到特朗里时期。特朗里提出了贫困线的研究概念，他认为确定贫困关键在于家庭收入能否满足家庭的基本需要。现代社会发展初期物资极度匮乏，人们通常面临严峻的生存考验，这一时期物资极度匮乏，贫困意味着不能满足吃饱穿暖等基本生活需要，此时贫困的主要形式表现为绝对贫困，强调的是物资匮乏和生计贫困。随着经济社会的发展以及福利国家的建设，贫困的内涵和外延更加丰

---

① 王晓东，内蒙古大学公共管理学院副教授；吴雅琪，内蒙古大学公共管理学院硕士研究生；王智宏，内蒙古大学公共管理学院硕士研究生；李昕怡，内蒙古大学公共管理学院本科生。

② 卷四十七 昭十四年，尽十六年[EB/OL].（2013－11－22）[2022－07－16]. 中国社会科学网， http://www.cssn.cn/shujvkuxiazai/xueshujingdianku/zhongguojingdian/jb/shisanjingzhushu1/zyll/201311/t20131122_867984.shtml.

富。20世纪汤森首次提出相对贫困的概念，认为除了生活必需品的缺乏，贫困还包括由“相对剥夺感”带来的社会排斥与社会剥夺。[①] 相对贫困通常指相对社会平均生活水平差距而言的贫困，更加强调相对性。个人、家庭或某个群体虽然能够满足基本的生活需要，但是低于社会平均水平，这种情况就可以称为相对贫困。[②] 由对比而产生的贫困感受更强调主观能动性，其内涵更加丰富，除了经济收入，还包括文化、权利、能力、制度多元内容，相对贫困更加关注人的发展、人们对美好生活的追求。

（二）相对贫困治理的基本理念

随着经济的发展、社会的进步，世界上多数的“赤贫”问题都得到了解决，绝对贫困逐渐不再成为威胁人们生存的主要因素，人们逐渐将重点放在相对贫困治理之中。经过长期奋斗，2020年我国如期完成了脱贫攻坚的任务，消除了绝对贫困，将全面建成小康社会。党的十九届四中全会也明确提出要“坚决打赢脱贫攻坚战，巩固脱贫攻坚成果，建立解决相对贫困的长效机制”。从摆脱绝对贫困转向相对贫困帮扶，不仅对治理体系、治理能力提出了更高的现代化要求，而且标志着我国发展迈向新的时期，是实现共同富裕的基础。“建立相对贫困治理的长效机制”要借鉴总结历史经验，建立相对贫困治理的新战略。

1. 坚持党的领导和政府主导、社会力量广泛参与的贫困治理

无论是绝对贫困治理还是相对贫困治理，都离不开中国特色社会主义理论体系的支撑。新的发展阶段，更要把相对贫困治理始终作为党和政府的重要工作和职责，充分发挥中国特色社会主义的制度优势，统筹规划，有步骤、分阶段地形成相对贫困治理新体系。同时更离不开社会多种力量的广泛参与，仅仅依靠党和政府难以建立长效机制，因此要形成“政府主导、社会参与、市场促进”的贫困治理整体机制，在政府主导下，依靠市

---

① 李涛，何静. 我国脱贫攻坚战略转向：相对贫困研究热点综述[J/OL].（2022－05－18）. 财会月刊，https://kns. cnki. net/kcms/detail/42. 1290. F. 20220518. 1332. 004. html.

② 向德平，向凯. 多元与发展：相对贫困的内涵及治理[J]. 华中科技大学学报（社会科学版），2020，34(2)：31－38.

场与社会的力量提升相对贫困治理能力，鼓励社会力量广泛参与到贫困治理之中，充分体现政府与社会合力的优势。①

2. 构建城乡及区域协调统一的贫困治理体系

随着我国脱贫攻坚取得胜利，现行标准下9899万农村贫困人口全部脱贫，832个贫困县全部摘帽，② 随着脱贫攻坚战的胜利，城乡区域间发展不平衡、不充分的矛盾日益凸显，人们追求公平发展的愿望愈加强烈。消除区域间的差距，实现城乡区域间协调与统一是相对贫困治理的关键一环。

首先，促进东西扶贫协作，鼓励东部地区对西部地区的帮扶与支持，统筹区域间协调与发展。其次，贫困认定的标准应该实现灵活性与统一性相结合。贫困标准应该由中央制定，全国上下“一盘棋”，在之前的标准上既充分考量巩固好前一阶段脱贫攻坚的成果，又要因地制宜考虑不同地区间的不同状况，实现具体问题具体分析。脱贫攻坚战以农村为主要“战场”，随着绝对贫困的消除以及乡村振兴战略的深入推进，统筹城乡、区域一体，将“其治理行为和过程内嵌于整个国家社会结构之中”是相对贫困治理的主要方向。农村地区相对贫困治理仍然是重中之重，一方面关注农村地区内部贫富差距，坚持“两不愁、三保障”的贫困标准，防止返贫；另一方面随着城乡融合发展，越来越多的农村人口向城市转移而产生的迁移性贫困造成城市贫困多元复杂，因此要加大精准扶贫力度，推动城乡一体化建设。③

3. 相对贫困治理要求关注特殊群体，发挥保障式扶贫的兜底功能

长久以来，困难特殊群体都是贫困帮扶的重点对象，包括孤寡老人、残疾人、困境儿童和妇女、重病患者等无力脱贫处在贫困边缘的人群。2020年以后特殊群体的脆弱性本质并不会立刻产生变化，他们处于收入较低、无业可依的状态，短期内也不会根本改变，相对贫困和发展不平衡的

① 林闽钢．相对贫困的理论与政策聚焦——兼论建立我国相对贫困的治理体系[J]．社会保障评论,2020,4(1):85-92.

② 新华社．习近平在全国脱贫攻坚总结表彰大会上的讲话[EB/OL].(2021-02-25)．中华人民共和国政府网站,http://www.gov.cn/xinwen/2021-02/25/content_5588869.html.

③ 王太明,王丹．后脱贫时代相对贫困的类型划分及治理机制[J]．求实,2021(2).

问题也会长期存在。弱势群体成为共同富裕的短板，所以对于这类群体要继续发挥保障式扶贫的兜底功能，扶贫开发与社会保障相结合，继续扩大社会保障对边缘群体的覆盖范围，建立干预慢性贫困的有效机制。“全面建成小康社会，一个不能少；共同富裕路上，一个不能掉队”，困难群体能否共享发展成果，决定了我国共同富裕能否实现，这也是相对贫困治理遵循的基本理念。①

4. 相对贫困治理强调积极的治理理念，构建贫困治理新格局

建立治理相对贫困长效机制更加要求树立积极的贫困治理理念，推动“输血”式扶贫向“造血”式扶贫转变，由“他助”转换成“自助”，构建发展贫困治理新格局，克服传统扶贫方式消极被动的缺陷，使相对贫困者更好地共享社会发展的成果，最终融入社会发展之中。一方面“扶智慧与扶志气”相结合，从思想上消除贫困文化。“志之难也，不在胜人，在自胜。”脱贫必须摆脱思想意识上的贫困，实行扶贫和扶志、扶智相结合，既富口袋也富脑袋，引导贫困群众依靠勤劳双手和顽强意志摆脱贫困、改变命运。② 消除传统“等、靠、要”“靠天吃饭”的消极贫困思想，引导群众树立“水滴石穿”的积极向上奋斗精神。另一方面转变救助方式。向发展型贫困救助转变，不仅需要打破社会阶层的固化和贫困代际传递的链条，有效发挥外部反贫困资源的力量，还需要在解决贫困者基本生活困难的同时，增强这部分贫困者的发展能力，提供发展机会。发展型贫困救助注重从能力层面促进人的发展，改变原有单纯的生存上的物质救助，“授人以鱼，不如授人以渔”，培养贫困群体可持续获取收入的能力，构建多元化救助机制，如对困境儿童倾向教育救助、残疾人倾向就业技能培训等，尤其要特别关注妇女儿童教育救助，通过提升家庭经济和抚养能力帮助家庭彻底摆脱贫困风险，避免陷入代际贫困的死循环。③ 从根源上帮助

---

① 易刚．论相对贫困的意蕴、困境及其应对[J]．农村经济，2021(2)：59－67.

② 习近平．在全国脱贫攻坚总结表彰大会上的讲话[EB/OL]．(2021－02－25)．中华人民共和国中央人民政府网，http://www.gov.cn/xinwen/2021－02/25/content_5588869.html.

③ 林闽钢．相对贫困的理论与政策聚焦——兼论建立我国相对贫困的治理体系[J]．社会保障评论，2020，4(1)：85－92.

困难人群提高抵御风险的能力、摆脱边缘化的处境。

5. 提高贫困治理的预防性与前瞻性，建立主动发现机制

面对相对贫困治理问题，应该完善防止返贫机制。部分社会成员仍面临因老弱病残、自然灾害、结构性失业等因素造成的返贫风险，随着社会环境的不断变化，建立完善贫困监测机制，提高贫困的预防性与前瞻性至关重要。绝对贫困治理时期，主要是针对已经贫困的人群开展帮扶，实现全面小康，存在一定的滞后性与被动性，相对贫困治理阶段要总结经验、吸取教训。一是建立困难群众主动发现机制，鼓励基层社会工作者深入贫困家庭，形成“一户一政策”的救助方案。同时加强贫困群体的动态监测，利用大数据以及多部门协同参与，及时、全面地发现困难群体。避免遗漏因病、因灾丧失求助能力的人员。二是完善临时性救助制度，在新冠感染疫情带来的不利影响，无法预估的自然灾害，复杂的社会环境下，及时调整政策，发挥临时救助制度的作用，构建动态、灵活的治理体系。

总之，随着我国贫困治理阶段的发展，未来的理论、制度与实践也要随之调整。相对贫困治理作为一项更复杂的任务将长期存在，建立相对贫困治理的长效机制要紧紧围绕整体性、多维性、预防性、发展性几个关键词，充分发挥社会救助的功能，吸取绝对贫困治理中的经验和教训，建立科学合理的相对贫困治理标准、政策体系，为解决相对贫困问题，实现共同富裕打牢地基。截至2020年底，内蒙古自治区现行标准下的157万贫困人口全部脱贫，31个国贫困旗县、26个区贫困旗县全部摘帽退出，贫困治理重点转向相对贫困。[①] 在这个过程中社会救助工作发挥着关键兜底性作用，新阶段内蒙古自治区社会救助制度不仅要继续发挥基本兜底保障作用，而且还要促进困难群众共享经济发展和社会进步的成果。

---

① 自治区扶贫开发办公室．自治区扶贫办“十三五”和2020年脱贫攻坚工作总结[EB/OL]．(2021－04－02)．内蒙古自治区人民政府网站，https://www.nmg.gov.cn/zwgk/zdxxgk/ghjh/jzqk/202104/t20210402_1359416.html.

二、内蒙古社会救助制度发展概况

（一）最低生活保障概况

1. 城镇居民最低生活保障规模持续减小

自 1997 年内蒙古自治区最低生活保障制度建立以来，保障人数一直呈上升趋势，但 2012 年以来的近 10 年间，内蒙古城镇居民最低生活保障规模开始呈持续下降的趋势，城镇最低生活保障人数从 2012 年的 80.8 万人下降到 2021 年的 28.3 万人，近 10 年间下降超过 10%；最低生活保障家庭数从 2012 年的 44.44 万户下降到 2021 年的 18.4 万户，10 年间下降了 9%（见图 6－1）。这与近年来内蒙古自治区经济的持续发展，人们经济水平提高以及低保认定审核制度不断规范，“低保养闲人”现象减少有关。

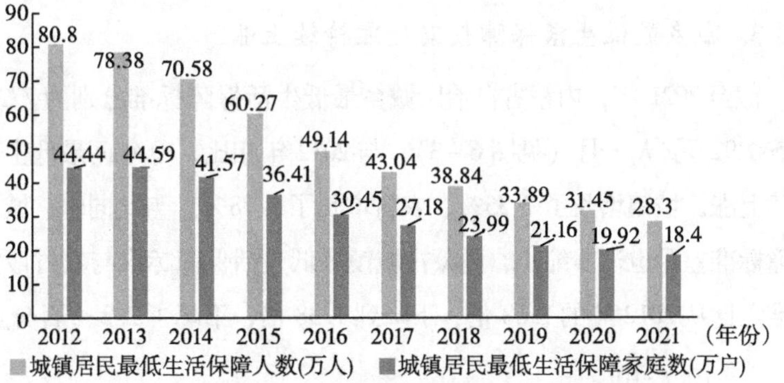

图 6－1　2012—2021 年城镇居民最低生活保障规模变化情况

资料来源：《内蒙古统计年鉴》（2012—2020 年），民政部 2021 年第四季度民政统计分省数据。

2. 农村居民最低生活保障规模趋于平稳

2012—2021 年，农村居民最低生活保障人数以及家庭数基本保持稳定，增减幅度变动都比较小。2012 年农村最低生活保障人数为 123.51 万人，2016 年为 112.76 万人，是近 10 年间低保人数最少的一年，与上一年度相比下降了 3.14%。2016 年之后逐年递增，2020 年达到近 10 年间最高人数 133.4 万人。自 2021 年开始又有所下降，下降到 130.6 万人（见图 6－2），这与 2016 年自治区贯彻落实中央农村最低生活保障制度与扶贫开发相衔接政策以及2020年脱贫攻坚的胜利密切相关。

图6－2　2012—2021年农村居民最低生活保障规模变动情况

资料来源：《内蒙古统计年鉴》（2012—2020年），民政部2021年第四季度民政统计分省数据。

3. 城乡最低生活保障救助标准持续上涨

截至2021年，内蒙古自治区城乡最低生活保障标准分别为772元/人·月和560.92元/人·月（见图6－3）。与2012年相比，10年间最低生活保障标准持续上涨，城镇增长了7.35%、农村增长了9.78%。与此同时，城乡最低生活保障标准差距也逐步缩小，内蒙古城镇最低生活保障标准与农村最低生活保障标准之比从2012年的1.68倍，下降到1.38倍，下降了2.2个百分点。

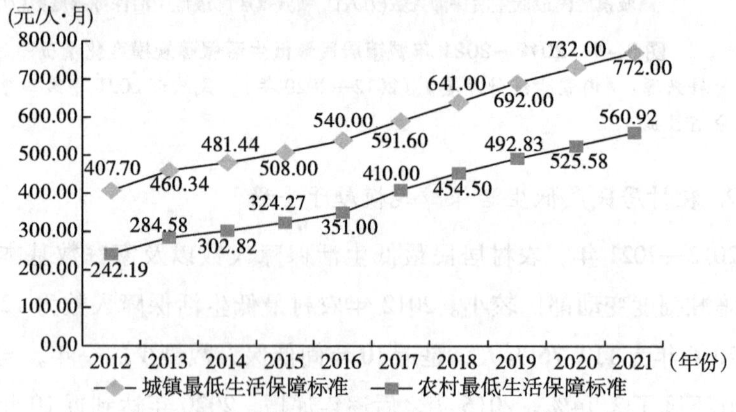

图6－3　2012—2021年内蒙古最低生活保障标准变动情况

资料来源：根据《中国民政统计年鉴》（2012—2020年）以及2020—2021年内蒙古自治区民政厅政务公开统计数据整理计算得出。

4. 各盟市最低生活保障水平持续上涨，区域间发展不平衡

2012—2021 年，内蒙古自治区各盟市城乡最低生活保障水平均呈持续上涨的趋势，但是区域间存在差距。

城镇最低生活保障标准：呼和浩特市、包头市、乌海市、阿拉善盟、满洲里市以及二连浩特市最低生活保障标准均高于全区标准，其中阿拉善盟增长速度最快，从 2012 年的 420 元/月增长到 2021 年的 955 元/月，成为全区低保水平最高的盟市（见表 6－1）。呼伦贝尔市、兴安盟、乌兰察布市及巴彦淖尔市城镇最低生活保障水平较低，始终低于全区平均水平。

农村最低生活保障标准：包头市、阿拉善盟、鄂尔多斯市始终高于全区最低生活保障水平，2017 年以来呼和浩特市、锡林郭勒盟农村最低生活保障标准也高于全区水平，锡林郭勒盟增长速度最快，2012 年至 2021 年增长了 1.65%。

5. 社会救助标准与物价上涨挂钩联动机制普遍建立

社会救助标准与物价上涨挂钩联动机制，简称“联动机制”，是国家为确保困难群众基本水平不因物价上涨而降低的政策。2011 年根据国家相关要求，内蒙古自治区建立了补助对象覆盖较全面、启动条件较为合理、生活临时补贴的物价上涨挂钩联动机制。2014 年完善补贴方式和启动条件：补贴方式规定了发放完成时间；启动条件新增加了粮食价格关联，放宽了启动条件。2017 年进一步完善补贴方式，降低了启动临界条件：补贴方式从按季发放变为按月发放，价格临时补贴发放更加及时；启动条件继续优化，由原来的季度涨幅变成单月涨幅，居民消费价格指数中的粮食涨幅由原来的 10% 降低到 6%。① 2021 年扩大补助范围，补助对象新增加了事实无人抚养儿童。2022 年将艾滋病病毒感染儿童纳入补助范围；同时对启动条件进行小幅调整。②

① 内蒙古自治区人民政府办公厅．关于进一步完善社会救助和保障标准与物价上涨挂钩联动机制的通知[J]．内蒙古自治区人民政府公报，2017(8)：34－35，1.

② 内蒙古自治区人民政府办公厅．关于进一步健全社会救助和保障标准与物价上涨挂钩联动机制的通知[EB/OL]．(2022－01－24)．内蒙古自治区人民政府网站，https://www.nmg.gov.cn/zwgk/zfxxgk/zfxxgkml/zzqzfjbgtwj/202201/t20220124_1998911.html.

表 6－1　2012—2021 年各盟市城乡最低生活保障平均标准

项目		呼和浩特市	包头市	呼伦贝尔市	兴安盟	通辽市	赤峰市	锡林郭勒盟	乌兰察布市	鄂尔多斯市	巴彦淖尔市	乌海市	阿拉善盟	满洲里市	二连浩特市
2012 年	城镇标准/（元/月）	412	500	357	345	382	363	400	362	487	371	400	420	460	410
	农村标准/（元/年）	2574	4480	2400	2195	2439	2600	2664	2264	4208	2604	—	—	—	—
2013 年	城镇标准/（元/月）	531	545	418	393	433	421	452	424	519	421	470	520	520	470
	农村标准/（元/年）	3500	4756	2791	2553	2757	2664	3027	2850	4748	3085	—	5299	—	—
2014 年	城镇标准/（元/月）	546	560	448	407	487	442	500	450	527	—	570	561	540	530
	农村标准/（元/年）	3650	4900	3093	2698	3383	2861	3330	3181	4858	—	—	5442	—	—
2015 年	城镇标准/（元/月）	546	580	468	457	540	457	577	465	537	461	585	576	570	590
	农村标准/（元/年）	3644	5044	3300	3022	3900	3007	3862	3325	4980	3532	—	5586	—	—
2016 年	城镇标准/（元/月）	546	580	488	512	590	498	600	500	534	508	585	622	570	640
	农村标准/（元/年）	3744	5044	3500	3385	4400	3308	4500	3600	4968	3865	—	5994	—	—
2017 年	城镇标准/（元/月）	620	590	530	566	613	572	650	555	591	556	635	672	616	700
	农村标准/（元/年）	5200	5144	3800	3870	4700	3833	7360	3906	5544	4442	—	6504	—	—
2018 年	城镇标准/（元/月）	685	670	570	633	663	635	684	600	619	602	680	806	662	750
	农村标准/（元/年）	6000	5700	5020	4334	5150	4455	7910	4476	5923	4882	—	7480	—	—
2019 年	城镇标准/（元/月）	725	710	620	684	703	700	706	636	675	647	720	878	702	795
	农村标准/（元/年）	6120	6040	5522	4974	5450	4860	8352	4745	6169	5292	—	8078	—	—
2020 年	城镇标准/（元/月）	755	750	660	711	731	728	732	662	790	690	760	939	744	823
	农村标准/（元/年）	6504	6644	6016	5173	5777	5160	8788	5013	6720	5678	—	8643	—	—
2021 年	城镇标准/（元/月）	790	795	710	740	775	753	758	704	840	725	810	995	788	848
	农村标准/（元/年）	6900	7044	6828	5483	6124	5512	9100	5404	7200	6019	—	9161	—	—

资料来源：《内蒙古自治区人民政府关于全区社会救助标准有关事宜的通知》（2012—2021 年）。

联动机制的普遍建立不仅有利于困难群众较少受到物价水平波动的影响从而降低生活水平，而且符合精准救助的社会救助理念，有利于优化临时救助制度和最低生活保障制度，建立动态化、灵活性的社会救助体系（见表6－2）。

表6－2　联动机制政策内容演变

年份	补助对象	补贴方式	启动条件（二选一）	
			CPI同比涨幅	CPI中粮食同比涨幅
2011	国家重点优抚对象、城乡低保对象、特困人员、领取失业保险金人员、社会散居和福利机构集中供养的孤儿、高等院校家庭经济困难的学生	启动当月，按季发放，以后逐月发放	连续3个月涨幅3%	
2014		按月计算、按季发放（指数发布30天内发放）	连续三个月涨幅3%	连续三个月涨幅10%
2017		按月测算、按月发放（指数发布20天内发放）	单月同比涨幅3%	单月同比涨幅6%
2021	增加事实无人抚养儿童			
2022	增加艾滋病病毒感染儿童	按月测算、按月发放（指数发布当月发放）	单月同比涨幅3.5%	单月同比涨幅6%

资料来源：根据内蒙古自治区人民政府网站整理得出。

（二）特困人员救助

1. 特困人员救助供养制度不断完善

19世纪50年代开始国家先后建立了农村“五保”供养制度和城市“三无”人员救济供养制度。1996年按照国家精神，内蒙古自治区印发《内蒙古自治区农村牧区五保供养工作实施办法》，提出要对符合条件的农牧民在吃、穿、住、医、葬五个方面给予生活照顾和物质保证，自治区农牧区“五保”制度开始向法制化、规范化发展。1998年《内蒙古自治区城市居民最低生活保障暂行办法》将城市“三无”人员纳入最低生活保障范围之中。2011年，自治区第三次党政联席会议将城市“三无”人员生活保障标准提标工作列为自治区政府为群众办理“十二件实事”之一，自治区在全国范围内率先建立了城市“三无”人员保障制度，与城市最低保障制度分离。2014年，国务院公布《社会救助暂行办法》，将农村牧区“五保”供养、城市“三无”人员保障制度统一为特困人员救助供养制度。明确特困人员供养含义，即国家对无劳动能力、无生活来源且无法定赡养、抚养、扶养义务人，或者其法定赡养、抚养、扶养义务人无赡养、抚养、扶养能力的老年人、残疾人以及未满16周岁的未成年人提供基本生活保障的社会救助制度，是社会救助体系的重要组成部分。[①] 2016年、2017年内蒙古自治区先后出台了《内蒙古自治区人民政府关于进一步健全特困人员救助供养制度的实施意见》和《内蒙古自治区特困人员认定办法》，对特困人员的救助范围、认定流程、保障措施等提出了规范性的要求；2019年《关于进一步加强城乡特困人员供养服务机构经费管理及服务工作的通知》对特困人员供养标准、供养服务机构以及服务水平做出进一步要求，至此内蒙古自治区逐步建立与经济发展水平相适应的特困人员供养制度（见图6－4）。

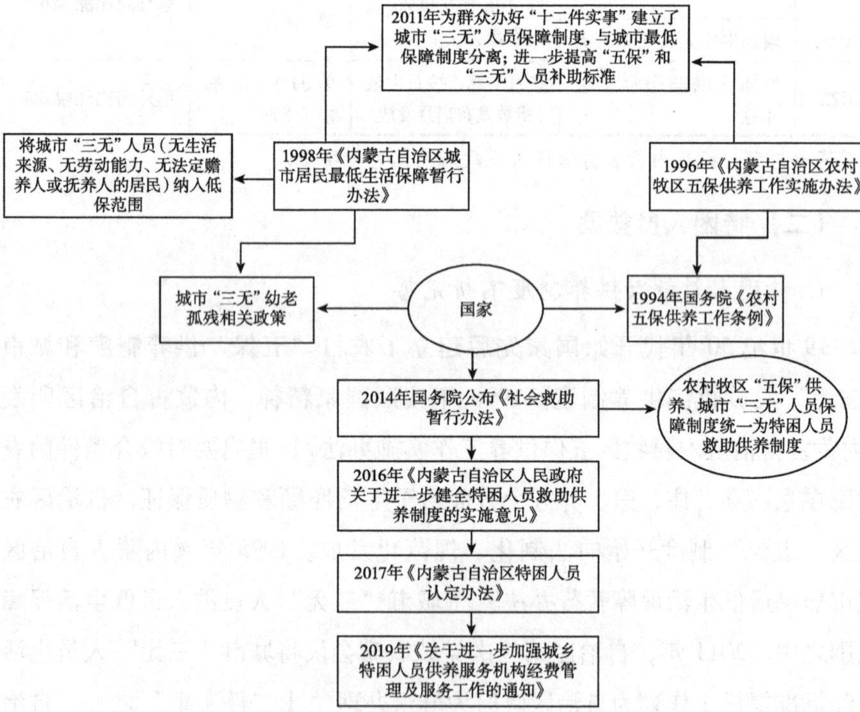

图6－4　内蒙古特困人员供养制度发展

① 社会救助暂行办法[N]. 人民日报,2014（008）.

2. 特困人员救助规模不断扩大、救助标准持续提高

近年来，城乡特困人员救助供养工作取得了明显成效，有效地保障了特困人员的基本生活。救助规模逐步扩大，救助标准逐年提高。截至2021年，自治区共有城乡特困人员9.59万人，城市特困人员集中供养基本生活标准为1308元/人·月，较上年提高62元/人·月，增长了5%，是城市低保标准的1.7倍；农村特困人员集中供养基本生活标准为878元/人·月，较上年提高41元/人·月，增长了4.9%，是农村低保标准的1.6倍（见表6－3）。同时还进一步扩大保障范围，将特困救助供养覆盖的未成年人年龄从16周岁延长至18周岁，把因突发公共事件陷入困境的人员纳入救助范围。2021年，自治区特困人员部分丧失生活自理能力照料护理平均标准为431元/月；特困人员完全丧失生活自理能力照料护理平均标准为1087元/月。①

表6－3　2016—2021年城乡特困人员保障情况

<table>
<tr><th rowspan="3">年份</th><th colspan="2">特困人员供养人数</th><th colspan="4">特困人员供养月人均标准</th></tr>
<tr><th rowspan="2">城镇/万人</th><th rowspan="2">农村/万人</th><th colspan="2">城市/元</th><th colspan="2">农村/元</th></tr>
<tr><th>集中供养</th><th>分散供养</th><th>集中供养</th><th>分散供养</th></tr>
<tr><td>2016</td><td>1.24</td><td>8.55</td><td>784</td><td>560</td><td>717</td><td>427</td></tr>
<tr><td>2017</td><td>1.24</td><td>8.59</td><td>1244</td><td>960</td><td>771</td><td>564</td></tr>
<tr><td>2018</td><td>1.11</td><td>8.15</td><td>1317</td><td>1075</td><td>858</td><td>704</td></tr>
<tr><td>2019</td><td>1.14</td><td>8.29</td><td colspan="2">1192</td><td colspan="2">811</td></tr>
<tr><td>2020</td><td>1.16</td><td>8.48</td><td colspan="2">1246</td><td colspan="2">837</td></tr>
<tr><td>2021</td><td>1.17</td><td>8.42</td><td colspan="2">1308</td><td colspan="2">878</td></tr>
</table>

资料来源：根据2016—2018年内蒙古自治区民政厅工作总结以及2019—2021年内蒙古自治区民政厅政务公开统计数据整理计算得出。

3. 各盟市特困人员救助水平不断提升

2016—2021年各盟市城乡特困人员救助水平不断提升，其中二连浩特市保障水平最高，2017年城市平均标准为1600元/月、农村平均标准为

① 2021年全区社会救助标准有关事宜的通知[EB/OL].(2021－04－20). 内蒙古自治区人民政府网站，https://www.nmg.gov.cn/zwgk/zfxxgk/zfxxgkml/zzqzfjbgtwj/202104/t20210420_1413369.html.

19200 元/年，到 2021 年城市平均标准增长到 2000 元/月、农村平均标准增长到 24000 元/年，均高于个各盟市的平均水平。按照区位来看，内蒙古中部地区乌兰察布市保障水平较低，2021 年城市和农村标准分别为 915 元/月和 7026 元/年，与中部地区其他城市相比差距较大；而东西部盟市的保障标准差距较小，比较平均（见表 6 –4）。

（三）临时性救助制度

2009 年为妥善解决城乡贫困居民突发性、临时性生活困难，内蒙古自治区出台《内蒙古自治区城乡居民临时生活救助实施办法》，对救助对象范围、救助标准以及程序进行了规定：临时生活救助对象主要是纳入城乡最低生活保障和其他专项社会救助制度覆盖范围，但由于各种突发原因仍然导致基本生活暂时出现较大困难的家庭和五保户对象、低保边缘家庭；因大病、重病、重度残疾或遭受突发灾害等原因导致家庭生活困难的以及人户分离家庭，这一阶段临时生活救助主要作为城乡最低生活保障制度的补充。2015 年，内蒙古自治区临时救助制度全面建立，出台了《进一步健全完善临时救助制度的通知》，进一步完善了救助对象范围、审批程序、救助方式等内容，全面建立“一门受理、协同办理”机制、信息共享机制，开展“救急难”工作。各盟市根据国家以及自治区指导意见，在同一阶段先后建立并完善了临时救助制度。2021 年自治区民政厅《关于进一步加强临时救助工作的通知》对于建立完善“救急难”制度做出进一步要求：一是为强化急难救助取消了户籍地和居住地限制；二是简化救助程序，分层分类审批，既提高了救助的时效性，又提高了救助的精准度；三是强化兜底保障性，科学合理地构建临时救助标准，采取“一事一议”的方式；四是丰富救助方式，采取临时救助金、实物救助和转介服务三种方式，充分发挥临时救助的有效性；五是加强与慈善救助的衔接，及时化解急难问题，充分发挥社会救助的长效机制；六是落实临时救助备用金制度，加强资金保障。

表 6－4 2016—2021 年各盟市城乡特困人员保障平均标准

盟市	2016 年				2017 年		2018 年		2019 年		2020 年		2021 年	
	城市标准/（元/月）		农村标准/（元/年）		城市标准/（元/月）	农村标准/（元/年）	城市标准/（元/月）	农村标准/（元/年）	城市标准/（元/月）	农村标准/（元/年）	城市标准/（元/月）	农村标准/（元/年）	城市标准/（元/月）	农村标准/（元/年）
	集中	分散	集中	分散										
呼和浩特市	1600	1200	8200	4800	1200	6760	1200	7800	1200	7980	1200	8460	1200	8976
包头市	1400	1000	8000	5889	1000	6557	1200	7410	1600	10000	1600	10000	1695	10600
呼伦贝尔市	784	560	7500	3900	689	4940	741	6757	806	7405	858	8046	923	9076
兴安盟	1230	918	6427	3928	1378	7198	1543	8062	1543	9029	1543	10000	1543	10500
通辽市	870	620	8000	4500	820	6200	1000	6700	1100	7100	1200	7500	1500	8000
赤峰市	952	728	8000	4000	743	4983	826	5792	952	8000	952	8000	980	8500
锡林郭勒盟	1300	900	9500	5000	1068	10054	1200	13600	1243	14920	1243	14920	1272	15264
乌兰察布市	1200	800	8000	4000	800	5044	800	5820	827	6169	861	6575	915	7026
鄂尔多斯市	1500	1100	8000	4968	1144	7579	1144	8080	1144	9893	1500	10200	1600	10920
巴彦淖尔市	1130	770	7323	4158	770	5849	843	6347	1232	8403	1232	8403	1232	8470
乌海市	1500	1160	18000	13920	1260	15120	1260	15120	1600	19200	1600	19200	1600	19200
阿拉善盟	1577	1339	9720	6480	1339	8455	1814	14000	1959	15120	2096	16178	2096	16178
满洲里市	1230	930	—	—	960	1260	1010	—	1050	—	1090	—	1130	—
二连浩特市	2000	1600	24000	19200	1600	19200	2000	24000	2000	24000	2000	24000	2000	24000

资料来源：根据 2016—2018 年内蒙古自治区民政厅工作总结以及 2019—2021 年内蒙古自治区民政厅政务公开统计数据整理计算得出。

截至2021年，内蒙古自治区累计实施临时救助14.66万人次，支出临时救助资金2.13亿元。[①] 同年实施临时救助备用金制度，呼伦贝尔市、赤峰市、包头市等盟市纷纷完善临时救助备用金制度，细化工作程序，充分发挥救急解难效用，切实保障困难群众救助资金充足。

（四）医疗救助制度不断完善

内蒙古自治区医疗救助制度于2004年建立以来，城乡医疗救助体系不断完善，资助困难群众参保与开展直接医疗救助统筹推进，医疗救助与基本医保、大病保险实现了有效衔接，医疗救助的保障水平与服务能力不断提升。

2012年建立医疗救助“一站式服务”，确定呼和浩特市玉泉区、包头市石拐区、呼伦贝尔市扎兰屯市、兴安盟乌兰浩特市、通辽市科尔沁区、赤峰市克什克腾旗、锡林郭勒盟多伦县、乌兰察布市化德县、鄂尔多斯市准格尔旗、巴彦淖尔市临河区、乌海市海南区、阿拉善盟阿拉善左旗、满洲里市、二连浩特市为自治区推行“一站式”服务工作试点单位，并加快医疗救助一站式即时结算平台建设，简化医疗救助的流程。2012年城市医疗救助15.67万人次、支出1.84亿元，农村医疗救助32.50万人次、支出2.40亿元。[②] 2014年，自治区财政厅、民政厅等多部门联合转发财政部、民政部《城乡医疗救助基金管理办法》明确将城乡医疗救助基金纳入社会保障基金财政专户，实行分账核算、专项管理。当年直接医疗救助29万人次、支出6.15亿元。2015年进一步完善医疗救助制度，全面开展重特大疾病医疗救助工作，建立健全了重特大疾病慈善医疗救助专项基金，为医疗救助提供资金保障。2019年《关于认真做好机构改革期间医疗救助工作的通知》对于医疗救助制度进行了梳理与完善。2020年以来特困人员、低保对象、农村建档立卡贫困人口在年度救助限额内住院救助比例达到70%以上。低收入医疗救助对象和因病致贫医疗救助对象按照不低于50%的比

① 内蒙古自治区民政厅．自治区民政厅2021年工作总结[EB/OL]．(2022-04-28)．自治区财政厅门户网站，https://www.nmg.gov.cn/zwgk/zdxxgk/ghjh/jzqk/202204/t20220428_2047556.html.

② 中华人民共和国民政部．2012年第四季度民政统计分省数据[EB/OL]．(2013-07-05)．民政部网站，https://files2.mca.gov.cn/cws/201307/20130705104649156.html.

例进行救助。2021 年多部门联合印发《内蒙古自治区关于推进城乡医疗救助制度盟市级统筹的工作方案》，全面实施盟市级统筹，持续提高资金利用率。

截至 2021 年上半年，自治区困难群众参保 89.82 万人次、1.55 亿元，直接医疗救助 48.27 万人次，直接救助金额达 3.85 亿元，城乡居民医保人均财政补助标准提高到 580 元/人·年，基本医疗保险政策范围内住院费用支付比例达到 75%左右。[①] 医疗救助制度的不断完善，是困难家庭医疗保障的安全网，能够缓解困难家庭“看病贵、看病难”的现实问题。

（五）教育救助制度更加精准

教育救助政策是国家对贫困家庭子女接受教育而提供的帮助。内蒙古自治区根据不同的教育阶段，建立起从学前教育到研究生教育较为完善的资助体系，实现了所有学段、公办民办学校、家庭经济困难学生“三个全覆盖”。2021 年自治区共落实各级各类学生资助资金 50.33 亿元，惠及学生 419.38 万人次。[②] 建立了学生资助管理信息系统、学前至普通高中资助子系统以及控辍保学动态数据库，实施精准控辍。对残疾儿童采取特校入学、随班就读、送教上门等方式，保证其接受义务教育。

（六）住房救助制度日益完善

1. 农村危房改造

农村危房改造是指依据住房和城乡建设部指导对农村危险房屋按照等级进行拆除重建或者是加固修缮。根据国家政策，内蒙古自治区强力推进农村牧区危土房改造工作。针对农村牧区居住在危房中的建档立卡贫困户、分散供养五保户、低保户和贫困残疾人家庭等“四类重点对象”逐步实施。2012 年根据国家西部大开发战略指导进一步扩大危房改造项目，2012 年实际改造完成 16.75 万户，其中科尔沁左翼中旗等 6 个第一批试点旗县完成 5.12 万户，阿荣旗等 4 个第二批试点旗县完成 2.5 万户，帮扶兴

① 自治区党委办公厅，人民政府办公厅．关于改革完善社会救助制度的实施措施[Z]．2021.

② 内蒙古扎实推进教育脱贫攻坚各项工作[N]．呼和浩特日报，2021-01-27.

安盟1.1万户，其他旗县8.03万户。争取国家补助资金17.15亿元，自治区本级投资16.9亿元，完成总投资达81亿元。①“十三五”时期内蒙古自治区创新改造方式，大力实施危房改造工程，率先在全国出台了危房改造地方标准——《脱贫攻坚农村牧区危房改造管理规范》，通过因地制宜推广适宜改造方式和技术、建设农村集体公租房、利用闲置农房和集体公房置换等方式，切实保障特困农户的基本住房安全。2016—2020年共实施47.7万户农村牧区危房改造工程。2020年通辽市科左中旗、科左后旗、库伦旗、开鲁县等地结合实际，采取主附房连建模式推进危房改造工作，即在主房后面建设后倒厦子，将厨房、餐厅、储藏间、卫生间设计在后倒厦子内，既经济又适用，解决了面积不够用和保障的问题，主附房连建模式得到了住建部的认可，在全国进行推广。②2021年对危房改造对象全面排查，动态新增符合条件的危房改造对象，包括农村牧区易返贫致贫户、农村牧区低保户、农村牧区分散供养特困人员、因病因灾因意外事故等刚性支出较大或收入大幅缩减导致基本生活出现严重困难家庭、农村牧区低保边缘家庭、未享受过农村牧区住房保障政策支持且依靠自身力量无法解决住房安全问题的其他脱贫户，进一步保障困难住户的住房安全。

2. 保障性租赁住房

内蒙古自治区于2013年印发了《关于进一步加强和完善城镇保障性住房建设和管理的意见》，对已纳入住房保障范围的低收入家庭实行应保尽保，并优先将没有住房的低保对象和五保分散供养对象纳入住房保障范围，切实满足了中低收入住房困难家庭的基本住房需求。按照“租补分离、分类补贴”的原则，根据被保障家庭收入情况制定分类补贴标准，有效解决困难家庭住房问题。2021年制定《加快发展保障性租赁住房工作有关事宜的通知》，确定呼和浩特市、包头市、赤峰市作为全区发展保障性

① 内蒙古自治区住房和城乡建设厅．2012年全区农村危房改造[EB/OL].(2021-01-19).内蒙古自治区人民政府网站，http://zjt.nmg.gov.cn/zwdt/zjzx/202101/t20210119_598576.html.

② 通辽市危房改造“主附房连建模式”在全国推广[N].通辽日报,2020-08-25.

租赁住房的重点城市，努力提高保障性租赁住房的比重，进一步完善全区城镇住房保障体系。

（七）就业解困政策成效显著

就业救助作为一项专项救助，对于提升困难群众抵御风险能力、提高救助水平具有重要意义。2011 年《内蒙古就业促进条例》明确了就业援助制度，对大龄城镇登记失业人员、残疾人员、零就业家庭成员、享受城镇居民最低生活保障的失业人员、城镇规划区域内完全失地人员、连续失业一年以上仍未就业的城镇失业人员进行就业帮扶、优先安置；提供安排公益性救助岗位；设置专项就业资金，用于就业培训、就业补贴；鼓励有能力者自主创业，提高创业优惠政策。2020 年进一步规范就业困难人员认定办法，将城镇常住的法定劳动年龄内，有劳动能力且有就业愿望的大龄失业人员、残疾人、长期失业人员、零就业家庭等六类困难人员纳入了就业困难人员认定范围，并依托“自治区劳动就业核心业务子系统”实行动态实名制管理，开展有针对性的就业援助，不断提高就业救助的专业化和信息化水平。截至 2021 年全区就业补助支出 29.4 亿元，帮助 4.39 万就业困难人员和家庭实现就业。①

（八）灾害救助应急性不断完善

灾害救助是国家或社会对因遭遇各种灾害而陷入生活困境的灾民进行抢救和援助的一项社会救助制度。② 2021 年内蒙古自治区最新修订了《内蒙古自治区自然灾害救助应急预案》，该预案从灾害发生、灾情上报到应急响应、灾害稳定再到后期处置与灾害救助重建全过程做出了详细的研判。进一步完善了自治区灾害救助指挥体系，将自然灾害救助应急响应分为Ⅰ级、Ⅱ级、Ⅲ级、Ⅳ级 4 个响应级别，优化分级响应启动条件，不同受灾程度下按照不同等级及时安排力量指挥救灾，并将灾后救助分为过渡期灾害救助、冬春救助以及倒损住房恢复重建三个部分，全面提高灾害救

① 自治区财政厅．内蒙古自治区财政厅 2021 工作总结[EB/OL]．(2022-03-10)．内蒙古自治区人民政府网站，https://www.nmg.gov.cn/zwgk/zdxxgk/ghjh/jzqk/202203/t20220310_2015324.html.

② 沈卫华．我国农村社会救助制度的研究[J]．商，2015(22)：85.

助的及时性。各盟市依据中央及自治区要求，不断完善灾害救助，降低因灾受灾困难群众的损失。2021 年起包头市为有效保障农牧民在遭遇洪水、龙卷风、暴雨、火灾等自然灾害，新冠感染疫情、鼠疫等突发公共卫生事件时的生命财产安全，安排为全市农牧民购买政府救助保险，凡具有包头市农业户籍的农牧民应保尽保，且无须个人负担保费，这一举措不仅保障了农牧民在遭遇突发性灾害时的生命安全，而且还追加保障了农牧民生活财产、房屋财产救助责任和紧急医疗救助责任等特色救助服务。[①] 2022 年锡林郭勒盟遭受旱情，启动自然灾害救助Ⅲ级应急响应，采取畜牧出栏和深入嘎查和牧户摸底排查等措施，切实保障受灾群众基本生活。

（九）社会力量参与更加广泛

社会力量参与社会救助是新时代对互助共济优良传统的继承和发扬，是完善并促进以基本生活救助、专项社会救助、急难社会救助为主体，社会力量参与为补充的“8 +1”社会救助体系的关键一环。随着自治区分类社会救助体系的建立，越来越多的社会力量参与社会救助工作。锡林郭勒盟正镶白旗民政局联合旗就业局开展助力城乡低保居民就业技能提升培训班，通过邀请锡林郭勒盟振达职业培训学校授课，针对家政服务进行专项培训，为困难群众再就业打下基础。赤峰市阿鲁科尔沁旗联合社会力量共同参与社会救助，建立“社会救助爱心人士资源库”和“特殊困难群众资源库”促进供需对接，组建“商企联盟”开展各类社会公益活动，招募爱心家庭与困境儿童开展结对帮扶活动。乌海市红十字会积极落实市委、市政府有关要求，引导联系群众广泛参与社会救助服务，持续开展人道救助，推进“博爱一日捐”“光明行”“红十字博爱送万家”等公益救助活动。

三、内蒙古社会救助制度面临的问题与挑战

2021 年是“十四五”的开局之年，随着国家各项改革的深入推进，内

① 包头市人民政府办公室．今年包头市继续为农牧民购买政府救助险[EB/OL].（2022 - 05 - 13）. 内蒙古自治区人民政府网站，https://www. nmg. gov. cn/zwgk/zdxxgk/shgysyjs/shjz/shjzzc/202205/t20220513_2054659. html.

蒙古自治区社会救助工作迎来多重机遇，社会救助制度持续完善、救助水平进一步提高、服务质量显著提升，发挥出了社会救助的兜底保障性作用。但是内蒙古社会救助制度在新的发展形势下面对着发展不平衡、不充分的现实挑战，随着人民群众对生活质量与发展要求的日益提高，救助服务综合水平、救助机制、城乡区域协调以及救助理念等方面存在短板与不足。

（一）最低生活保障和特困人员供养保障水平有待提高

1. 保障规模有限

截至2021年内蒙古自治区城乡低保加特困人员共有168.49万余人，低保与特困人员仅占总人口的7.02%，且总体出现下降的趋势（见表6-5）。这与审核监管力度加大、“退出”机制建立、全民脱贫攻坚有关；另外，一定程度上反映了现有社会救助规模有限，保障范围有效性不足，仍然存在部分低保边缘的困难群众无法得到有效救助的现象。

表6-5　2016—2021年低保加特困人员以及总人口数　单位：万人

年份	2016	2017	2018	2019	2020	2021
城镇居民最低生活保障人数	49.14	43.04	38.84	33.89	31.45	28.30
农村居民最低生活保障人数	112.76	119.87	125.15	128.87	133.40	130.60
城镇特困人员人数	1.24	1.24	1.11	1.14	1.16	1.17
农村特困人员人数	8.55	8.59	8.15	8.29	8.48	8.42
总人口	2436.2	2433.4	2422.2	2415.3	2402.8	2400.0

资料来源：《内蒙古统计年鉴》（2012—2020年），《内蒙古自治区2021年国民经济和社会发展统计公报》。

2. 保障范围有限

内蒙古社会救助政策以户籍为基础实行属地管理，因居住地和户籍地的限制导致部分困难群体无法获得相应的救助。例如，《内蒙古城市居民最低生活保障条例》中规定持有本地非农业户口的城市居民，共同生活的家庭成员月人均收入低于当地当年城市居民最低生活保障标准的，可以申请享受本地最低生活保障待遇。但是随着经济社会不断发展、改革不断深入、城镇化进程不断推进，大量的农村人口涌入城市，出现众多的新市民，以及随着经济发展外来人口流动的进一步增加，这些人群一旦遭遇到失业、疾病、残疾等天灾人祸，难以获得及时有效的救助，“新市民”身份反而降低了他们应对风险的能力。不贫但有困难的边缘人群同样难以得到应有的关注、关爱，一定程度上影响了社会救助的社会效益发挥，使得社会救助有效运转不足。

3. 城乡低保标准对居民消费水平影响较小，低保水平偏低

内蒙古自治区“十二五”时期民政事业发展规划提出城乡低保标准达到当地居民人均消费支出比例的35%的目标，2012—2021年城镇低保标准与人均消费支出比例仅在2020年超过35%，达到36.77%；农村低保标准与人均消费支出比例略高于城镇标准，但是从总体来看城乡低保标准占居民人均消费支出比例仍然偏低，这也就意味着低保标准对受保居民消费水平影响较小，低保水平偏低（见表6-6）。

表6-6 2012—2021年内蒙古自治区低保平均标准与人均消费支出对比

年份	城镇最低生活保障标准/（元/月）	城镇居民人均消费支出/（元/月）	低保标准与居民人均消费支出比例/%	农村最低生活保障标准/（元/月）	农村居民人均消费支出/（元/月）	低保标准与居民人均消费支出比例/%
2012	407.70	1476.00	27.62	242.19	664.33	36.46
2013	460.34	1603.67	28.71	284.58	756.67	37.61
2014	481.44	1740.42	27.66	302.82	831.00	36.44
2015	508.00	1823.00	27.87	324.27	886.42	36.58
2016	540.00	1895.33	28.49	351.00	955.17	36.75
2017	591.60	1969.83	30.03	410.00	1015.33	40.38
2018	641.00	2036.42	31.48	454.50	1055.08	43.08
2019	692.00	2115.25	32.71	492.83	1151.33	42.81
2020	732.00	1990.67	36.77	525.58	1132.83	46.40
2021	772.00	2266.17	34.07	560.92	1307.58	42.90

资料来源：根据《内蒙古统计年鉴》（2020）及《内蒙古自治区2021年国民经济和社会发展统计公报》计算得出。

（二）专项救助、临时性救助制度不健全

虽然内蒙古自治区已经建立起了以最低生活保障、特困人员供养、受灾人员救助、医疗救助、教育救助、住房救助、就业救助、临时救助和社会力量参与为主要内容的“8+1”社会救助体系，但是现行救助体系尤其是专项救助与临时救助仍然存在覆盖范围较窄、实际效用单一且缺乏针对性问题，不利于实施精准救助。

（1）提到社会救助，人们最先想到的就是最低生活保障和特困人员供养，医疗救助、灾害救助、住房救助等制度的实际效用并不明显，各类专项救助缺乏统一完善的救助方案。

（2）各类专项救助都以低保和特困人员为对象，造成部分低保对象享受到多种社会救助，而在低保标准边缘的困难群体可能享受不到任何待遇。例如一些盟市低保边缘家庭中的重病、重残人员未纳入低保或特困人员供养范围，他们无法得到必要的医疗及生活救助。再如社会救助与物价上涨联动机制中缺乏对因刚性支出造成贫困的家庭的保障。此外，由于各项社会救助都与最低生活保障相关联，就会造成低保对象有“特殊性”的假象，相反如果失去低保身份就会失去基本享有这些保障的身份，最终造成“该保的未保，已保的重复保”，降低了救助工作的针对性、科学性和实效性，造成救助资源的浪费。①

（3）临时救助在对象识别和救助标准的确定方面缺乏完整性。临时救助对象分为急难型和支出型，如何精准识别两者的不同缺乏具体的量化标准。现阶段临时救助标准主要与当地城镇居民最低生活保障标准挂钩，并根据救助对象家庭人口、困难类型、困难程度和困难延续时限等因素制定救助标准。同时还规定了原则上申请人以相同事由一年内申请临时救助不超过两次，但是因各项突发性事件的救助时间和困境程度不同，也就造成了目前的制度对于遭受不同类型事件的个人和家庭针对性保障不足。

---

① 娜仁图雅，魏瑞清，杜金柱．内蒙古自治区社会保障发展报告(2016)[M]．北京：经济管理出版社，2017.

（三）社会救助服务队伍建设不足，专业人才欠缺

社会救助尤其是基层社会救助事务繁杂琐碎，随着社会救助事务的日益完善，对现行机构、人员以及办公设施都提出了更高的要求。

从人员编制来看，基层社会救助人员编制少、工作任务繁重，使得人员稳定性较差、流失率大，由此造成社会救助工作的连续性较差。当前我国社会救助人力配备、人员素质呈现自上而下“倒三角”的状态，基层救助“责能倒挂”，导致社会救助制度难以有效发挥真实效用。

从社会救助服务机构以及专业人员来看，截至2020年内蒙古每万人拥有的民政服务机构和设施以及职工分别为2.5个和14.6人，而全国平均分别为6.0个和25.9人，[①] 2020年内蒙古社会工作师和助理社会工作师通过人数为7543人，仅占全国的1.1%。目前，社会救助专业力量薄弱，面对数百上千的低保对象，社会救助机构人员难以应对，往往依靠基层村或社区工作人员兼职社会救助工作。内蒙古自治区当前开设劳动与社会保障专业的本科院校有四所，但是本专业的学生却不愿或缺少机会进入相关机构直接参与社会救助工作。[②] 这表明社会救助服务队伍建设不足，专业人才缺乏。

（四）社会救助资金来源单一

社会救助工作离不开资金的支持，需要大量的资金投入才能保证社会救助工作正常有序地开展。通常我国社会救助资金来源主要通过财政拨款、信贷扶持、社会捐赠或国际援助以及社会救助基金的增值几个渠道。当前内蒙古社会救助资金来源主要依靠中央补助以及本级政府财政的投入，虽然近年来财政投入逐渐增加，但是社会筹资渠道少、数量小，不利于社会救助有效发挥长效机制。随着自治区社会救助制度的不断完善，城乡救助制度的有效开展，所面临的资金压力也在逐步增加。尽管社会救助的责任主体是政府，但其有效运行也需要更多的社会力量参与。当前内蒙

① 中华人民共和国民政部．中国民政统计年鉴（2021）[M]．北京：中国社会出版社，2021.

② 林闽钢，王锴．劳动与社会保障专业及其人才培养情况的调查分析[J]．中国大学教学，2018（8）：75－79.

古自治区社会慈善捐赠主要是用于发生重大自然灾害、事故灾难和公共卫生事件等突发事件，对于低保补助、住房救助等方面涉及较少甚至从未涉及。此外，社会救助基金仅作为备用资金待使用，没有具体可行的管理和增值措施。

（五）社会救助理念被动、救助方式单一

长期以来社会救助制度都是以问题为导向，即困难群众在哪些方面存在危机、生存受到什么威胁，社会救助政策就对应相应的问题而制定托底保障政策。但是随着社会、经济水平的不断发展，人民生活水平的逐步提高以及社会保障体系的逐步完善，这种“问题导向型”的救助理念逐步显现弊端。困难群众在基本生活逐步得到保障之后，物质型需求便渐渐趋于平稳，相反服务型需求以及发展型需求激增。脱贫攻坚取得胜利后，2021年内蒙古自治区已脱贫贫困人口纳入兜底保障41.4万人，对264.1万低收入人口开展动态监测，[①] 现阶段贫困逐步转向相对贫困，传统的被动型、消极型的救助理念，不再适宜新的发展阶段。虽然2021年关于完善救助实施措施中提出要创新救助“物质+服务”，但是目前内蒙古社会救助项目绝大多数仍采取现金救助方式，关心关爱救助项目少，社会参与渠道狭窄，需求和供给不匹配，尤其缺乏心理干预、社会支持、生活照料、就业帮扶等专业化的救助服务。

（六）城乡社会救助制度分割，城乡区域间发展不平衡

当前内蒙古自治区社会救助体系缺少统一性，与现阶段我国社会保障整体发展一致，内蒙古自治区社会救助制度仍然具有城乡二元结构化发展的特点。出于历史原因，城镇社会救助制度确立比较早，并且为了促进经济发展、提高城镇化水平，早期阶段内蒙古社会救助存在“重城市、轻农村”的现象，社会救助制度的城乡差距悬殊，不仅救助项目多寡不一，而且同一项救助制度也在救助范围、救助标准和救助机制等方面存在巨大差异。近年来，统筹城乡发展一直是改革的重点，但是仍存在一些问题：一

① 自治区民政厅．内蒙古自治区民政厅2021年工作总结[EB/OL]．(2022-04-28)．内蒙古自治区人民政府网站，https://www.nmg.gov.cn/zwgk/zdxxgk/ghjh/jzqk/202204/t20220428_2047556.html.

是救助标准差距，最低生活保障、特困人员供养等救助标准均呈现出城镇大于农村的现象。根据《中国民政统计年鉴》（2021）数据，2020 年内蒙古自治区农村最低生活保障标准与城镇最低生活保障标准比例为 71.7%，全国比例为 73.3%，略低于全国平均水平，而一些经济发达区域如北京、天津、上海等地所占比例为 100%，表明已经实现城乡统筹。[①] 二是户籍限制，因救助政策、救助范围及内容的不统一，居民户籍身份的限制，造成城乡社会救助的割裂。此外，内蒙古自治区各盟市间社会救助发展同样存在不平衡的问题，社会救助标准以及政策都有差距，不利于自治区社会救助整体统筹协调，以医疗救助为例，各盟市的统筹水平以及救助范围内个人自付费用比例都存在差距。

（七）社会救助相关部门间存在分割性

社会救助虽然是民政部门的主要职责，但是医疗、教育、就业等救助需要其他相关部门相互配合和协作。当前内蒙古社会救助存在部门间的分割性，民政与教育、公安、人力资源和社会保障、自然资源、住房和城乡建设、卫生健康、市场监管、医疗保障、金融、乡村振兴、残联等部门机构的信息和数据间存在断层，缺乏完善的信息共享平台，无法有效地、动态地了解社会贫困群体的救助情况，对于社会救助家庭经济状况及财产核对也难以精准认定。例如内蒙古自治区民政厅社会救助处主要职责是负责全区城乡居民最低生活保障、特困人员救助供养、临时救助等社会救助政策，对于医疗、住房、教育、就业等救助政策仅仅是参与，残疾人救助、儿童救助归属于其他下设单位，造成与各单位、各部门间的协调问题，缺乏统一的社会救助部门统筹运转。各个部门之间职责划分十分细致，缺乏应急联动机制，使不同救助对象的不同需求难以得到有效的满足；不能准确地把专项救助和基本生活救助区别开来，致使许多急切想要得到专项救助的人不能够享受到应该得到的救济。由于救助对象的相关信息无法互联共享，使多个项目重复救助某一家庭或者“应救而未救”的社会救助缺失现象时有发生。

---

① 中华人民共和国民政部．中国民政统计年鉴(2021)[M]．北京:中国社会出版社,2021.

四、内蒙古社会救助制度发展的对策建议

（一）城乡低保与特困人员救助进一步“调标、扩面、分类、打破壁垒”

全面消除绝对贫困并不意味着贫困问题的消失，内蒙古自治区仍然存在庞大的低收入群体，城乡低保与特困人员救助制度作为社会救助体系中的重要内容，亟待进一步完善。

（1）合理设置城乡低保与特困人员供养救助标准。最低生活保障制度要综合城乡居民人均可支配收入以及消费支出，适度提高各项救助的标准，实行救助标准的动态调整，科学合理地保障基本生活需求的同时，考虑发展性的教育、医疗以及住房需求，带动困难群众与社会共同发展进步。[①] 特困人员供养制度尤其要重视照料护理标准，开展特困人员生活自理能力评估，针对不同状况的生活自理能力合理确定护理标准。

（2）“扩面”不仅包括救助内容的完整全面，还包括救助规模、救助范围的扩大。救助内容上，扩大帮扶范围及救助规模。在新的阶段，救助范围不仅局限于基本生活救助，而且要帮低收入群体摆脱生活困境，提高生活质量。救助范围上，从完善低保边缘家庭的认定，将重残人员、重病患者等特殊困难人员按“单人户”纳入低保以及放宽特困人员认定条件等方面适度扩大保障覆盖范围。

（3）进一步完善分层分类的社会救助体系。2021 年内蒙古自治区印发《关于改革完善社会救助制度的实施措施》，提出了社会救助高质量发展的改革路径和发展方向，要坚持以需求为导向，基于申请救助家庭经济状况、家庭规模和需求，建立健全分层分类的社会保障体系。第一层，通过最低生活保障、特困人员救助供养、受灾人员救助等，保障困难群众的基本生活。第二层，通过专项社会救助，保障困难群众的医疗、教育、住房、就业等权益。第三层，通过急难社会救助，切实解决生活陷入困境的家庭或个人的突发性、紧迫性临时生活困难。

---

① 上海市民政局．上海社会救助发展报告[M]．上海：格致出版社，2019.

（4）完善困难家庭认定审核机制，打破户籍限制，通过发放居住证等方式破解户籍限制的难题。进一步优化审核认定流程，扩大困难家庭认定标准，不仅局限于家庭经济状况，还要将家庭成员劳动能力、应对风险指数、收入状况、支出等量化考量，同时综合考虑为困难家庭匹配相应的救助项目。制定“一户一策”的针对性救助制度，从而提升社会救助的精准性与有效性，正确处理好“扩面与精准”的关系。

（二）完善专项救助和临时救助政策

（1）专项救助在社会救助体系中起着关键的作用，建立完善教育、医疗、住房、就业救助政策，有助于提高内蒙古社会救助体系的针对性。

医疗救助：重点关注老年人、重大疾病患者，要考虑实际患病情况，扩大医疗救助范围，进一步增加对于自费医疗费用的救助。完善疾病应急救助，在遭遇突发疫情等紧急情况时，确保医疗机构能够先救治、后收费。

教育救助：扩展救助对象范围，现阶段内蒙古自治区各个阶段的教育救助覆盖范围包括城乡低保家庭学生、特困供养人员、孤儿、残疾学生以及低收入困难家庭学生。教育救助不仅应包括贫困家庭的孩子，存在学习困难和学习障碍的处于失学边缘的青少年也应该被纳入救助范围；教育救助内容更加完善，除了对贫困学生提供经济资助，还应积极探索提供与教育相关的支持性服务内容。

住房救助：要重视住房救助在社会救助体系中的重要作用，进一步完善住房救助政策，农村住房继续优先实施危房改造工程，城市住房救助实施廉租房工程。例如上海廉租住房实行货币补贴和事务配租结合方式，并不断提高实物配租比重，适时调整保障水平。

就业救助：强化就业与救助之间的联系，建立与当下经济社会环境发展相适应的就业救助政策。一方面转变就业救助理念，明确就业救助根本目的在于增强个人就业能力，促进贫困群体融入劳动力市场，通过就业实现脱贫自立。例如完善“渐退政策”，对于已经就业的家庭或个人，逐步减少扣除低保金，以达到促进就业的目的。另一方面加大对就业困难人员或家庭的扶持力度，提供以救助对象需求为导向的个性化、内容全面的技能培训，设立更多公益性岗位。

灾害救助：完善重大自然灾害应对程序和措施，逐步建立与经济社会发展水平相适应的自然灾害救助标准调整机制，统筹做好应急救助、过渡期生活救助、旱灾临时生活困难救助、冬春临时生活困难救助和因灾倒损民房恢复重建等工作。① 增强灾害救助的预防性，如春夏季易发生旱灾、洪水，入户筛查提前做好应急预案，减少灾害发生时的危害。

（2）临时救助制度在社会救助体系中具有托底安全网的作用，能够救急难、解急困，缓解困境。完善急难救助，一要加强临时救助的信息化建设，构建互联网+临时救助平台，利用大数据提升急难救助的及时性、主动发现性，精准进行救助对象的识别与分类；二要充分调动社会力量参与临时救助工作，发动临时救助对象所在社区、工作单位、学校及亲友的资助力量，联合慈善力量，形成救助合力。

（三）加强社会救助服务队伍的建设，培养救助专业人才

提升社会救助服务队伍建设应该从制度设计和效率提升两个方面入手，“输入和输出”两手抓。一方面要解决人员稳定性差、专业人才不足的问题。在基层按照比例合理设置社会服务岗位，转变“倒三角”的状态。重点鼓励基层社会服务人员，加大基层财政投入，广泛吸纳专业人才。另一方面利用大数据平台，整合人员信息，合理利用“智慧救助”平台，简化办事流程，提高工作效率，缓解基层救助人员的工作压力。同时动员多方参与，随着经济社会的发展以及慈善组织认定办法的完善，内蒙古自治区慈善组织的力量越来越强大，通过与社会组织的合作，实现社会救助服务队伍的综合性，提升服务质量。

（四）完善社会救助资金管理制度，拓展筹资渠道

首先继续加大政府投入规模。社会救助资金离不开政府的财政投入，要加强监管，做好预算的执行管理，确保救助资金每一项都可以落到实

---

① 中共中央办公厅，国务院办公厅．关于改革完善社会救助制度的意见[J]．中国民政，2020（16）：14－17.

处。其次扩展筹资渠道。引导社会力量进行投资，鼓励企业、慈善组织进行捐助，以保证社会救助资金的充足。最后完善社会救助基金制度，设立专项救助基金，包括医疗救助基金、失业救助基金、教育救助基金等专项基金。严格监督专项基金管理和使用，确保专款专用。加快全区社会救助备用金制度的启用，保障临时性救助的资金充足，将救助基金融合到救助体系中加以管理，保障救助工作的有效开展。

（五）确立新的救助理念，树立新的救助目标导向

内蒙古社会救助制度需要树立新的导向，激发社会救助的促进作用。

（1）建立“发展型社会救助新模式”。转变传统消极型救助理念，从现阶段以现金为主的“输血”式救助，转向促进发展的“造血”式救助。既要防止再次陷入生存困境，又要帮助困难群众融入社会，积极参与到社会经济活动中。

（2）促进救助方式的多元化，满足救助对象的多元需求。加强以促进发展为导向的服务型救助，不仅仅提供物质资助，更要注重完善各种类型的专项救助，从社会交往、心理健康、就业培训等多方面提升救助对象自身应对困难的能力。尤其注重就业培训和未成年儿童的教育救助。技能培训方面一是加大培训资金的投入，保障就业技能项目能够按计划顺利实施；二是增强技能培训的针对性，明确现阶段内蒙古自治区企业和社会的劳动力需求，有针对性地开展技能培训，提升技能培训的效率。

（六）构建城乡及区域间统一的社会救助制度

加快城乡及区域间社会救助制度统筹发展。一方面加快完善农村社会救助体系，要以健全农村最低生活保障制度为重点，循序渐进提高农村救助标准，逐步缩小城乡差距，提升救助水平。进一步健全农村医疗救助、教育救助等专项救助制度，逐步实现农村救助政策和救助资源的有效整合，特别是医疗救助标准，逐步实现城乡救助标准的相互衔接和协调发展。另一方面要实现城乡社会救助政策的融合，避免流动到城市的农村人口陷入困境。加强城乡协作，鼓励发展慈善救助，鼓励城乡居民之间结对帮扶，通过城市带动农村，共同促进社会救助高质量发展。

（七）构建社会救助制度的统筹制度，形成社会合力

现阶段由于内蒙古自治区各项社会救助相关部门协调不足，导致救助资源运行不畅，造成救助资源的浪费。构建社会救助制度的统筹协调，形成社会合力，应该从以下两个方面入手：

（1）设立统一的部门，形成“一家统管，多家配合”的机制。建立并完善社会救助联席会议制度，各部门统一意见，互相监督，形成合力联合决策，促进社会救助制度的优化。

（2）优化信息传递机制，畅通不同部门的信息互通渠道，进行充分的信息共享，及时掌握困难群众的基本信息。完善社会救助信息服务平台，充分利用数字化技术和“互联网＋”，通过社会救助智慧平台，从信息采集到救助申请再到动态监测，实现社会救助服务的全过程。首先进行信息采集，包括家庭状况、财产收入、受困原因、求助项目等基础信息；其次进行救助申请，包含政策信息公布、“急难”救助一键求助；最后对低收入家庭的数据进行实时分析、动态监测，及时匹配相应的救助资源，以提前困难预警等方式，主动发现，提升社会救助的精准性与及时性。

报告七　内蒙古巩固拓展脱贫攻坚成果同乡村振兴有效衔接制度发展报告

安　华　屈智华①

“十四五”时期，是巩固拓展脱贫攻坚成果、全面推进乡村振兴的关键时期，也是五年过渡期政策落实阶段。2020年脱贫攻坚迎来了全面胜利，内蒙古各部门贯彻落实习近平总书记的重要指示精神，在两大战略衔接的重要阶段，扎实推进巩固拓展脱贫攻坚成果同乡村振兴有效衔接工作并取得显著成效，翻开了全面建设社会主义现代化的新篇章。

一、内蒙古脱贫攻坚取得的成果

党的十八大以来，以习近平同志为核心的党中央始终坚持把脱贫工作看作实现第一个百年奋斗目标的重点。到2020年底，农村贫困人口全部脱贫，真正做到“走上小康之路”，距离共同富裕又近了一步。内蒙古实现了脱贫的宏伟目标，这既是中华民族历史上的一个里程碑，也是对世界反贫困事业做出的巨大贡献。

内蒙古157万贫困人口在2020年底全部实现脱贫，31个国家级贫困旗县、26个自治区级贫困旗县全部退出贫困行列②。到2020年底，贫困发生率由2015年的5.85%降至0（见图7-1），脱贫攻坚的目标圆满完成，内蒙古实现了与国家一起战胜贫困的宏伟事业。内蒙古各盟市脱贫攻坚成

---

① 安华，内蒙古大学公共管理学院教授；屈智华，内蒙古大学公共管理学院硕士研究生。

② 自治区扶贫办“十三五”和2020年脱贫攻坚工作总结[EB/OL].（2021-04-02）[2022-06-01].https://www.nmg.gov.cn/zwgk/zdxxgk/ghjh/jzqk/202104/t20210402_1359416.html.

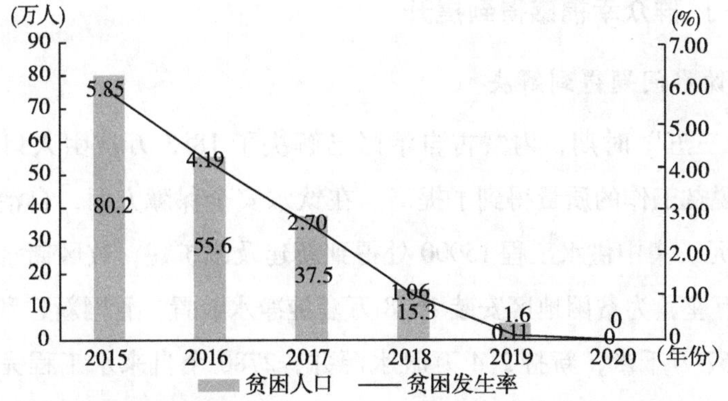

图7－1　2015—2020年内蒙古农村脱贫成效变化

资料来源：根据内蒙古自治区统计局统计报告第50期、对自治区十三届人大二次会议第119号建议的协办意见、内蒙古乡村振兴局官网及《内蒙古日报》相关新闻报道整理得出。

果简介见表7－1。

表7－1　内蒙古各盟市脱贫攻坚成果简介

盟市	国家级贫困旗县数量/个	自治区级贫困旗县数量/个	农村牧区常住居民人均可支配收入/元					
			2015年	2016年	2017年	2018年	2019年	2020年
呼和浩特市	1	1	13491	14517	15710	17190	18974	20489
包头市	0	1	13667	14692	15901	17435	19174	20710
乌海市	0	0	14402	15475	16821	18418	20296	21812
赤峰市	8	2	8812	9517	10352	11373	12620	13740
通辽市	4	2	10757	11585	12566	13797	15323	16671
鄂尔多斯市	0	1	14420	15480	16729	18289	20075	21576
呼伦贝尔市	2	4	11632	12540	13581	14895	16420	17796
巴彦淖尔市	0	5	13479	14476	15707	17221	19064	20684
乌兰察布市	8	2	8428	9085	9848	10746	11971	13009
兴安盟	5	1	7894	8533	9242	10424	11630	12681
锡林郭勒盟	3	5	12222	13188	14309	15706	17391	18864
阿拉善盟	0	2	15563	16746	18186	19854	21753	23144

资料来源：《内蒙古统计年鉴》（2016—2021年），各盟市工作总结及相关新闻报道。

（一）群众幸福感得到提升

1. 饮水问题得到解决

“十三五”时期，内蒙古自治区已解决了18.3万贫困人口的饮水问题，使脱贫工作的质量得到了提高。在饮水安全保障方面，自治区总投资53.7亿元，集中供水工程15000处得到新建及改扩建，牧区储水窖数量达到1.1万座，为贫困地区安装16.8万套纯净水装置，管网新建和改造米数达到1.67万千米，新打2.4万眼水源井，2780个自来水工程完工，惠及430万户农民①。巩固和完善389个苦咸水改造项目，在农村牧区水中氟、砷含量偏高地区，75万农牧民饮水型地方病问题得到解决，自治区10.3万农牧民摆脱苦咸水的困境。内蒙古自治区农村牧区的集中供水和供水覆盖率分别为82%和77%，在各个盟市中，包头市、呼和浩特市、巴彦淖尔市的集中供水比例在90%以上。通辽市奈曼旗东明镇的东明联村供水工程、包头市土右旗供水公司的农村供水工程，以及一批标准化、专业化的供水工程在此期间得到不断完善。2019年、2020年连续两年开展饮水安全保障大排查，对3614项保障工作不扎实、存在安全隐患的问题制定整改清单，并逐一落实整改措施②。自治区各旗县集中供水项目市场化定价，水费缴纳比例达到95%。

2. “三保障”目标全面落实

义务教育保障方面，自治区建立动态的控辍保学管理数据库，对失学和辍学的少年儿童进行监测、审查核实和劝导返学工作。自2016年起，自治区投入教育资助资金233.41亿元，帮助各级各类学生2102.79万人次。已完成2087所农村义务教育薄弱学校的改造，农村贫困家庭孩子的基本义务教育全部实现。“十三五”期间，自治区累计下达118.9亿元的教育专项经费，同比增长5.6%，落实课后服务补助经费1亿元。

---

① 李建国，崔德新．内蒙古攻坚克难　全面打赢饮水安全脱贫攻坚战[J]．中国水利，2020(24)：134-137.

② 内蒙古贫困人口饮水安全问题得到全面解决[EB/OL].(2020-12-28)[2022-06-05].https://www.nmg.gov.cn/zwyw/gzdt/bmdt/202012/t20201228_388372.html.

基本医疗保障方面，基本医疗保险、大病保险、医疗救助对建档立卡贫困人口进行全面覆盖。实施建档立卡贫困人口医疗保险资助参保政策，全力救助在救治条件范围内的贫困患者，为患有慢病的贫困人口提供签约服务。在贫困旗县卫生院开展卫生服务达标专项行动，176 家卫生院和 752 家卫生室纳入了台账管理，完成了达标任务。各盟市均实现县域内“一站式服务、一窗口办理、一单制结算”，全区范围内实现了对建档立卡贫困户医疗费用的直接结算。

住房安全保障方面，2013—2020 年，自治区支持 99.3 万居住房屋为危房的农村牧区贫困户实施危房改造，共下达中央财政拨款 79.6 亿元和自治区财政补助资金 63.6 亿元，完成 12.48 万户建档立卡贫困户的搬迁和 5.78 万农牧民的转移，完成 7.78 万套安置住房和 1135 个集中安置点的建设，同时投入 19.5 亿元，用于解决搬迁后就业保障、产业稳定和基础设施建设问题。

（二）经济发展能力增强

1. 产业发展活力增强

自治区实施 35000 个产业扶贫工程，累计投资 394.1 亿元，帮助 79.6% 的贫困人口实现了脱贫。2013—2020 年，中央、自治区、盟市和旗县共投入 460.3 亿元的专项扶贫资金，整合 111.2 亿元的涉农牧业项目资金，累计发放 50.8 万户次扶贫小额信贷 210.2 亿元。55 个国家电商扶贫示范县实现了 127.2 亿元的网上销售，为 52.9 万贫困群众提供产品便利。扶持 255 个贫困嘎查村开展旅游扶贫示范工程，帮助 12000 名贫困户增加收入。

内蒙古自治区共有科技特派员工作站 74 家，实现科技特派员在贫困村全面帮扶与指导创新创业。自治区共有 4000 多名科技特派员，已完成 1000 多项新技术的推广，为贫困村庄提供 3000 多项服务①。

京蒙携手推进内蒙古扶贫工作，已有 46 万多名贫困人口受益。中央单

① 内蒙古自治区科学技术厅 2020 年工作总结[EB/OL].(2021-04-06)[2022-06-03]. https://www.nmg.gov.cn/zwgk/zdxxgk/ghjh/jzqk/202104/t20210406_1360043.html.

位直接投资6.8亿元，“万企帮万村”项目已投入37.9亿元。北京市对自治区共投资50.2亿元，共完成2419个扶贫协作项目，涉及扶贫产业、教育、医疗、基础设施等。

2. 产业带动就业与增收

2015年建档立卡贫困户人均收入为3019元，“十三五”期间人均收入得到提高，2020年增长到13159元，年均增长率达34.2%。如图7-2所示，内蒙古贫困地区农民人均可支配收入从2015年的8201元增至2020年的13458元，52.5万名贫困人员的就业问题得到解决。通过农业和畜牧业的发展带动，自治区12.2万人实现了脱贫。2019年自治区外出务工就业贫困劳动力为17.2万人，2020年人数是2019年总数的116%，达到19.8万人；2019年赴区外就业的建档立卡贫困人口为16807人，2020年统计人数为27210人，较上年增加10403人。2020年计划到京就业528人，实际完成人数1803人，达到了国家“一个超过两个不低于”的目标。为降低新冠感染疫情对贫困者就业的冲击，2020年内蒙古对自治区原有的85.9万贫困人口、处于贫困边缘的2.9万户人口、重新返回或陷入贫困状态的人群进行了调查，及时进行就业帮扶工作①。

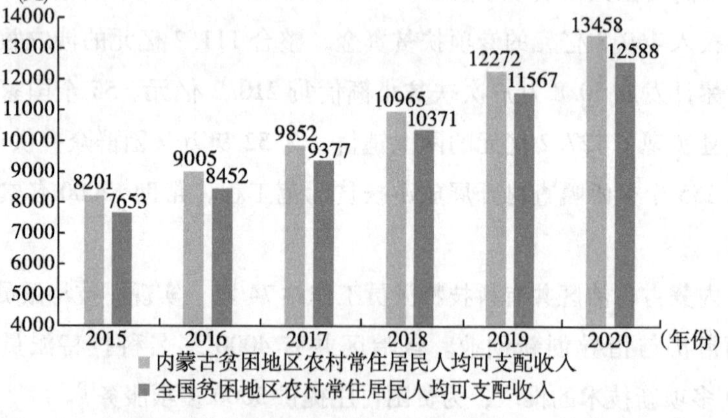

图7-2 2015—2020年内蒙古与全国贫困地区农村常住居民人均可支配收入对比

资料来源：国家统计局农村贫困监测调查。

① 内蒙古自治区人力资源和社会保障厅2020年工作总结[EB/OL].(2021-03-19)[2022-06-03]. https://www.nmg.gov.cn/zwgk/zdxxgk/ghjh/jzqk/202103/t20210319_1202884.html.

截至2020年底，内蒙古自治区金融精准扶贫信贷资金累计达911.3亿元，产业扶贫信贷资金达371.1亿元，内蒙古地区80%以上的贫困劳动力从中受益①。通过就业创业，脱离贫困的人口比例有了显著的改善。

3. 基础设施不断完善助力经济发展

贫困地区的生产和生活状况得到了显著的改善。自治区有条件的建制村全部实现了道路硬化，贫困嘎查村实现了动力电供应，为产业发展提供动力来源。贫困户生活用电得到保障，为贫困群体日常生活提供了便利条件。99%以上的贫困嘎查村安装了宽带和光纤，打通了与外界联系的网络“最后一公里”。自治区所有嘎查村配备了村级单位的医疗机构、文化活动室、文化广场、超市等设施，集体经济收入稳步增长。

2013—2020年，贫困地区交通建设投入达到2716亿元，占自治区交通总投资的50%以上。旗县均已通一级及以上高等级公路，具备相应条件的苏木（乡镇）、建制嘎查（村）都已通硬化路，实现客车通行，旗县的运输基础建设取得了重大进展②。截至2020年10月，农村牧区公路建成65000千米，总里程达165000千米。加快建设农村客运服务，37个农村客运站、251个农村公路客运候车亭投入使用。完成1153.6千米“油返砂”整治工程，总投资6.3亿元③。

光伏扶贫项目建设165.5万千瓦，惠及15.3万户贫困户，使光伏扶贫成为持续时间长、受益人口多、覆盖面广、收益稳定的惠民工程④。自从内蒙古“智慧广电”网络服务项目建成后，已投入1.6亿元，开展了“智慧广电”网络服务项目，累计发展55.24万户农村广电用户和178.16万户智能终端用户。农村牧区共有村村通、户户通285万户，建成全国最长的

① 萨仁花．内蒙古金融支持脱贫攻坚与乡村振兴有效衔接探讨[J]. 山西农经,2021(17):188－189.

② 2013年到2020年我区累计完成贫困地区交通投资2716亿元[EB/OL].(2021－02－09)[2022－06－03]. https://www.nmg.gov.cn/zfbgt/zwxx/202102/t20210209_881791.html.

③ 内蒙古自治区交通运输厅2020年工作总结[EB/OL].(2021－03－05)[2022－06－03]. https://www.nmg.gov.cn/zwgk/zdxxgk/ghjh/jzqk/202103/t20210305_1060289.html.

④ 内蒙古自治区能源局2020年工作总结[EB/OL].(2021－03－25)[2022－06－03]. https://www.nmg.gov.cn/zwgk/zdxxgk/ghjh/jzqk/202103/t20210325_1257045.html.

微波线路 8776.3 千米，广电光缆 11 万千米，广播电视覆盖率达 99.67%，达到了“十三五”规划 99.50% 的目标①。

（三）生态文明建设持续推进

内蒙古自治区“十三五”时期完成了 3828 万亩的林业生态工程。通过生态扶贫机制的创新，29 万贫困人口受益于生态补偿、国土绿化和林草产业。自治区 70% 以上的林业重点工程分布在贫困地区，项目带动 1500 多户贫困户人均增收 2000 元，既改善了贫困地区的生态环境，又解决了部分贫困人口的就业问题，保护好绿水青山的同时，收获了金山银山。

自治区共有 17348 名建档立卡贫困户从事生态护林工作，平均每人每年获得 1 万元的补贴。在国家和自治区确定的地方公益林的补偿范围中，也包括了贫困地区，约 24.6 万名贫困人口从公益林补偿中受益。通过国家公益林补偿基金，聘请了 11000 多名建档立卡贫困户从事森林管护工作，人均纯收入达 5000 元。内蒙古把 90% 以上的林业产业化和特色经济林示范工程的资金投向了贫困旗县，使 15000 户贫困户人均增收 1900 多元②。

（四）贫困治理能力和社会服务水平有效提升

全区累计选派 8.5 万名优秀党员干部深入推进党建助力脱贫，选派驻村工作队 8689 支、驻村干部 32180 名帮助基层开展脱贫攻坚和乡村治理工作，高质量完成机关定点脱贫帮扶任务，区属企业完成 274 个贫困村定点脱贫帮扶任务。加大法律扶贫力度，使“法治”在脱贫中的作用得到最大限度的发挥，加大对贫困地区的法制宣传力度，为特殊群体提供法律援助，以实现精准脱贫的目标。京蒙合作社会工作服务项目“牵手计划”、“三区计划”和“易地扶贫搬迁”累计开展 1600 余次活动。

建立服务平台调查了解贫困人口技能培训需求、培训满意度和培训动态，12828 名有意向接受培训的贫困劳动力全部参加培训，提高了贫困劳动

① 内蒙古自治区广播电视局 2020 年工作总结[EB/OL].(2021-03-18)[2022-06-03]. https://www.nmg.gov.cn/zwgk/zdxxgk/ghjh/jzqk/202103/t20210318_1193272.html.

② 内蒙古生态扶贫 29 万贫困人口受益[EB/OL].(2020-12-28)[2022-06-03]. http://www.forestry.gov.cn/main/5964/20201218/105812205935040.html.

力的职业技能。开展了64项精准扶贫专家服务基层项目，组织459位专家到农牧一线、科研机构、医院、企业开展服务活动，培训基层专业技术人才2.35万人次，诊治患者1.1万人次，对1.1万人次基层技术骨干进行现场指导。

（五）推进民族团结进步事业发展

“一个都不能少，一个都不能掉队”是习近平总书记对少数民族聚居地区和少数民族贫困人口脱贫的热切期盼，也是党和政府对人民的庄严承诺。如图7－3所示，2015—2020年，中央及内蒙古自治区财政为少数民族提供了发展资金337021万元，助力少数民族脱贫攻坚。

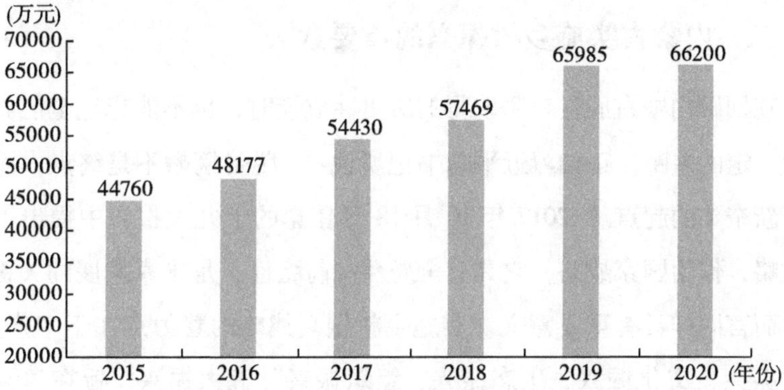

图7－3　2015—2020年中央及内蒙古自治区财政为少数民族发展提供的资金

资料来源：内蒙古自治区民族事务委员会官方网站。

“十三五”以来，内蒙古自治区始终牢记习近平总书记的嘱托，扎实推进《“十三五”促进民族地区和人口较少民族发展规划》《兴边富民行动“十三五”规划》《内蒙古自治区人民政府办公厅关于促进少数民族聚居地区繁荣发展的意见》的落实，为促进自治区少数民族聚居地的发展，实现“率先全面建成小康社会、率先基本实现现代化”的目标，提供了有力的政策支持。少数民族聚居地区脱贫攻坚工作顺利进行，进一步促进少数民族农牧民群众创业就业，发挥少数民族发展资金带动作用，助力少数民族脱贫攻坚，巩固民族团结进步事业。通过民生改善凝结共识，铸牢中华民族共同体意识。

（六）脱贫攻坚成果持续巩固

2021年内蒙古持续巩固脱贫攻坚成果，对脱贫不稳户、边缘易致贫户和突发严重困难户“三类人”实施常态化的动态监测与援助。自治区共将7.47万人纳入监测帮扶范围，4.7万人消除了致贫返贫风险。脱贫人口中有39.8万人纳入农村牧区低保、1.6万人纳入特困救助。85个旗县实行了防贫保险，保障了101.9万农村牧区居民的基本生活，确保了防贫返贫工作的基本稳定①。

积极开展重点人群住房安全排查，对符合政策动态新增的571户脱贫户、监测户实施危房改造，重点检查包括供水水质、管网老化、设施设备故障等861个问题。

二、内蒙古实施乡村振兴的重要意义

在回顾内蒙古脱贫攻坚取得的历史性成绩时，也不能忘记全区城乡发展还有一定的差距，正如习近平总书记所说：“脱贫摘帽不是终点，而是新生活、新奋斗的起点。”2017年10月18日在党的十九大报告中提出了乡村振兴战略，作为国家战略，它具有全局性和前瞻性，是国家发展的关键，于内蒙古而言同样具有重要意义。实施乡村振兴战略的着力点在于“产业振兴、人才振兴、文化振兴、生态振兴、组织振兴”五大振兴，旨在建设产业兴旺、生态宜居、乡风文明、治理有效、生活富裕的现代化新乡村。

（一）缓解新时代社会主要矛盾

党的十九大报告提出我国社会的主要矛盾已经转化为人民日益增长的美好生活需要和不平衡、不充分的发展之间的矛盾，“三农”问题尤为突出，这种不平衡、不充分的发展主要体现在城乡发展不平衡和农村发展不充分上②。内蒙古最新发布的数据显示，2021年，内蒙古市镇常住人口为1637.04万人，762.96万人口居住在农村③。自治区常住人口城镇化率为68.21%，

① 内蒙古自治区乡村振兴局2021年工作总结[EB/OL].(2022-04-25)[2022-06-05].https://www.nmg.gov.cn/zwgk/zdxxgk/ghjh/jzqk/202204/t20220425_2045554.html.

② 魏后凯，闫坤．中国农村发展报告(2018)：新时代乡村全面振兴之路[M]．北京：中国社会科学出版社，2018.

③ 2021内蒙古自治区常住人口主要数据公报[EB/OL].(2022-03-10)[2022-06-10].https://www.nmg.gov.cn/tjsj/sjjdfx/202203/t20220310_2015387.html.

2001—2020 年以来，常住人口城镇化率提高了 23.95 个百分点。通过图 7 - 4 对比发现，内蒙古城乡居民可支配收入仍存在较大差距，但可支配收入总体呈稳步上升趋势。内蒙古农村牧区蕴含着丰富的资源，居住人口数量庞大，农村牧区资源还未得到充分开发，农牧民生活水平有待进一步提高，城市与农村牧区的发展对比差距仍比较明显。因此，必须强调实施乡村振兴战略的重大意义，以进一步解决新时期的社会主要矛盾。自乡村振兴战略目标提出以来，坚持城乡融合的原则，通过城乡互补与协调，缩短城市与乡村的距离。2021 年内蒙古城乡区域协调发展、扎实推进，注重农村牧区基础设施建设，农村牧区公路共修建 4704 千米，为 6814 户农牧民实施危房改造，对 15.06 万个问题厕所进行整改。深化京蒙之间的合作交流，着力于农村牧区经济发展，引进企业 97 家，投资 19.4 亿元，帮扶消费突破 100 亿元[①]。实施“万企兴万村”工程，内蒙古共投入资金 14.04 亿元，带动帮扶 23.4 万人，1339 家企业一对一结对子，帮扶 3171 个嘎查村。在振兴乡村经济基础上，提高了农牧民生活水平，为城乡统筹增加推动力，将剩余

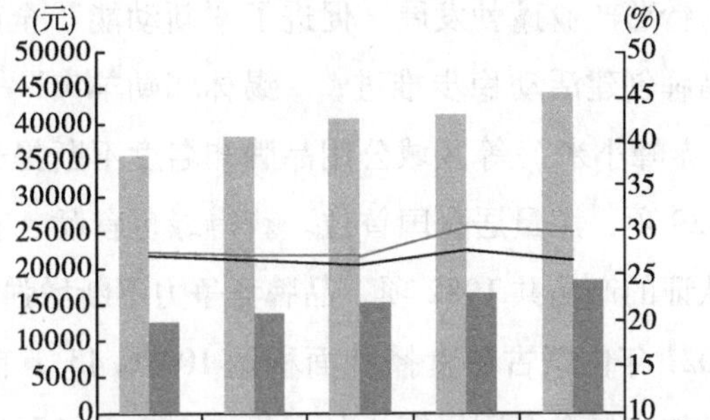

	2017	2018	2019	2020	2021
城镇居民可支配收入	35670	38305	40782	41353	44377
农村牧区居民可支配收入	12584	13803	15283	16567	18337
城镇居民恩格尔系数	27.4	26.9	26.4	28.0	26.9
农村牧区居民恩格尔系数	27.8	27.5	27.3	30.6	30.1

图 7 - 4　2017—2021 年内蒙古居民可支配收入及恩格尔系数走势

资料来源：内蒙古自治区统计局发布的《内蒙古统计年鉴》（2018—2021 年）和《内蒙古自治区 2021 年国民经济和社会发展统计公报》。

① 政府工作报告——2022 年 1 月 21 日在内蒙古自治区第十三届人民代表大会第六次会议上[EB/OL].(2022 - 01 - 26)[2022 - 06 - 10]. https://www.nmg.gov.cn/zwyw/jrgz/202201/t20220126_2000126.html.

劳动力资源吸纳转换。依托内蒙古特色资源，发展优势产业，实现了社会效益和经济效益的共赢，改善了城乡发展不平衡的状况，也协调了农业与农村发展的不平衡，进而有效缓解了新时期我国社会的主要矛盾。

（二）根本上解决“三农三牧”问题

“三农三牧”问题是内蒙古当前工作的重点，随着农村牧区的发展，资本、技术、人才源源不断地流入农村牧区，促进了农村牧区的现代化。农业牧业的多元化发展，拉动经济增长，保证了农民的稳定收入。

1. 加速农牧业发展

解决“三农三牧”问题的前提是要实现产业的振兴，这是国家发展的重中之重。内蒙古的农牧业现代化取得了较大进展，机械化程度、科技水平和农牧产品供应水平都有了较大提高。内蒙古新创建 2 个国家级优势特色产业集群、入选 11 个国家级农业产业强镇、建成 1 个国家级和 7 个自治区级现代农牧业产业园，新培育 13 家国家级重点龙头企业，肉羊产业进入全国农业全产业链重点链，科右中旗、商都县入选全国产业链典型县，肉牛、马铃薯产业蓬勃发展，促进了“新动能”全产业链的发展。三年农畜产品品牌创建活动稳步推进，“锡林郭勒羊肉”“天赋河套”“兴安盟大米”“赤峰小米”等区域公用品牌知名度不断提升。获得国家名特优新农产品 429 项，总量居全国首位。获得绿色食品、有机农产品和地理标志农产品认证的产品共 1982 项，品牌竞争力不断增强①。

2021 年内蒙古粮食播种面积达 10326.45 万亩，比上年增长 76.65 万亩，增加产量在全国居第 4 位；投入 168.6 亿元作为耕地保护和耕地轮作补助，“重农抓粮”的信号全面释放，不仅提高了广大农民种粮的积极性，也增强了其对保障粮食安全的责任感；高标准农田总计建成 4486 万亩，有效支持 430 亿公斤粮食生产；河套灌区、土默川平原和西辽河流域存在轻、中度盐碱地，内蒙古针对这一问题进行了土地改良并取得一定成效，同时实施黑土地保护利用，开展耕作保护行动，加快发展高标准农田，打造优

① 自治区农牧厅 2021 年工作总结［EB/OL］.（2022－05－05）［2022－06－11］. https://www.nmg.gov.cn/zwgk/zdxxgk/ghjh/jzqk/202205/t20220505_2049783.html.

质高产饲料基地。为保护粮食生产的持久性与稳定性，内蒙古明确规定9300万亩永久特殊保护的耕地主要用于粮食生产。积极探索农业高质量发展道路，走出“节水增粮”路，持续改进粮食品质。成立9支农业与畜牧业重点合作项目团队，推广350多项玉米浅埋滴灌节水种植模式、大豆玉米带状复合种植等绿色优质高效农业生产技术。2021年内蒙古农畜产品质量安全监测合格率达到99.4%，为保障畜禽疫病的防治和畜牧产品的质量安全筑起了坚不可摧的防护墙。农业、畜牧业的科技进步和农业综合机械化水平分别为60%和86.1%，农业牧业发展速度不断加快。

2. 提高农牧民生活水平

2021年内蒙古农村牧区常住居民人均可支配收入达18337元，比2017年增加5753元。从主要的收入结构来看，工资性收入3603元，比2017年增加954元；经营净收入9980元，比2017年增加3595元；财产净收入473元，比2017年减少42元；转移净收入4281元，比2017年增加1245元（见图7－5）。农村牧区常住居民人均生活消费支出15691元，比2017年增长28.7%[①]。乡村振兴的目标是满足农牧民的教育、就业、社会保障、医疗保障等方面的需求，实现农牧民共同分享发展的成果，体现社会主义社会的公平正义。

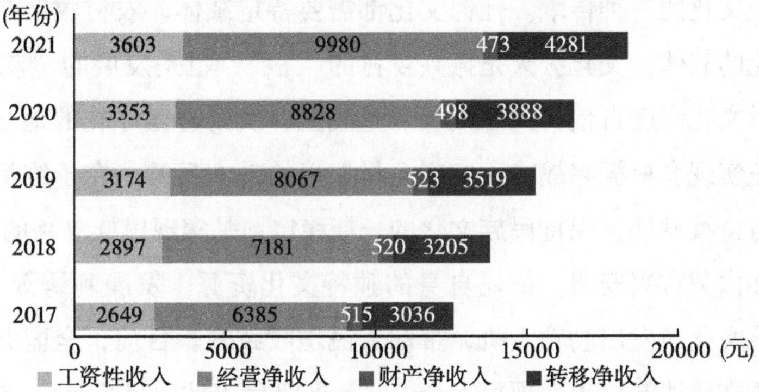

图7－5　2017—2021年内蒙古按收入构成分的农村牧区常住居民人均可支配收入

资料来源：内蒙古自治区统计局发布的《内蒙古统计年鉴》（2018—2021年）和《内蒙古自治区2021年国民经济和社会发展统计公报》。

① 内蒙古自治区2021年国民经济和社会发展统计公报[EB/OL].(2022－02－28)[2022－06－11].https://www.nmg.gov.cn/tjsj/sjfb/tjsj/tjgb/202202/t20220228_2010485.html.

除了提高农民的收入，实现乡村振兴的关键在于改善生态环境，“生态宜居”是我国乡村生态文明建设的基本要求。内蒙古在实施乡村振兴战略的大背景下，加大了基础设施的建设力度，改善了农村牧区公共服务设施，营造了适宜居住的生态环境。7875 个建制村建设快递网点，实现快递进村服务，为农牧民生产生活提供了便利条件，覆盖率达 71.16%。全区共投资 8.3 亿元，对旗县医疗机构进行了改造，对乡镇卫生院和嘎查村卫生室进行了服务能力的升级。此外，深刻理解乡村文明、治理有效、生活富裕要求的内涵，既要满足广大农牧民的物质需要，又要重视乡村生态环境的保护与乡村文化的传承，“乡风文明”体现出以乡村为依托的文明，为社会主义核心价值观赋予了更加丰富的内涵，“治理有效”对乡村基层治理能力与治理体系的完善提出了更高要求，“生活富裕”表达出广大农牧民群众对于美好生活与未来的向往；这些需求符合“三农”的发展规律，是解决“三农”问题的重要途径。

（三）为优秀传统文化注入灵魂

实施乡村振兴战略，为弘扬中华优秀传统文化培育了丰厚的土壤。推动农村文化复兴，既是引导乡村振兴总体方向的风向标，更是赓续中华优秀传统文化的一种传承。任何文化都需要特定载体，农村牧区是内蒙古独特文化的载体。文化振兴是振兴乡村的“根”，也是发展的“魂”①。只有在乡村文化高度自信、兴旺发展的基础上，发扬遵德守礼的地方文明，才能真正实现乡村振兴战略。实现乡村振兴的基本目的，在于维护国家和民族的可持续发展，保持民族文化的长期稳定，是实现民族复兴的根本。

如内蒙古兴安盟，依托自身的独特文化资源，发展刺绣等文化产业，使传统文化焕发出勃勃生机，带动人民增收致富。目前，全盟共有国家级非物质文化遗产代表性项目 5 个，自治区级代表性项目 57 个。兴安盟聚集了科尔沁婚嫁服饰、蒙古民族刺绣、四胡、乌力格尔、饮食等民族文化。科右中旗蒙古族刺绣业在“党委领导，政府主导，企业参与”的经营模式

---

① 宿小妹．中华农耕文化在乡村振兴中的现实意义［J］．农村·农业·农民（A 版），2022（3）：59－61.

下，焕发出蓬勃的生机和活力，激励各族人民为实现新的梦想而奋斗。

在长期的农业生产和生活实践中，兴安盟逐渐形成了具有地域特色的农耕文化，以乡村为创作题材的各式泥塑、剪纸、草编等民俗文化丰富了农民的生活，在经历了岁月的洗礼后熠熠生辉。内蒙古兴安盟的非物质文化遗产——剪纸艺术的代表性传人在突泉县将剪纸带入了课堂，让儿童与传统文化及艺术产生共鸣。乡村文化的振兴，要不断提高人民生活水平，把文化和产业相结合，扩大经济来源，让人们牢记乡愁，收获幸福感。

（四）保障国家粮食安全和农畜产品供应稳定

新冠感染疫情持续不断，自然灾害频发，食品安全问题一直是国际社会关注的焦点。要从根本上解决中国粮食安全问题，不被国际粮食市场所左右，把中国人的饭碗牢牢地掌握在自己手里。粮食安全是国家安全的重要基础，乡村振兴是实现农业不断发展、粮食丰收有保障的关键举措。实施乡村振兴战略，粮食作为农业生产的中心环节变得尤为重要，首要任务就是确保粮食供应充足。内蒙古在保证粮食供应，以及肉类、蔬菜、水果、水产品等各种食物有效供应的同时，不断丰富食品种类，优化食品结构，逐步确立“大食物观”。在全面建设小康社会后，中国人民对食品的要求不仅仅是多样化，更重要的是要保证食品的安全和卫生。在中国大力发展现代农业的今天，内蒙古正沿着注重生态保护、坚持绿色发展的品质兴农的道路前进，特色农畜产品广受消费者欢迎。

内蒙古草原面积辽阔，总面积为8666.7万公顷；耕地资源丰富，1.39亿亩耕地推动了农业的高质量发展，形成了小麦、水稻、玉米、杂粮杂豆和马铃薯等农产品种植带，牛羊肉、水果蔬菜、乳制品品质优良①。2021年，内蒙古的粮食产量在全国排名上升两位，总产量为768.06亿斤，位列全国第六；粮食增量占全国增量的13.18%，较2020年增加35.26亿斤，连续4年超过700亿斤；人均粮食产量为1.6吨，居全国第三；内蒙古凭借牛羊等畜牧产品优势，大力发展特色产业，实施奶业振兴战略，打造优

① 为“中国碗”添好“塞外粮”[EB/OL].（2022-04-01）[2022-06-11]. https://www.nmg.gov.cn/zwgk/zcjd/plwz/202204/t20220401_2026911.html.

质奶源基地；全区肉类产量达到270.3万吨，同比增长3.6%，牛奶产量达到673.2万吨，同比增长10%，牛羊肉、牛奶、羊绒产量稳居全国第一，外调肉类150万吨、乳品500万吨以上①，是名副其实的“奶罐”“肉库”（见图7-6）。目前，我国1/4的羊肉、1/10的牛肉、1/5的牛奶都来自内蒙古。自治区重点建设11个国家级畜禽核心育种场、5家种公牛站和100万亩国家级良种繁育基地。内蒙古作为全国13大粮食主产区之一，是粮食生产大省，正加速建立高质量和可持续的粮食保障体系，为保障国家粮食供应筑起更加坚实的屏障，内蒙古粮食产量为保障国家粮食安全做出了巨大贡献。

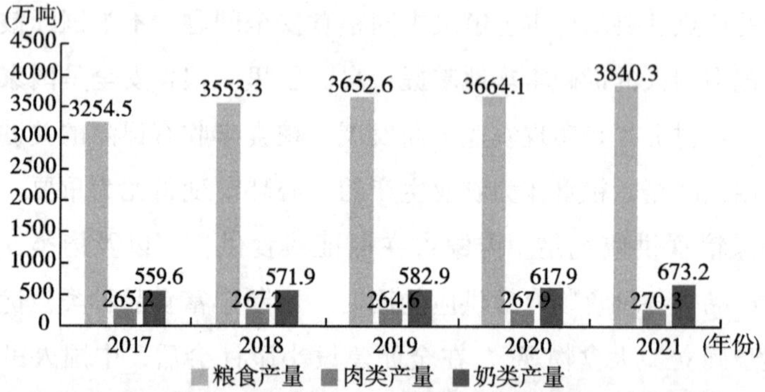

图7-6　2017—2021年内蒙古食物产量

资料来源：内蒙古自治区统计局发布的《内蒙古统计年鉴》（2018—2021年）和《内蒙古自治区2021年国民经济和社会发展统计公报》。

（五）推动社会主义现代化建设

在我国实现现代化进程中，必须实行乡村振兴战略。习近平总书记指出，到21世纪中期，我们要建设一个富强、民主、文明、和谐、美好的现代化国家。党的十九大报告将“乡村振兴”作为党中央和全国的一项重要战略，是从中国社会发展的实际需要出发，也是我国全面建设小康社会、建设社会主义现代化的必然要求。全面建设小康社会，是我国社会主义现代化建设的重要组成部分。这两个时期的历史进程与国家发展战略规划的

① 马晓昫，刘斌. 2022年内蒙古农牧业形势分析与展望[J]. 北方经济，2022(1)：21-23.

时间节点是一致的，也就是说，两者是同步的，是相互促进的①。

社会主义现代化的内在要求包括：在推进城市现代化进程的同时更要关注乡村的现代化，这也是实现乡村振兴的具体要求。我国目前发展中的薄弱环节就是乡村发展不足。随着国家“乡村振兴”战略的实施，农村牧区全面发展，加快了经济的现代化，改善了农牧民的生活环境。即使在新冠感染疫情的影响下，内蒙古的乡村振兴工作仍按计划进行，经济收入持续增长，农村建设和农民收入基本稳定，农村的现代化进程并没有因此而停滞。实践表明，实施乡村振兴战略有利于内蒙古实现农业和农村的现代化，加速内蒙古的社会主义现代化进程，最终实现我国全面建成社会主义现代化强国的目标。

三、内蒙古巩固拓展脱贫攻坚成果同乡村振兴有效衔接的必要性

在当前脱贫地区发展不充分和城乡发展不均衡的情况下，针对脱贫地区持续发展的政策安排，党中央、国务院提出实现巩固拓展脱贫攻坚成果同乡村振兴有效衔接的政策主张。巩固脱贫成果是实现乡村振兴的先决条件，脱贫人口稳定脱贫、持续增收、生活水平不断提高，逐渐成为社会发展的主流，是实现共同富裕的重要基石。二者衔接的必要性主要体现在构建脱贫长效机制的现实需要、乡村治理体系完善的实践需求、贫困治理体系建设的理论需要、实现全体人民共同富裕的必然要求四个层面。

（一）构建脱贫长效机制的现实需要

1. 满足脱贫人口更高层次需要

扶贫是一项长期的工作，在2020年取得了重大成果之后，解决了绝对贫困的问题。反贫困事业面临着新的矛盾，进入到新的阶段。中国共产党以人为本和以人民为中心的理念致力于战胜饥饿和贫穷，为人民谋幸福和发展。内蒙古贫困地区在党和国家的大力扶持下，保证了贫困人口的基本

① 吴雨星．实行乡村振兴战略的重大意义及现实路径——以城乡融合视角解读[J]．中国农业文摘——农业工程，2019，31(3)：50－51.

生存权利和生活需要。到2021年末，内蒙古脱贫群体人均纯收入达到14951元，同比增长13.98%，居全国25个有建档立卡脱贫人口省（区、市）的第3位。脱贫工作并非止步于脱贫攻坚的胜利，而是站上了一个新的起点，拥有一个新的开始。内蒙古是历史性彻底告别了绝对贫困的少数民族自治区，体现出中国扶贫工作在党中央的努力下所取得的历史性成果。

温饱问题得到解决后，人民会产生更高层次的需要，将脱贫攻坚工作与乡村振兴相衔接，就是在帮助农牧民群众摆脱贫困的基础上，逐步过渡到新的目标，即发展农村牧区经济、提高农牧民的保障水平、降低贫困再生的风险、提高农牧民的“造血”能力、促进农牧民增收、增加农牧民财富[①]。在扶贫工作中，以人民为中心，坚持把贫困群众和全区各族人民一起走向小康社会，共同过上美好生活，作为脱贫攻坚的出发点和落脚点。满足贫困人口对美好生活的向往，更是中国共产党为了实现民族复兴、为了中国人民的福祉而奋斗的初衷和使命。在扶贫任务完成后，应保持政策的连续性，通过推进乡村振兴，进一步促进民生福祉发展。

2. 确保脱贫效果的持续性

我们在这场伟大的脱贫战役中积累了宝贵的经验，在2019年、2020年、2021年省级党委政府巩固拓展脱贫攻坚成果同乡村振兴有效衔接考核评估综合评价中，内蒙古连续3年被评为“良好”的等次。必须通过大力实施“乡村振兴”战略，巩固脱贫成果，延续脱贫攻坚的宝贵经验，从“脱贫”转向“防贫”。

针对部分脱贫地区脱贫基础不牢固、脱贫成效不持续的问题。要从根本上消除贫困，真正实现乡村振兴的战略目标，必须建立长效的脱贫工作机制，通过使扶贫工作向乡村振兴平稳过渡，减少返贫的可能性，从而在发展过程中，使贫困地区和贫困人口的内生动力得到进一步的提升[②]。

---

① 张荣梅，李芬．对实行乡村振兴战略打赢脱贫攻坚战意义的研究[J]．时代报告，2021(4)：96-97.

② 秦辉．推动脱贫攻坚与乡村振兴有效衔接的路径[J]．乡村科技，2021，12(2)：12-13.

（二）乡村治理体系完善的实践需求

乡村是我国基层的群众自治单位，有效的乡村治理是社会主义现代化建设的重要基石，影响着农村居民整体生活水平的提升。深入贯彻和落实脱贫攻坚和乡村振兴战略有利于加快乡村治理结构体系的创新和完善。紧密联系农牧民群众，发扬乡村治理组织的服务与奉献精神，是新时代国家治理体系和治理能力现代化对乡村治理提出的新要求、新目标，是新时代乡村持续发展、实现脱贫致富的至关重要的一环①。

解决贫困问题的同时，积累的优秀脱贫经验不断创新丰富了乡村治理体系，从而对新时期国家治理体系的完善起到了一定的补充作用。乡村振兴的“治理有效”为乡村基层治理指明了方向，提出了基本要求，重点解决了治理松散的问题。2021 年内蒙古共有 5341 个驻村工作队，5682 位驻村第一书记，16050 位驻村干部，他们冲锋在脱贫攻坚第一线，恪尽职守，牢牢守住返贫的最后一道防线，坚定不移地开创美好乡村的新天地②。通过对乡村基层治理结构的优化调整，可以使更多的干部和领导主动到基层去，在实际工作中不断提高政府为人民服务的能力和水平，建设服务型政府，为广大农牧民群众办实事。

扶贫相关工作涉及的领域较广，参与部门众多，为有效协调不同部门各司其职，充分发挥各自优势，必须建立健全乡村治理体系。精准扶贫，科学振兴乡村，把“为民”的思想落实到具体的脱贫与乡村振兴中去。通过成立专门的工作小组，确保每一分财政资金都落实到真正对农牧民有益的工程上，精准高效开展两大战略衔接的工作。

（三）贫困治理体系建设的理论需要

1. 丰富和发展了中国特色贫困治理理论

精准扶贫、上下联动、包联到户等策略与措施，是对马克思主义贫困

① 马子琪．新时代脱贫攻坚与乡村振兴的有效衔接及协同推进[J]．观察与思考，2021(9)：101－110.

② 脱贫成果持续巩固　乡村振兴动力十足[EB/OL]．(2022－01－06)[2022－06－06]．https://www.nmg.gov.cn/zwgk/zcjd/plwz/202201/t20220106_1990522.html.

治理理论的补充和发展。脱贫攻坚与乡村振兴的有效衔接，必然包括对扶贫实践中的经验总结和理论层面的升华，也就是“由具体到抽象”的内在需求①。因为贫困人口的脱贫和地方的经济发展都很脆弱，所以在扶贫政策断供后，很有可能会出于一些不确定的原因而重新回到贫穷状态，由此形成了后脱贫时代的返贫生成机制。在后扶贫时代，由于贫困矛盾具有特殊性与多样性，在理论层面为防止返贫、振兴乡村提供完整的经验借鉴与知识引领是十分必要的。要把扶贫工作的实践和理论结合起来，形成具有中国特色的“扶贫”理论，创立具有中国特色的反贫困学，从而为减贫扶贫事业的发展提供一定的理论依据。

2. 为全球减贫事业贡献中国方案

中国共产党领导中国人民按照人类社会发展的规律，鼓励各地积极主动采取行动，走出一条富有中国特色的扶贫之路，为其他国家减少贫困提供了有益的借鉴。中国特色扶贫模式的创新和发展，包括实现脱贫后与乡村振兴有效衔接、全面擘画新时代乡村发展蓝图、谱写脱贫群众美好生活新乐章等内容。脱贫攻坚取得胜利后，中国成为世界上在一定时期内脱贫人口最多的国家，这一历史性成就得到了世界各国的广泛关注。要分享中国减贫经验，开展减贫国际交流活动，推动南南合作和“一带一路”倡议，为国际社会减贫提供独一无二的中国方案，贡献中国力量，助力世界各国顺利开展减贫工作②。

此外，两大战略的有效衔接也成为中国应对全球化挑战的重要举措。随着全球化程度的不断加深，各国联系日益密切，全球化为我们带来机遇的同时，也带来了各种不稳定因素。如何维护国家安全与稳定？如何在变幻莫测的国际形势下稳步前进？这是当前亟待解决的问题。乡村是维护国家安全的基础，只有做到“乡村治”，才能达到“天下安”。在面临全球化的严峻挑战时，坚定不移地走好中国特色社会主义道路，夯实两大战略有

① 卢黎歌，武星星. 后扶贫时期推进脱贫攻坚与乡村振兴有机衔接的学理阐释[J]. 当代世界与社会主义，2020(2):89-96.

② 李丽丽. 脱贫攻坚与乡村振兴有机衔接的战略意义[J]. 商展经济，2021(20):134-136.

效衔接的压舱石，支持乡村尤其是脱贫地区持续发展，是应对全球化挑战的有效方式，也是推进人类命运共同体建设的中国方案。

（四）实现全体人民共同富裕的必然要求

社会主义的本质是解放生产力、发展生产力、消灭剥削、消除两极分化、最终达到共同富裕。脱贫攻坚和乡村振兴战略实施的出发点和落脚点是维护乡村贫困人口的根本利益，补齐在实现共同富裕道路上的农村发展“短板”，是我国实现社会主义共同富裕的本质要求。乡村振兴在解决“三农”问题上更具前瞻性与发展性，是实现农业农村现代化的基本路径，也是实现共同富裕的必然选择。以解放和发展生产力为主线，统筹推进脱贫攻坚与乡村振兴，为实现两个一百年的目标而奋斗，是实现社会主义共同富裕的关键。

然而，由于社会矛盾的复杂性和普遍性，在实现“共同富裕”的前提下仍存在发展不平衡的问题。虽然扶贫工作取得了明显的成效，但是还需进一步强化体制之间的联系。对于脱贫地区要做到“摘帽不摘责任、摘帽不摘政策、摘帽不摘帮扶、摘帽不摘监管”。巩固已取得的工作成果，扩大扶贫范围和减贫深度，稳步推进乡村振兴，最终实现共同富裕。

四、内蒙古巩固拓展脱贫攻坚成果同乡村振兴有效衔接面临的问题与挑战

从中央层面来看，国家扶贫政策的调整和优化工作已基本落实，农村机构编制完成，巩固脱贫等重点工作正在加速推进，基本实现政策无缝衔接、机构平稳过渡和工作有序推进。但从内蒙古各地实践来看，推进衔接仍然面临一些问题和难点。

（一）规划衔接方面：各地对两大战略有效衔接的认识不足

1. 两大战略运行存在“两张皮”现象

从目前的实践来看，脱贫攻坚和乡村振兴运行存在“两张皮”现象。内蒙古部分地区从脱贫攻坚到乡村振兴的思维转变还不够彻底，对两大战略的内在联系和承接关系认识有待深化，精准扶贫取得的成功经验无法为

实现乡村振兴战略提供借鉴，而乡村振兴战略对扶贫工作的扶持力度不够，在一定程度上影响了衔接体系的构建和具体政策的落实。一些地方或是单纯地把扶贫工作看成是乡村振兴，盲目扩大扶贫工作的覆盖面；或者将乡村振兴等同于脱贫攻坚，而忽略了扶贫的精准性。部分地区在脱贫攻坚时期形成了较强的路径依赖，擅长“头痛医头、脚痛医脚”的治贫模式，在政策体制、资源基础、工作重点等方面，没有形成明确和成熟的联系，规划中存在“一盘散沙”的现象。乡村振兴并非“另起炉灶”，应避免“两相脱节”的问题。若不能正确认识二者之间的关系与衔接方式，不但会造成资源的浪费，而且还会影响到贫困群众的脱贫积极性。

2. 对衔接对象的认识存在偏差

扶贫工作的重点是“老弱病残”这一单一的“贫困者”，而乡村振兴涉及的范围为整个农牧民群体及参与农村牧区建设的人员[①]。不仅包括老弱病残特殊困难户、普通农民等原本居住在农村牧区的人员，还包括返乡务工人员、志愿服务的大学生以及下乡投资企业家等外来人员[②]。相对于扶贫，乡村振兴面临的对象群体更多、人员结构更复杂、主体需求更多元化。由于目标群体的不同，这两种策略在执行过程中不可避免地会产生不匹配和不适应，从而产生矛盾。因此，如何矫正对衔接对象认识方面的偏差，正确地解决各方面的需求差异是当前战略衔接中的一大难题。

（二）组织衔接方面：能力与职责不匹配问题突出

1. 各部门统筹协调存在困境

部分地方党委农村工作领导小组作用发挥不够，也没有专门建立推进衔接的决策议事协调工作机制。部分基层干部不能紧密联系各部门开展工作，无法积极主动地履行巩固脱贫成果的职责与义务，特别是在加强市场机制作用等方面明显能力不足。一些旗县的农业农村部门之间的协作较薄

① 李兴洲，侯小雨，赵陶然．从“脱贫攻坚”到“乡村振兴”：过渡阶段的关键问题与应对策略[J]．教育与经济，2021，37(6)：3－9.

② 姜正君．脱贫攻坚与乡村振兴的衔接贯通：逻辑、难题与路径[J]．西南民族大学学报（人文社会科学版），2020，41(12)：107－113.

弱。巩固拓展脱贫攻坚成果同乡村振兴衔接政策的实施由各盟市的农牧局、乡村振兴局、生态环境局等相关部门共同负责。因此，不同层次、不同级别的组织部门面临着统筹协调、分工合作的难题。

2. 思想倦怠情况明显增加

“十三五”期间，国家的脱贫目标已经如期实现，部分领导和乡村工作者认为目前的农村牧区脱贫工作可以“告一段落”，工作方面出现明显的倦怠现象，工作热情衰退。在两大战略衔接的过渡期要求工作人员要有系统的思维，最大限度地发挥自己的职责权限，把扶贫工作的优秀经验应用到乡村振兴工作之中。衔接内容广泛且复杂，再加上产业、规划、生态、文化、人才、组织等多个方面都属于不同的部门管理，难以统一实施，这就导致了地方政府的“坐等”与观望心态，产生“停一停、歇一歇”的倦怠思想[①]。

3. 部分干部利用职务之便牟取私利

在工作过程中，部分领导干部没有意识到两大战略衔接的重要性，为人民服务的意识出现动摇。如突泉县永安镇财政所所长任职期间，利用职务之便对亲朋好友给予优待，多次将永安镇人民政府的工程承包项目交给亲戚朋友，在群众中造成负面影响；科右中旗住房和城乡建设局原副局长、吐列毛杜镇政府原扶贫助理在危房改造验收中存在不正确履职问题。在乡村振兴过程中存在的贪污、挪用及不作为等问题，反映出部分干部的纪律意识不强，担当意识薄弱，为私利不惜触犯法律底线。这种错误的思维方式在某种程度上影响着两大战略的衔接进程。

（三）基础衔接方面：经济和产业基础脆弱

1. 存在返贫和致贫风险

脱贫人口的脆弱性使其仍面临着较高的返贫风险，在全球一体化的大背景下，国际和国内的政治和经济环境的不确定性，使农村工作的风险具

---

① 甘文华．论巩固拓展脱贫攻坚成果同乡村振兴的有效衔接[J]．中共南京市委党校学报，2022(1)：69－75.

有突发性和阶段性的特点。主要方面有：气候变化所带来的自然风险、国际关系变化引起的市场风险、新冠感染疫情等突发公共卫生问题①。困难群体如老弱病残、贫困边缘人群、搬迁群众，都是值得特别重视的对象。对于脱贫的群众而言，要实现由“两不愁三保障”向“生活富裕”转变存在一定的困难。内蒙古部分脱贫户收入水平到2020年才勉强超过国家扶贫标准线，2021年全国农村居民人均收入为18931元，内蒙古农村牧区居民人均收入为18337元，低于全国水平594元（见表7－2）。部分群众“三保障”和饮水安全保障不稳固，存在返贫风险。部分农牧民产业发展与就业不稳定，仍有人因为疾病、上学、意外灾害等导致生活陷入困境，存在致贫返贫风险。

表7－2　2021年内蒙古农村牧区居民收入与全国的对比　　单位：元

指标	全国居民	全国农村居民	内蒙古农村牧区居民
人均可支配收入	35128	18931	18337
工资性收入	19629	7958	3603
经营净收入	5893	6566	9980
财产净收入	3076	469	473
转移性收入	6531	3937	4281

资料来源：国家统计局发布的《中华人民共和国2021年国民经济和社会发展统计公报》，内蒙古自治区统计局发布的《内蒙古自治区2021年国民经济和社会发展统计公报》。

内蒙古地广人稀且居住分散，受地形、地势及地貌等因素的影响，部分地区生态环境恶劣，基础设施落后，不同盟市发展程度存在较大差异。由于受地理、自然、文化等因素的制约，内蒙古的发展不均衡问题仍然十分突出，而且与全国其他省份相比，其经济、社会发展水平相对滞后，从全面脱贫走向全面振兴的任务艰巨。原先全国22个省份分布着832个国家级贫困县，其中31个分布在内蒙古；2021年全国乡村振兴重点帮扶县有160个，分布在8个省份，内蒙古共有10个重点帮扶县，比例为6.25%，内蒙古巩固拓展脱贫攻坚、全面推进乡村振兴任重道远。

---

① 叶敬忠，陈诺．脱贫攻坚与乡村振兴的有效衔接：顶层谋划、基层实践与学理诠释[J]．中国农业大学学报（社会科学版），2021，38（5）：5－16.

2. 产业基础薄弱

目前，内蒙古脱贫地区产业帮扶面临的困难主要是产业基础相对比较薄弱，龙头企业数量较少，拉动贫困人口增加收入的能力偏低，农产品品牌效应不强，市场化程度较低，产业链条较短，产品附加值低。内蒙古锡林郭勒盟正镶白旗在《关于巩固提升脱贫攻坚成效与乡村振兴有效衔接的建议》中提出，虽然近年来引入月盛斋、额尔敦等国内著名的企业，同时也培养出蒙盛、额里图等本地龙头企业，但这些企业目前还处于“养殖＋初级加工”的阶段，产业链较短，产品附加值不高，与农牧民利益联结只有扶贫资金入股分工、牲畜托养及订单收购等简单方式，联结还不够紧密。农牧民的种养业仍停留在传统的家庭经营方式，组织化和规模化程度低，缺乏与市场的密切联系。产业扶贫减贫的动力不足、成效不明显，具有巨大的发展潜力和创新空间①。

能源和矿业是经济发展的重要支撑力量，但仍然存在制约其可持续发展的短板。内蒙古是一个以能源、矿产为主导的区域，但产业共享程度低，资本外流明显，挤压效应大，“造血”能力差。

3. 资金投入保障不足

近年来，随着我国经济社会发展的深入，国家对贫困地区的资金支持日益增多，政府财政的有力支持，为脱贫攻坚战取得全面胜利奠定了强有力的基础。然而乡村振兴是多方位的、宽领域的，尤其是在地方政府负债沉重的今天，农村的“钱从何来”是制约着乡村振兴的一个主要原因②。内蒙古在专项资金使用过程中，资金支出进度慢是关键问题，这很大程度上与基层谋划产业、谋划项目的能力偏弱有关，也与推进乡村振兴过程中与农牧民利益联结机制不畅有关。脱贫攻坚与乡村振兴的衔接贯通，需要扶贫资金投入机制保持连续性，兼顾与平衡乡村振兴发展的资金保障，实现全方位发展。呼和浩特市《政府工作报告》中提出，在市级财政拨款

① 杨臣华．接续推进全面脱贫与乡村振兴有效衔接[J]．北方经济，2020(5)：18－21.

② 颜德如，张玉强．脱贫攻坚与乡村振兴的逻辑关系及其衔接[J]．社会科学战线，2021(8)：167－175.

后，乡镇项目评审、绩效目标申报、工程质量管理、产业发展运营等工作滞后，极大地影响了项目申报、入库、实施等工作，影响资金拨付进度。

（四）动力衔接方面：农民群众内生动力不足

1. 贫困农民依赖心理严重

针对农村发展的涉农政策，主要是依靠政府的政策支持及资源投入以实现贫困地区和人口收入增加、条件改善、最终脱离贫困，具有一定的“单向”特征，农民的参与度不高。优惠政策的制定与执行，也在某种程度上引发了诸如“政策悬崖”“福利依赖”等问题。

加之受传统思维和小农经济意识的影响，农牧民不愿接受新事物与新的改变，不同程度上存在依赖思想，缺乏进取精神和创新意识。内蒙古部分区域的边缘户、监测户也有一定的“等靠要”思想，靠自己劳动致富的内生动力尚未完全被激发，教育发展落后、群众文化水平低等问题依然存在。

2. 乡村振兴人才队伍匮乏

长期受城乡二元经济结构影响，城市拥有更多的资源与机会，农村劳动力流向城市，造成农村土地闲置现象严重，留守群体的教育、养老等问题突出。农村牧区及相对贫穷地区农牧业人口数量持续下降，老龄化程度不断加深，人口素质水平较低，缺乏技术、管理、营销等专业人才，这些问题已经成为制约乡村发展的突出障碍。根据第七次人口普查，2020 年内蒙古户籍人口 2404.92 万人，农村户籍人口 782.17 万人，占比为 32.52%。在农村，60 周岁以上的老年人有 209.16 万人，占比为 26.74%[①]。与 2010 年第六次人口普查数据相比，内蒙古农村人口 316.44 万人，减少 28.8%，年均下降 3.34%，尤其是在边远地区和规模较小的村庄中，人口急剧减少，乡村振兴人才队伍的匮乏对实现两大战略衔接产生不利影响。

内蒙古真正了解“三农”工作的农业科技人才和实用人才缺口巨大，

---

① 内蒙古乡村人口年龄空间分布对实施乡村振兴的影响[EB/OL].（2020-02-14）[2022-06-10]. https://www.nmg.gov.cn/tjsj/sjjdfx/202203/t20220318_2019621.html.

后备人才储备短缺，在发展农村产业、农畜产品销售、农业技术教授、提高教育水平等方面都缺少人才力量。在招募高校毕业生“三支一扶”计划中，部分录取人员在服务期满后选择回归城市从事其他工作，虽然会有新鲜血液继续流入乡村，但在人员工作交接及环境适应时间上会造成衔接不流畅。

五、内蒙古巩固拓展脱贫攻坚成果同乡村振兴有效衔接的对策建议

衔接过渡期的重点工作是加强规划引领和主体责任认识、强化领导机制衔接组织振兴、坚实薄弱基础衔接产业振兴、激发内生动力衔接人才振兴。从以上四个方面着手，对内蒙古在未来巩固拓展脱贫攻坚成果同乡村振兴有效衔接提出相应的对策建议。

（一）加强规划引领和主体责任认识

第一，做好顶层设计。针对主要矛盾的变化，厘清工作思路，推动减贫战略和工作体系平稳转型，统筹纳入乡村振兴战略，建立长短结合、标本兼治的体制机制①。进入新发展阶段，通过思想动员与培训，克服工作倦怠，在“巩固”“拓展”“衔接”的基础上，深入理解、巩固和扩大脱贫成效，持续推进乡村建设。

第二，加强政策和制度建设。在脱贫攻坚目标完成后，不能立刻取消主要政策、措施和工作队，对贫困旗县、贫困村、贫困人口要“扶上马、送一程”，要保持当前的工作体制和扶贫政策的总体稳定性，坚持稳中求进的主旋律，科学地确立阶段性工作目标和工作重点，保持基本政策体系的稳定性。要准确识别、分类、合理协调低收入人群的利益诉求和需要，在特惠性政策与普惠性政策之间、在帮扶水平持续提高整个农民群体受益与摆脱依赖心理之间解决好平衡的问题②。

① 习近平．在决战决胜脱贫攻坚座谈会上的讲话[N]．人民日报，2020－03－07(2)．

② 左停．脱贫攻坚与乡村振兴有效衔接的现实难题与应对策略[J]．贵州社会科学，2020(1)：7－10．

第三，强化对责任主体的理解。贫困治理的责任主体是各级党委和政府，当前农业农村发展工作的重点主体是农民、本土人才、基层组织和“三农”工作组。要做到两个战略责任主体之间的有机结合，就必须构建党委、政府和农民三方协同的“联动”治理体系①。要明确各级党委农办、农业农村、乡村振兴部门各方主体在乡村振兴工作中所扮演的角色。坚持以各级党委农办发挥指导作用为中心与方向，制定好发展规划。乡村振兴部门有效落实各项政策，合理分配资源。村集体和农民增强自我发展的能力，为衔接工作的推进奠定坚实的物质基础，确保多方主体做到统筹协调推进。要解决部分地区政府对农民的具体生产、经营活动的干预，实现国家、市场、社会三者的互动，充分发挥市场主体、社会主体的“造血”功能。逐步探索将脱贫攻坚的资金投入、资源整合、资金监管机制转变为乡村经济发展的资金投入机制。政府要以服务为导向，以引导和活化乡村内生发展要素为出发点，既要发挥在政策供给和服务供给层面上的引领作用，同时要在乡村基础设施与公共服务方面持续“输血”，从而激发农村发展内生动力。

（二）强化领导机制衔接组织振兴

第一，要充分利用政治、制度等优势，坚持党和政府在巩固脱贫成果、实现乡村振兴中的领导作用。在工作机制上，贯彻落实“中央统筹、省负总责、市县抓落实”的乡村振兴工作机制，建立健全解决贫困问题的长效机制。继续选派第一书记和驻村工作队到乡村发展第一线，加强“五级书记抓乡村振兴”的制度保障，完善与各级乡村振兴机构改革相配套的人事编制、晋升平台和福利待遇等政策安排②。

第二，要继续以党建为主导，发挥组织优势，提高领导能力、动员能力、组织能力，将党组织活力变为脱贫动力，将党建优势变为扶贫效能。要严格选拔和储备一支德才兼备的基层党组织队伍，通过内部选拔、外

---

① 岳国芳．脱贫攻坚与乡村振兴的衔接机制构建[J]．经济问题,2020(8):107－113.

② 张明皓,叶敬忠．脱贫攻坚与乡村振兴有效衔接的机制构建和政策体系研究[J]．经济学家,2021(10):110－118.

引、下派等措施，真正提高基层党组织的领导力、凝聚力、战斗力。构建多元主体参与的乡村治理平台，注重新乡村经营主体、社会组织、农村经济精英、新乡贤等主体的民主参与，建立健全自治、法治、德治“三治并举”的社会治理网络[①]，提高基层政府的领导水平。以党建引领农村社会治理，强化党建工作，创新农村治理模式。

第三，强化考核应用是保证衔接质量和效率的重要手段。围绕“守底线，抓衔接，促振兴”这一工作主线，不断优化调整衔接指标。将巩固和扩大脱贫成效、缓解相对贫困、提升脱贫区域和低收入人口自我发展能力等重点任务纳入政府绩效考核范围。构建激励约束相容的考核结果运用机制，发挥考核“指挥棒”的作用以及监督和推动的作用，把绩效考评结果作为选拔任用、评先评优、资金支持的重要依据。同时科学制定奖罚制度，对考核排名靠后、履职不力、失职失责的人员严肃追责问责[②]。

（三）坚实薄弱基础衔接产业振兴

第一，发展特色产业。根据市场需要，立足生态资源、民族特色文化、产业基础等特点，发挥其特有的资源优势，努力打造“一村一品”示范效应，提升创新能力，培育知名品牌，避免同质化、低端化竞争，走科技能力强、创新能力足的现代特色产业发展之路[③]。借力科技条件的优势，巩固地方产业的品质根基，促进本土产业焕发新的生机，实现“特色产业+科学技术”的可持续发展新模式。要对以破坏生态环境、损害农牧民身心健康来促进经济发展的产业进行整改，强化产业技术创新，大力培育农村电商、观光农业、乡村民宿、家庭牧场等新产业、新业态，延长产业链，提升产业的附加价值，在促进经济增长与农牧民增收的同时保护生态环境，实现经济效益与生态效益的双赢。

---

① 白永秀，宁启．巩固拓展脱贫攻坚成果同乡村振兴有效衔接的提出、研究进展及深化研究的重点[J]．西北大学学报(哲学社会科学版)，2021，51(5)：5－14.

② 高强，曾恒源．巩固拓展脱贫攻坚成果同乡村振兴有效衔接：进展、问题与建议[J]．改革，2022(4)：99－109.

③ 张鑫．脱贫攻坚与乡村振兴有效衔接：意义、境遇与路径[J]．新乡学院学报，2022，39(1)：15－20.

第二，培育龙头企业。大力扶持发展龙头企业，形成产业化、集约化的效应，坚实产业发展薄弱的基础，巩固拓展脱贫成效，为乡村振兴工作的开展提供强有力的支撑①。在产业发展过程中，龙头企业起到了主导和引领作用。要把农业和农村的现代化作为发展的核心，从产业扶贫转变为支持科技创新能力强、带动力强、有较大竞争力的龙头企业，发挥其带动作用，为农牧民解决就业问题，为农村经济的发展再添一份力。

第三，促进产业融合。推动第一、第二、第三产业的整合，实现产业的优势互补。增强产业的联系，实现三大产业的“融合”。从“单一”向“一体化”转变，使农民获得更多的利益，重点是加强农业与不同类型产业间的联动，例如发展有机循环农业，或农业与第二、第三产业之间渗透，发展农业+旅游、农业+互联网等项目。升级农业产业链，以达到产业升级的目的。从产业发展的角度，应把传统的农产品产业链延伸到生产、运输、加工、销售等环节。

（四）激发内生动力衔接人才振兴

第一，没有内生动力推动，光靠“输血”是无法长久持续发展的。必须发挥农牧民群众的主体性，加强农牧民“造血”能力的培养。建设新型职业农民培训基地，精心组织针对性强、实用性强的专业知识和技术培训，以增强农民的农业生产管理能力和社会服务能力。培育一批热爱农业、会科技、善经营的农牧民技术人才，同时提升农牧民通过互联网进行直播销售农产品的技能。在制度、政策、资源等方面，乡村社会必须主动参与并积极合作，通过组织建设、社区建设、文化建设等方式将分散的农民个体联结在一起，营造具有农村公共意识或公共精神的良好社会氛围。

第二，在人才政策上，首先，要为乡村留住人才。对在乡村振兴中表现优秀的人才给予奖励，提高优秀人才保障待遇，为其提供安家费、交通费等各项补助。其次，要引进人才，通过与高校合作，积极引进大学校园多样化的专业人才加入乡村振兴队伍，为愿意投身乡村建设的人才提供更

① 尹成杰．巩固拓展脱贫攻坚成果同乡村振兴有效衔接的长效机制与政策研究［J］．华中师范大学学报（人文社会科学版），2022，61（1）：25－30.

好的平台，打通学校与乡村之间的人才输送通道，简化就业手续办理流程，提供更多的乡村实习与实践机会。为脱贫地区外出务工人员、退伍军人以及农学与管理等相关专业的拥有农村牧区户口的大学毕业生提供更多的就业机会，鼓励他们回到家乡工作。依托土地及自然资源优势，吸引企业家及科研人员进行投资建厂，带动经济、创新农牧业发展技术。最后，定期为乡村振兴人才队伍开展培训，与区内外各地农村牧区开展交流学习，聘请学术领域专家进行相关知识讲解，加强人才队伍对两大战略有效衔接的理论与实践方面的知识学习和能力培养。

报告八　内蒙古养老服务事业发展报告

王晓东　李昕怡　王智宏　吴雅琪[①]

一、内蒙古人口老龄化状况与养老服务需求分析

（一）内蒙古自治区老龄化现状

目前，内蒙古自治区老龄化形势日益严峻，内蒙古老年人口规模将进一步扩大。截至2020年底，全自治区60周岁及以上老年人475.72万人，比2010年第六次全国人口普查的283.64万人增加192.08万人，占全自治区常住人口总数的19.78%，比全国平均水平高1.08个百分点。全自治区65周岁及以上的老年人313.64万人，比上一年的266.41万人增加47.23万人，占全自治区常住人口总数的13.89%，较上一年上升2.86个百分点，比全国平均水平高0.39个百分点。与其他四个自治区相比，内蒙古自治区的人口老龄化程度排名第一。内蒙古自治区的出生率由2016年的9.0%下降到2020年的8.3%，新生儿减少，老年人口较多，使得0~14周岁人群的占比与65周岁以上人群占比趋同（见表8-1），年龄结构转变快速，逐渐向“收缩型”人口金字塔方向变动。[②③] 易推断出：内蒙古自治区的人口老龄化主要是预

---

① 王晓东，内蒙古大学公共管理学院副教授；李昕怡，内蒙古大学公共管理学院本科生；王智宏，内蒙古大学公共管理学院硕士研究生；吴雅琪，内蒙古大学公共管理学院硕士研究生。

② 内蒙古自治区统计局．内蒙古自治区第七次全国人口普查公报[EB/OL]．(2021-05-26)[2022-07-16]．https://www.nmg.gov.cn/tjsj/sjjdfx/202105/t20210526_1596820.html.

③ 内蒙古自治区统计局．内蒙古自治区2010年第六次全国人口普查主要数据公报[EB/OL]．(2012-02-28)[2022-07-16]．http://www.stats.gov.cn/tjsj/tjgb/rkpcgb/dfrkpcgb/201202/t20120228_30397.html.

期寿命延长和年轻人口数量下降两种原因共同导致的。

表 8－1　2010—2020 年内蒙古自治区人口年龄构成情况

年龄	2020 年常住人口数/万人	2010 年比重/%	2020 年比重/%
0～14 周岁	330	14.10	13.80
15～64 周岁	1738	78.34	72.40
65 周岁及以上	332	7.56	13.80
总计	2400	100	100

资料来源：根据内蒙古自治区第六次、第七次人口普查公报整理。

（二）内蒙古自治区人口老龄化的特点

1. 老年人口的增幅过快，老龄化程度发展迅猛

内蒙古自治区 65 周岁以上老年人口几乎为成倍增长，65 周岁以上人口占常住人口比重变化呈指数级增长，2010—2020 年是老龄化程度迅速发展时期，仅仅是四次人口普查的跨度，内蒙古自治区就由年轻型社会步入了老年型社会，从图 8－1 中可以清楚地看出，老年人口呈快速增长态势，且增幅不断加大，在 2010 年后迎来了超高峰期。内蒙古自治区未来老龄化程度将进一步加深，老年人口不断增多。

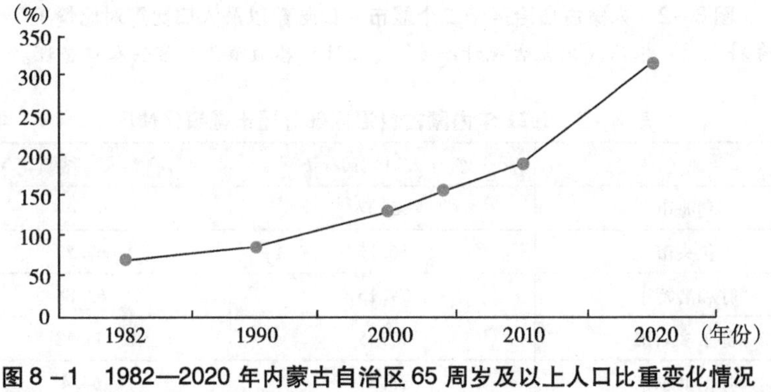

图 8－1　1982—2020 年内蒙古自治区 65 周岁及以上人口比重变化情况

资料来源：根据《内蒙古统计年鉴》历次人口普查内蒙古人口基本情况整理。

2. 地区发展不平衡，区域间老龄化程度差异显著

内蒙古自治区地域辽阔，城市化水平差异显著，经济发展不平衡、不充分的矛盾突出，使得各地区间老龄化程度差异明显。从地区上看，东部、中部、西部地区不尽相同，总体来看东部地区老龄化程度最高、中部

地区次之、西部地区最低。乌兰察布市老龄化程度最高，65 周岁及以上人口比重为 29.95%、巴彦淖尔市为 21.13%、赤峰市为 21.05%、呼伦贝尔市为 20.51%（见图 8－2）。位于西部地区的乌海市、鄂尔多斯市、阿拉善盟为老龄化程度最低的三个地区。从城乡来看，城市与农村的老龄化程度差异明显，城镇化率高的地区老龄化程度低于城镇化率低的地区，乌兰察布市、赤峰市、通辽市在内蒙古自治区城镇化率相对较低，可见农村（牧区）地区的老年人口多于城市地区（见表 8－2）。

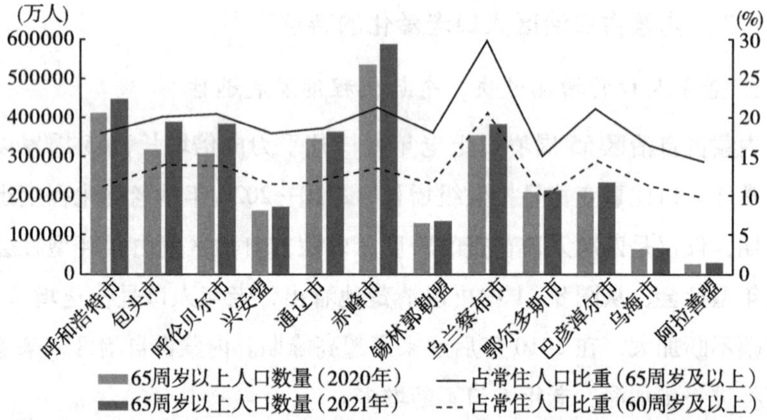

图 8－2　内蒙古自治区十二个盟市人口数量以及人口比重对比情况

资料来源：根据《内蒙古统计年鉴》（2021）各盟市年末常住人口整理。

表 8－2　2021 年内蒙古自治区部分盟市城镇化情况　　单位：%

地区	常住人口城镇化率	户籍人口城镇化率
乌海市	95.37	92.44
包头市	86.16	67.27
呼和浩特市	79.15	63.88
鄂尔多斯市	77.45	35.73
呼伦贝尔市	73.87	64.4
巴彦淖尔市	59.98	38.50
乌兰察布市	59.70	31.73
赤峰市	53.11	31.06
通辽市	50.03	30.39

资料来源：根据《内蒙古统计年鉴》历次人口普查内蒙古人口基本情况整理。

3. 劳动力人口流失，致使老年人口抚养比增加

人口是一个地区的主要劳动资源，劳动力资源对地区的经济社会发展有着重大的影响。[①] 劳动人口是抚养老年人口的主要力量，缺少劳动人口使得老年人口抚养比增加，养老负担加重。内蒙古自治区2010—2021年整体人口呈现流出态势，10年间流失65.71万人，全自治区的老年抚养比也由2010年的15.42%攀升到了2020年的29.89%（见表8-3）。其中人口正增长城市有：呼和浩特市增长204.54万人，包头市增长5.42万人，锡林郭勒盟增长8.02万人，鄂尔多斯市增长20.61万人，乌海市增长2.23万人，阿拉善盟增长3.1万人。人口负增长城市有：呼伦贝尔市减少30.99万人，兴安盟减少20万人，通辽市减少27.26万人，赤峰市减少30.71万人，乌兰察布市人口减少幅度最大，达到44.54万人，老龄化水平同样较高的巴彦淖尔市减少13.3万人（见表8-4）。人口负增长城市中劳动人口流失最为严重，因此老龄化水平相对较高。

表8-3　内蒙古自治区2010年、2020年常住人口数量情况

指标	2020年常住人口数/万人	2010年比重/%	2020年比重/%
总计	2400	100	100
0~14周岁	330	14.10	13.80
15~64周岁	1738	78.34	72.40
65周岁及以上	332	7.56	13.80
老年抚养比	—	15.42	29.89

资料来源：根据内蒙古第六次、第七次人口普查公报整理。

表8-4　内蒙古自治区2010年、2015年、2020年各盟市常住人口数量

单位：万人

地区	年末常住人口数（2020年）	年末常住人口数（2015年）	年末常住人口数（2010年）
呼和浩特市	345.32	305.96	140.78
包头市	271.03	282.93	265.61
呼伦贝尔市	223.63	252.65	254.62

① 陈显友，宋雯，靳延安．湖北省人口老龄化发展现状、影响及对策研究——基于第七次全国人口普查数据的统计分析[J]．湖北社会科学，2022(3)：59-69.

续表

地区	年末常住人口数（2020 年）	年末常住人口数（2015 年）	年末常住人口数（2010 年）
兴安盟	141.32	159.91	161.32
通辽市	286.75	312.08	314.01
赤峰市	403.13	429.95	433.84
锡林郭勒盟	110.88	104.26	102.86
乌兰察布市	169.52	211.13	214.06
鄂尔多斯市	215.56	204.51	194.95
巴彦淖尔市	153.62	167.73	166.92
乌海市	55.68	55.58	53.45
阿拉善盟	26.29	24.35	23.19

资料来源：根据《内蒙古统计年鉴》（2011 年，2016 年，2021 年）各盟市年末常住人口整理所得。

4. “失能、高龄、空巢”老人日益增多

随着内蒙古自治区老龄化趋势不断加速，“高龄、失能、空巢”老人的绝对量和增长量都在不断提高，自治区“十四五”养老服务体系发展规划指出，老年人口中的高龄化和失能化的比例逐年增加①，《自治区“十四五”老龄事业发展规划》中指出：自治区老龄化水平不断提高，农村空巢、独居老年人数量持续增加。②

从高龄老人来看，随着医疗水平的提高，老年人的预期寿命不断提高，高龄老人数量也在逐步攀升。内蒙古自治区 80 周岁及以上老人 2010 年人口数量为 24.14 万人，2018 年高龄津贴（80 周岁以上即可领取）覆盖人数为 52.36 万人，2019 年高龄津贴覆盖人数为 52.58 万人，2020 年人口数量为 54.2 万人。可见，自治区高龄人口处于快速增长并将持续增长阶段。

从失能老人来看，我国失能老人数量急速增长。据全国老龄办、民政

① 内蒙古自治区民政厅．内蒙古自治区“十四五”养老服务体系发展规划[EB/OL]．（2022－04－01）．http://mzt.nmg.gov.cn/zhxx/cszzml/202204/t20220401_2027368.html.

② 自治区人民政府办公厅．内蒙古自治区人民政府办公厅关于印发《自治区“十四五”老龄事业发展规划的通知》[EB/OL]．（2021－12－15）．https://www.nmg.gov.cn/zwgk/zfxxgk/zfxxgkml/202112/t20211215_1977801.html.

部、财政部第四次中国城乡老年人生活状况抽样调查显示，我国失能、半失能老年人大概有4063万人，占老年人口的18.5%，并在逐步加剧，成为中国社会面临最严峻的挑战之一；普通老人对于自身疾病的不重视，对于慢性疾病的拖拉，导致了老年患者疾病发现较晚，从而引发机体的失能或半失能，[①] 相比全国，自治区医疗条件较差，对老年患者疾病的治愈率不算太高，失能、半失能的情况更可能发生。

从空巢老人来看，城市化进程的加速和流动人口的增加致使空巢老人的数量不断增多。2015年开展的《第四次中国城乡老年人生活状况抽样调查》显示，我国的独居老人、空巢老人已突破一个亿，空巢老人占全体老年人的一半以上，在农村比例甚至更高。农村空巢老人往往收入薄弱、精神状况不佳、严重缺乏子女照料，是急需重点关注、关照的对象。[②] 自治区经济较为落后，就业环境严峻，许多劳动人口选择在区外、城市工作生活，内蒙古2020年第七次人口普查与2010年第六次全国人口普查相比，城镇人口增加2507301人，乡村人口减少3164437人，这样的“人口流失”现象在农村更为明显，客观上造成空巢老人人口比例的增加，空巢老人数量不容小觑。

（三）老年人口对养老服务事业的需求分析

1. 硬件、软件设施齐配套，身心需求均满足

在日常生活方面，老年人往往身体状况不佳，不宜远行，硬件设施充足，配备齐全的需求尤为突出，对生活必备需求来说，菜市场、药店、超市等日常场所需离家较近、方便出行，配备社区生活圈；对休闲娱乐活动来说，老年人对户外健身活动比较渴望。《2021居家养老现状和未来趋势报告》调查显示，老年人对公共服务设施有多元化需求，其中体育锻炼行为占比最高，69.4%的老年群体在社区及附近散步或户外锻炼；其次是休闲娱乐活动，47.4%的老年人偏好在社区公共场所聊天或打牌、下棋[③]，

① 吴伟迪，孙文婧，李月．失能老人社会照护研究的现状[J]．中国保健营养，2019(4)．

② 焦克源，孔倩文．农村空巢老人的养老现状、问题与出路——基于内蒙古卓资县的调查[J]．广东农业科学，2011，38(15)：190－193．

③ 任闻新．贝壳发布《2021社区居家养老现状与未来趋势报告》[N]．经济参考报，2021－12－16(007)．

因此广场、公园、棋牌室等休闲娱乐场所的建立完善，能有效满足老年人锻炼身体和社交的需求。

在精神需求方面，网络时代的快速发展，让老年人有了“落伍”“被时代淘汰”的消极思想，目前网络科技产品都将目光集中在年轻人群体上，而忽视了老年人的使用需求。但是，互联网与老年人“互联”不应受文化水平的制约，不应该让老年人追赶互联网，而是应该让互联网适应老年人的要求，服务中老年群体，而不是让这一群体逐渐被“边缘化”。[①] 新冠感染疫情时期出入各场所均需出示“健康码”“行程码”，将不会使用智能设备的老年人拒之门外，甚至公交车、地铁等交通工具也不得乘坐。这样的不合理现象反向推动了老年人学习使用智能设备的欲望，帮助其跟紧时代步伐是老年人在时代发展下产生的新兴需求。

2. 照护服务成为突出需求

老龄蓝皮书《中国老年人生活质量发展报告（2019）》中，2015 年问卷调查显示，中国 32.1% 的老年人患有一种慢性病，50.5% 的老年人患有两种及两种以上慢性病，仅有 17.3% 的老年人未患慢性病。随着年龄的增长，老年人患慢性病的比例越来越高。60～69 周岁的低龄老年人患有一种及以上慢性病的比例为 78.9%，70～79 周岁的中龄老年人患有一种及以上的慢性病的比例增长到 86.8%，80 周岁及以上的老年人这一比例达到 88.3%。[②] 慢性病的长期存在会导致其他并发症的产生，逐渐拖垮身体，严重影响老年人的生活质量。健康地老去是老年人的共同心愿，老年人身体免疫力低下，是各类疾病的高发群体，随着年龄的增长，老年人身体每况愈下，为老年人定时进行健康管理和健康体检、普及健康知识、上门家务，失能老人有专人陪护、上门诊疗服务等照护需求会越来越突出。

3. 急救服务成为迫切需求

老年人数量的急剧增加，对急救医疗水平提出了较高要求。老年人是

---

① 党俊武. 老龄蓝皮书：中国城乡老年人生活状况调查报告（2018）[M]. 北京：社会科学文献出版社，2018.

② 党俊武，李晶，张秋霞，等. 中国老年人生活质量发展报告（2019）[M]. 北京：社会科学文献出版社，2019.

患有突发性疾病的主要人群，对老年人来说，最主要的就是医疗服务是否及时。总体来说，自治区医疗条件较为落后，老年人数量增势大于医疗水平改善增势，很多偏远地区不具备大型手术、急救等医疗条件，对老年人来说患病后是否能及时得到救治成了心头忧患，生病没处救成了无解之题。此外，独居老人、空巢老人面临着突然晕厥、发病，独自在家无人发现，不能及时得到救助的情况，如何第一时间发现独居老人的不良情况，也是亟待解决的难题。

二、内蒙古养老服务事业发展概况

党的十八大以来，以习近平同志为核心的党中央正确把握我国人口发展大趋势和老龄化规律，着眼长远，做出积极应对人口老龄化的重大战略部署，着力构建老年友好型社会，促进老年人社会参与，不断健全养老服务体系、老年人健康支撑体系，更好满足亿万老年人对美好生活的新期待。内蒙古自治区紧跟时事，规划落实积极应对老龄化战略、着力托起老年人幸福夕阳红。

（一）养老服务机构建设基本完善

在《内蒙古自治区养老服务体系建设规划》的指导下，自治区不断推进养老重点工程建设，“十二五”期间，全区拥有各类养老机构2579所，总床位数22.1万张，全区每千名老人拥有床位数达58张，每千名老人拥有床位数居全国第一位。“十三五”期间，全区建有各类养老机构3272所，总床位24.2万张，农村敬老院增加床位1.87万张。养护院、日间照料中心、农村牧区互助养老幸福院、社会福利院、民办养老机构等养老机构在数量上得以升级、质量上得以提高。“十四五”期间将重点对养老机构质量方面做提升工作，要求养老机构护理型床位占比达到55%以上。[①]

养老机构管理日益严格，主要体现在：设立新建养老机构程序复杂、建立养老机构等级评估体系、新冠感染疫情期间养老机构加强管理等方面。

---

① 自治区发展和改革委员会．内蒙古自治区养老服务体系建设 第十三个五年规划[EB/OL]．(2021-03-26)．http://fgw.nmg.gov.cn/ywgz/fzgh/202103/t20210326_1315234.html.

2018 年国务院取消养老机构设立许可，实行“登记备案制”。开办民营养老机构审批流程由许可登记增加到了许可备案登记，需上交备案申请书，申请更加复杂。要求申办人齐全上交相关证件资料，申办机构开展多项养老服务需符合《中华人民共和国建筑法》《医疗机构管理条例》等多项法律法规的相关规定，坚决杜绝养老院“灰色地带”出现；对于已建立的养老机构，自治区于 2021 年初实行《内蒙古自治区养老机构等级评定办法》，对全区养老机构多次开展等级评定工作，并将养老机构等级评定分五个等级，从低到高依次为一级、二级、三级、四级、五级，使养老服务质量以等级数字的方式更加精准地反映出来，以此加强政府监管，评定结果将作为运营补贴资金的拨付依据，以此鼓励养老机构自我改良、自我完善。

养老机构随着时代发展不断变革。自 2021 年自治区民政厅颁发《关于进一步加强民政系统新冠肺炎疫情防控工作的通知》以来，各地市民政局开展暗访检查工作，对养老机构的疫情防控管理做出重要指示，对养老机构的疫情常态化管理和应急处理办法提出了新的要求，各地养老机构紧跟指示，积极应对，在机构人员较为密集、机构场所较为封闭的情况下，依然取得了养老机构“零感染”“零风险”的好成绩。

（二）医养结合模式初步探索

早在 2017 年，内蒙古自治区就已确定 23 个医养结合推进项目，设立自治区首批医养结合示范试点单位。其中包括 8 个医养结合示范基地、11 个医养结合示范机构、4 个医养结合示范中心。试点单位、示范中心的设立对医养结合模式进行了初步探索，地方政府取得了诸多经验，形成了可复制、可利用的医养结合模式。

2021 年，内蒙古自治区在“十四五”目标规划中提出要继续积极推动医疗卫生和养老服务相结合，各地依托现有资源，进行整合、重列，实现医疗养老资源利用最大化。鄂尔多斯市中华情医养院实行医养综合体模式，设置床位 1530 张，项目以满足老年人“医、康、养、教、健”五大需求为建设重点，“医养结合”全新护理运营模式，将为全市各类老人提供生活照料、保健、康复、精神慰藉、临终关怀等多元化的服务，上榜全国医养结合典型经验名单；乌兰察布市集宁区马莲渠乡三成局卫生院和集宁区福利中心、兴和县飞雨颐养中心与兴和县蒙中医院开展长期协议合作：实行医疗卫生机构和养老服务机构签约合作模式，建立双向诊疗、开辟转诊绿色通道、远程技术指导等技术，开展合作以来，180 余位老年人受益签约合作；[①] 呼和浩特市山水宜居老年公寓为养老机构内设医疗卫生机构模式，公寓配备高级营养保健医师、专业护理学校毕业护养专员，全方位 24 小时为老人提供护理服务；呼和浩特市内蒙古医科大学附属医院保健病房实行医疗卫生机构依法依规开展养老服务模式，专门针对老年人和离休干部设立，解决"老年人综合征"以及老年干部保健问题；锡林郭勒盟阿巴嘎旗"哈乐穆吉"养老服务中心依托别力古台镇社区卫生服务中心，实行医疗机构延伸到社区和家庭模式，为入住老人开展中蒙医结合的诊疗服务，服务中心内医疗设备齐全，功能完善，配备了 21 名医护人员，有效地满足了园区老人的医疗需求（见表 8－5）。[②]

表 8－5　内蒙古自治区医养结合优秀案例成果

"医养结合"新态势	"医养结合"服务模式	具体代表
机制创新	医养综合体	鄂尔多斯市中华情医养院
联合运行	医疗卫生机构和养老服务机构签约合作	乌兰察布市集宁区马莲渠乡三成局卫生院和集宁区福利中心、兴和县飞雨颐养中心与兴和县蒙中医院
资源共享	养老机构内设医疗卫生机构模式	呼和浩特市山水宜居老年公寓
	医疗卫生机构依法依规开展养老服务模式	呼和浩特市内蒙古医科大学附属医院
成果辐射	医疗机构延伸到社区和家庭模式	锡林郭勒盟阿巴嘎旗"哈乐穆吉"养老服务中心与别力古台镇社区卫生服务中心

资料来源：根据各盟市新闻报道摘录。

（三）居家社区养老服务初具雏形

2018 年以来，"依托社区发展，居家为基础的养老模式"的政策框架

① 石慧军，张聪颖．医养结合呵护"夕阳红"[N]．乌兰察布日报，2020－09－27(003)．

② 内蒙古锡林郭勒盟行政公署．锡林郭勒盟：创新牧区养老服务模式[J]．社会福利，2015(8)：2.

基本完成，进入了政策稳定期，国家通过相关文件要求推动了居家社区养老服务体系在全国落地，内蒙古自治区紧跟步伐、因地制宜，努力做到居家社区服务全覆盖，有效补齐农村居家社区服务的短板。

2021 年内蒙古自治区民政厅下发通知，要求居家社区服务开展要具有四大特性：①精准性：在全面摸底辖区内老年人多层次、多样化养老服务需求的基础上，聚焦失能、失智、高龄、独居等有刚性需求的老年人，为他们提供居家养老和社会支持服务；②整合性：依托社区综合养老服务中心和社区养老服务站，有机整合各类面向老年人的服务资源，促进养老服务设施、项目、机构、组织、队伍的高效利用；③专业性：在政府的主导和引导下，积极培育并引进从事长期照护、康复护理、智慧养老、社区支持等各类服务机构，发挥各自的专业优势，为老年人提供高品质、高质量的服务；④睦邻性：以打造社区共同体为目标，在社区中加强养老服务工作，强化社区睦邻互助和志愿服务精神，促进老年人融入社会与代际和谐，体现人文关怀。①

各盟市按照相关要求认真落实，呼和浩特市积极利用互联网，构建“互联网＋居家养老”信息化服务平台，打造 12349 便民为老服务中心，开通 24 小时服务热线，为老年人提供紧急救助、生活照料、远程看护等为老服务，发放“生命绿手环”建立全区老年人数据库，利用手环特定编号掌握老年人信息，快速为老年人提供所需服务；鄂尔多斯市伊金霍洛旗政府购买为老服务，招募社会力量为老年人提供老年人生活照料、居家安全、防范商业欺诈、居家康乐、临终关怀等居家养老服务；全区各志愿者协会多次组织开展为老志愿服务，提供上门打扫卫生、智能设备教学等服务内容。

同时，自治区举一反三，着力继续推进社区养老设施建设工作，2021 年内蒙古自治区民政厅、自然资源厅、住房和城乡建设厅印发的《关于加强社区养老服务设施规划建设的通知》对社区养老设施布局做出了统筹规

① 内蒙古自治区民政厅．关于印发《内蒙古自治区居家社区养老服务工作指引》的通知［EB/OL］.（2021－09－22）．http://mzt.nmg.gov.cn/zfxxgk/fdzdgknr/mzwj/202109/t20210922_1891489.html.

划，对新老住宅的社区养老服务用房做出了具体要求，新老社区都应根据实际情况配备每百户不少于15平方米的社区养老服务用房，利用空置社区养老服务用房建立社区日间照料中心、老年服务站、老年活动中心等为老服务设施。到2022年底，每个街道需具备综合功能的社区养老服务机构、社区日间照料中心，且社区日间照料中心的服务覆盖率应达到90%以上，基本建立“一刻钟居家养老服务圈”让老人在15分钟之内就能找到一个养老服务站点。[①] 2020年全区已建成街道级综合养老服务中心85个、社区养老服务站149个、社区日间照料点922个，还将继续建设246个街道养老服务中心和592个社区养老服务站。[②]

（四）老年宜居环境建设推进

内蒙古自治区致力于打造除青年群体外，老年人群同样适宜生活的公共环境，以示范性全国老年友好型社区标准为指导，改善公共服务设施，方便老年人日常出行。如从2022年起，全区城镇新建居住区配套建设养老服务设施达标率达到100%，对老年人住宅公共设施进行无障碍改造，加强社区道路设施、休憩设施、信息化设施、服务设施等与老年人日常生活密切相关的设施和场所的无障碍建设，预计到2025年，全区城镇道路无障碍设施建设率、公共建筑无障碍设施建设率均将达到100%。

同时，鼓励老年人丰富自身精神文化体育生活，积极建设适宜老年人使用的体育设施场所，如门球场、舞场等。博物馆、图书馆、体育馆等公共文体服务设施向老年人持续免费开放，鼓励老年人出入文体活动场所，学习参与文体活动。开展符合老年人需求的文化活动，创建老年人喜闻乐见的文化形式，如乌兰牧骑专场演出、成立戏曲协会等。截至2020年，区内建有老年大学500所，鼓励老年人终身学习、培养兴趣爱好，开展老年职业培训教育，开发老年人力资源，摒弃老年人不能创造社会资源的落后思想，创造老有所为的良好环境，给予老年人再学习、再就业机会。

---

① 梅刚．我区三部门联合发文加强社区养老服务设施规划建设[N]．内蒙古日报(汉),2021－07－29(002).

② 杨婷．我区下拨6797万元　推进居家社区养老服务设施建设[N]．内蒙古日报(汉),2021－10－26(006).

三、内蒙古养老服务事业面临的问题与挑战

（一）养老机构入住率低

截至2021年11月，自治区共有公办养老机构281所，社会办养老机构450所，总床位数达到8.5万张，入住率达到51%。[①] 而早在2015年北京养老机构的入住率就已达到60%，2017年上海养老机构入住率高达82%，可见，自治区养老机构入住率仍处于低位值，有很大的上升空间。究其原因，主要有以下几项影响因素。

1. 家庭结构较为完整

研究发现社会养老服务需求嵌入家庭结构情境之中，家庭人口数或上过大学的家庭成员越多、代际数或儿子数越少，老年人社会养老服务需求水平越高，配偶健在的老年人社会养老服务需求水平相对较低。[②] 也就是说，家庭子女较少，子女受教育水平较高，独身居住的老人愿意入住养老机构的可能性越大。而现有老年人的情况却是：生育时政府尚未实行“计划生育”政策，多数老年人育有多子，家庭抚养能力较强；多子化背景下，子女教育成本高，受教育程度不算高；最后，社会医疗条件发展较快，老年人预期寿命增加，失偶情况不易发生。因此，现有老年人的家庭因素不利于入住养老机构。

2. 社会观念束缚入住意愿

中国人的传统养老观念为“养儿防老、多子多福”，育有子女就意味着晚年有人照料，而养老院则是为“无子无女的可怜老人”准备的，对养老机构的“污名化”一时之间难以更改、转变；传统观念不仅阻挡着老年人居住养老机构的脚步，同样也束缚着中年子女，从孝道方面来说，中年子女将同龄人的赡养态度和赡养行为看作孝行标准并据此调整自己的孝行

① 内蒙古自治区民政厅．自治区民政厅多措并举推动养老服务工作实现新发展[EB/OL].(2021-11-29). http://mzt.nmg.gov.cn/mzzx/gzdt/202111/t20211129_1963936.html.

② 田北海，王彩云．城乡老年人社会养老服务需求特征及其影响因素——基于对家庭养老替代机制的分析[J]．中国农村观察，2014(4):2-17,95.

水平，而他们往往认为机构养老的孝行水平低于居家养老的孝行水平，孝顺的子女不会将父母送去养老机构。[①] 另外，生死教育不足，传统生死观影响较大，居住养老机构多为身体机能退化、不能自理、年事已高的老年人群体，整体看来逝世率较高，老年人往往需要直面“舍友、同伴”的死亡，死亡冲击下会加重老年人对养老机构的抵触心理，认为入住养老机构就是在一个陌生的环境中“等死”。多重社会传统思想，使愿意入住养老机构的人数较少。

3. 护理人才缺位、专业资质存疑

养老服务是一项需要专业技术和人文关怀兼并的服务，此类服务人才十分稀缺，2020 年民政部数据显示，全国有 200 多万老人入住在约 4 万个养老院，但工作人员只有 37 万人，其中真正的护理员只有 20 多万人。与此同时，一个护理员平均要服务近 10 个老人。[②] 而自治区作为偏远地区，这样的人才就更加稀缺，以呼和浩特市敬老院为例，全院护工为 12 人，均为 40 ~ 55 岁的妇女，其中 10 人未获得专业的护工资格证，只能在平时工作中获取护理知识，剩余 2 人只考取了护工初级护理证，掌握简单的护理技术和基础的护理知识[③]。放眼全自治区，民政厅 2021 年举办的全国养老护理职业技能大赛内蒙古自治区选拔赛，各个盟市仅有 600 余名在职养老护理员参加；通过网上教学、培训资格认证等方式，顺利获得养老护理员资格认证的有 5100 余人，现有专业护理类人才严重缺失。再看潜在的护理人才，自治区仅有三所高等院校，即内蒙古美术职业学院、内蒙古化工职业学院以及内蒙古建筑职业技术学院设置“养老服务与管理”专业课程，培养相关人员，可调查数据显示，占有年龄优势的养老服务类专业学生毕业后进入养老服务行业的比例不高，到岗第一年的流失率达到 30%，第二

① 李琬予，寇彧，李贞．城市中年子女赡养的孝道行为标准与观念[J]．社会学研究，2014，29(3)：216 - 240，245 - 246.

② 央广网．我国养老机构专业护工普遍短缺　养老护理行业为何留不住年轻人？[EB/OL].(2020 - 11 - 29)．http://china.cnr.cn/xwwgf/20201129/t20201129_525346169.html.

③ 刘英男．呼和浩特市敬老院护工现状的调查与研究[D]．呼和浩特市：内蒙古师范大学，2015.

年达到50%，第三年达到70%甚至更高。[①] 养老人才供给进入了“瓶颈”期，现有队伍专业资质较低，流失率严重，且潜在高素质、高学历人才培养尚不完善，数量、质量亟待提升，不能及时填补巨大的人力资源空缺。如何保持养老机构的经营战略定力、激发人才潜力、持续创新，成为养老事业上一个台阶、从十到百到千的最大“瓶颈”。

（二）医养结合服务仍存瑕疵

目前，虽自治区已探索多种医养结合模式使多数老人受惠，但整体来看仍存瑕疵。

1. 医保衔接不紧密，存在供给—报销脱节现象

医养结合机构的医保定点率低，面临申请医保定点难、申请时间太长、申请流程复杂、验收环节不符合实际等问题。[②] 当前，我国没有完全建立起老年护理保险机制，自治区仅有呼和浩特市被纳入试点城市范围，医养结合养老服务不能纳入医保定点单位。[③] 在自治区内查询不到具有医保定点的相关医养机构，老人若想入住相关医保定点机构在前期了解上非常困难，入住后想要报销就更加不容易。《医养结合机构管理指南》中指出：对于纳入城乡基本医疗保险定点范围的医养结合机构中的医疗机构，其入住参保老年人符合条件的疾病诊治、医疗护理、医疗康复等医疗卫生服务费用纳入基本医疗保险支付范围。生活照护等养老服务费用不得使用基本医疗保险基金支付。实行长期护理保险制度的地区，失能老年人长期护理费用由长期护理保险按规定支付。[④] 可以看出，只有一部分医疗卫生服务费用被纳入医保，而养老服务所进行的一切活动是不被报销的，医养结合背景下的报销分割的现象，不利于医养结合发展。

---

① 王向前．有岗无人，养老护理谁在干[N]．河南日报，2022-01-24(003)．

② 阳义南．社会保障支持衔接机构型医养结合服务及其“梗阻”破除[J]．华中科技大学学报（社会科学版），2021，35(5)：19-26．

③ 国家医疗保障局．国家医保局　财政部关于扩大长期护理保险制度试点的指导意见[EB/OL]．(2020-09-16)．http://www.nhsa.gov.cn/art/2020/9/16/art_37_3586.html．

④ 国家中医药管理局．三部门联合印发《医养结合机构管理指南（试行）》[EB/OL]．(2020-10-23)．http://www.satcm.gov.cn/hudongjiaoliu/guanfangweixin/2020-10-23/17694.html．

2. 医养结合机构缺乏对老年人有效需求评估与匹配政策落实

目前仍存在医养结合机构提供的护理服务与所居老人的需求之间存在不匹配的现象，一方面，医养结合机构存在医养护理服务项目较少且侧重于日常生活照料和基础医疗护理的问题，老人的健康指导需求和精神慰藉等需求未被有效满足，部分医养结合机构缺乏专业的康复训练设施和器材，也没有聘用专业的康复训练师，对于老人的心理慰藉需求不够重视，文化娱乐活动过于单一、缺少临终关怀服务等。另一方面，医养结合机构缺乏对老人需求的精准分析，对于一部分失能老人，需要重点关怀的老人没有针对性地提供护理服务。虽然目前的医养结合机构都能够采取分级护理的方式，根据老人的失能程度进行评估划分护理等级，但仍缺乏统一的老年照护需求评估体系，对老人需求状况进行合理排序，以保证各种服务指标、补贴标准等梯度性政策有效落实。[①] 例如除了得到最基础的疾病治疗和生活照料外，亲属探望次数和机构居住情况也是影响老人医养需求的主要因素，相比于每个月经常有亲属来探望和与其他人同住的老人，缺少亲属关怀和独居的老人对于养老服务的需求更高，这类老人更需要精神慰藉服务以满足其心理需要，但医养机构并未重视此类需求。此外，医疗服务与养老服务未做到有效合理转换，常常是医疗服务、养老服务混为一谈，例如老年人需医疗服务时未及时落实相应的治疗方案，将医疗需求有序放置在养老需求之前，如将老人转移至合适的医疗区域，实施重点观察……而是医疗服务和养老服务一并实行，没有明显差异化服务，服务没有重点，老年人需求满足不充分。

3. 存在人力资源短缺的现象

相比于单一的养老机构，医养机构同样存在养老护理员短缺的现象，在此不再赘述。对医疗服务领域来说，医养结合机构中医疗团队是“顶梁柱”般的存在，但大部分医养综合体机构都缺少专职医生为医养结合机构全日制服务，通常医疗团队都是以医疗顾问、客座教授等形象出现。而在

---

① 张晓杰．医养结合养老创新的逻辑、瓶颈与政策选择[J]．西北人口，2016，37(1)：105－111.

医疗机构与养老机构结合的模式下，医疗团队的工作重心往往集中在医院、医疗机构之中，对养老机构、老人的身体状况等都不能做到完全了解，不利于老年人医疗服务需求的满足。同样，在社区医养模式下，人才结构不合理，社区服务专职人员的招聘多面向小区内的下岗、失业人员，这部分群体文化程度普遍偏低，往往未受过专业的医疗、养老培训，仅凭经验做事，人员结构急需改变。① 最后分析潜在劳动力资源，全自治区只有内蒙古医科大学开设老年医学专业，人才队伍严重不足，且该专业仍处于探索建设期，培养人才经验不足，培养期颇长，同时缺乏老年医学专科培训基地，培训项目和资格认证考试空缺，影响老年医学发展。② 因此人才资源短期内都会是供不应求的状态。值得注意的是，医学上历尽长期学习培养，人才是否愿意选择医养结合机构就业而放弃医院任职还是留存疑问的。可见，无论是潜在人力资源还是现有人力资源远远不能满足不断增长的医养事业人才需求。

（三）居家社区服务辐射不平衡、不充分

内蒙古自治区的居家社区服务落实虽获得了丰硕成果，服务上万老人，效果良好，但仍存在发展不平衡、不充分、不协调等问题。

1. 居家社区服务地区分布不均

呼和浩特市、包头市社区养老服务站最多，都有超过150处服务站点，服务范围广泛（见图8－3、表8－6）。而其余盟市却仅有几十处，差距巨大。赤峰市、锡林郭勒盟、阿拉善盟、通辽市四个盟市所拥有社区养老服务站之和竟不足20处，与呼和浩特市、包头市的差异十分显著。细化来看，阿拉善盟阿拉善右旗尚未建设街道养老服务中心等硬件设施，十分落后，而属于同一个行政区级别的呼和浩特市回民区却有22处街道养老服务中心，这比乌海市全市的社区养老服务站都要多，数量对比颇为明显。

---

① 成秋娴，冯泽永，冯婧，等．我国发展社区医养结合的必要性、可行性、困境及建议［J］．中国卫生事业管理，2016，33（5）：334－336，380．

② 冯丹，冯泽永，王霞，等．对医养结合型养老机构的思考［J］．医学与哲学（A），2015，36（4）：25－28．

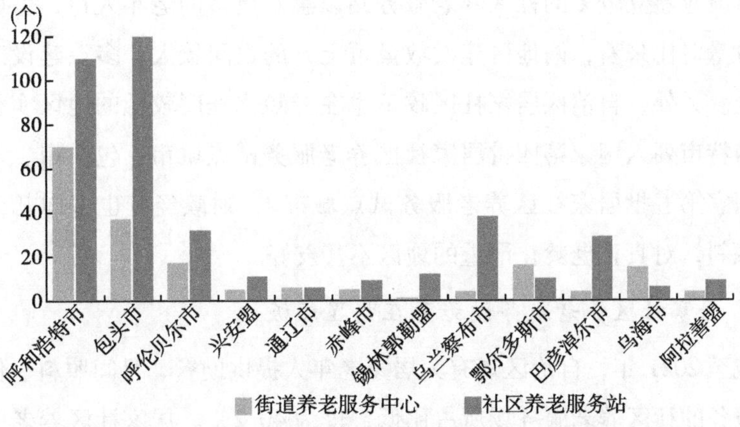

图 8-3　截至 2021 年内蒙古自治区已运营社区养老服务站情况

资料来源：内蒙古自治区民政厅 2021 年全区已运营社区养老服务站、街道养老服务中心名录。

表 8-6　截至 2021 年内蒙古自治区已运营社区养老服务站数量　单位：个

盟市	街道养老服务中心	社区养老服务站	合计
呼和浩特市	70	110	180
包头市	37	120	157
呼伦贝尔市	17	32	49
兴安盟	5	11	16
通辽市	6	6	12
赤峰市	5	9	14
锡林郭勒盟	1	12	13
乌兰察布市	4	38	42
鄂尔多斯市	16	10	26
巴彦淖尔市	4	29	33
乌海市	15	6	21
阿拉善盟	4	9	13

资料来源：内蒙古自治区民政厅 2021 年全区已运营社区养老服务站、街道养老服务中心名录。

2. 社区养老服务站数量分布与地区老龄化率高低程度分布不一致

社区养老服务建设应在一定程度上依照人口老龄化率有比例地倾斜，如乌兰察布市、巴彦淖尔市的人口老龄化率较高，那么乌兰察布市、巴彦淖尔市就应建立较多的社区养老服务站以惠及更多的老年人口，但就全区整体数量对比来看，两地区建设数量可上升的空间较大，多点建设工作尚不完全。另外，自治区居家社区政策也在老龄化程度较低的地区实行，如呼和浩特市列入国家第四批居家社区养老服务试点城市，包头市、乌海市列入国家第五批居家社区养老服务试点城市。[①] 财政经费也多向几个试点城市倾斜，对真正老龄化严重的地区不甚友好。

3. *居家社区养老服务设施存在明显短板*

截至2021年，自治区现有为居家老年人提供助餐、日间照料、保健康复等服务的社区养老服务场所占比低，仅为40.2%。居家社区养老服务配套支持体系不健全、服务内容不完善、服务能力不强。[②] 服务辐射能力不足，居家社区便民圈仍处于建设进行时。

（四）政府购买服务、监管责任落实不精准

目前，养老服务由政府直接负责向政府、市场、社会共同参与转变，呈现出强劲的增长态势。自治区政府大力支持民营企业进入养老服务市场，鼓励民办资本进入养老市场，几近90%的自治区社区养老站都委托给民间资本进行，而非公办（根据全区已运营社区养老服务站名录“运营商”计算得出）；社会办养老机构的数量也远远超过公建养老机构。在这样的情景下，可降低政府养老成本、分担政府养老压力、促进养老市场有序竞争、给予老年人更多养老选择，但其带来的负外部性效应也不容忽视。

首先，政府通常从市场中寻找提供者，购买养老服务。政府购买服务时并非以使用者身份进行选择，是作为购买者的身份而存在，通常其重点考虑自身的负担成本是否被降低，容易忽视老年人本身（使用者）的利益，而服务提供者也主要为购买者（政府）而负责，只管做好政府购买时

---

① 自治区人民政府办公厅．内蒙古自治区人民政府办公厅关于印发《自治区“十四五”老龄事业发展规划的通知》[EB/OL]．(2021-12-02)[2021-12-15]．https://www.nmg.gov.cn/zwgk/zfxxgk/zfxxgkml/202112/t20211215_1977801.html.

② 内蒙古自治区民政厅养老服务处．养老服务处“十三五”和2020年养老服务工作总结[EB/OL]．(2021-05-06)．http://mzt.nmg.gov.cn/shjzhshfllyxxgk/shfl/gzjz/202105/t20210506_1877605.html.

所提出的条例、要求便万事大吉，老年人处于条例要求外的情绪感受、多元化需求难以被满足。

其次，有效竞争环境下会使服务效率提高，政府购买社会服务作用才会显现，但自治区有关养老服务“竞标者”较少，如内蒙古自治区民政厅2022年关于农村、牧区养老服务示范项目的招标中，想要招募四项合同包，结果四项合同包全部作废，原因均为符合专业条件的供应商或者对招标文件作实质响应的供应商不足三家。① 市场发育尚不完全，往往无法形成有效竞争环境，可选择提供者较少，致使养老服务提供内容单一、质量不佳。

最后，养老服务监督存在漏洞。目前，自治区民政部门对养老机构实行等级评定制，可根据评估内容对各个养老机构进行星级赋值，从而达到监管效果。但此项评估也可委托第三方进行，此项工作中第三方机构是否具备相应资格、是否能采取评估回避原则又成了新的监管责任，多轮次、广范围、高难度的评估可能会造成监管倦怠的现象，从而不能做到精准监管。另外，政府对居家社区等养老服务地点尚未出台系统性的评估监管政策，对这些养老服务站点的委托机构来说，它们与政府更应是合作关系，政府对其不具有监管效力。同样，政府认为购买服务、委托机构已算是完成相关养老服务站点的任务内容，后续监管责任不归其管辖范围，因此政府对其他养老服务的监督仍留有空白地带，不易做到精准监管。

四、内蒙古养老服务事业发展的对策建议

（一）改造、升级养老服务事业，打造舒适养老环境

总体来说，政府要加大投入力度，自治区每年对养老事业的投入量仅为300万元，与邻省相比资金投入量处于低位状态，仍需加强资金投入。疏通资金渠道，资金要尽量精准使用。

---

① 中国政府采购网．内蒙古自治区民政厅农村、牧区养老服务示范项目结果公告[EB/OL]．(2022-06-14)．http://www.ccgp.gov.cn/cggg/dfgg/fblbgg/202206/t20220614_18073967.html.

1. 在养老机构方面

首先，要在养老机构尚未覆盖、急需养老机构的区域开展新建养老机构工作，形成城区全覆盖的养老机构辐射范围，满足区域老人养老要求，追求“机构跟着老人实在需求建”“机构扎着老人堆建”，提高机构利用率；积极引导民间资本进入，推进“公建民营”运行方式，一方面，可利用老年人认为公办优于民营的传统认知，提高机构入住率。另一方面，可改进公建机构陈旧模式，盘活市场经济，提升机构专业性，提高养老服务质量；建设公益型养老机构，专为经济负担能力较差的老年人提供，由政府主导经营，对贫困老人制定不同级别的入住补贴政策，主要由政府承担盈余亏损。可依照广州市的优秀经验进行：“公办养老机构基本服务实行政府定价，特困老年人免费入住、应养尽养，低保低收入家庭高龄、失能老年人按 1120 元/人·月收费。”[①] 其次，对于已建成的养老机构，要增设床位，降低“压床”现象的负外部效应，提高床位利用率，目前，自治区现有养老机构床位 24.2 万张，而老人却有近 480 万人，每位老人拥有的床位数较少，尚不能做到“想住、应住、尽住”；增设区域类别管理区，对于需要隔离治疗、重点照护、群体居住等不同需求的老人，进行分区域管理，依照不同区域要求对老年人进行照护，尽可能满足老年人的多元化需求；增设康复、医疗等硬件设施，向医养结合机构方向逐步过渡，推动“医养结合嵌入式”养老模式发展；扩大室外区域，建设绿色舒适“院内”公园，提供老年人散步、运动等活动空间，定期更新维修老年人所需的活动健身器材，让老年人舒心与安全并具。

2. 在医养结合机构方面

首先，打通医养结合发展的体制机制壁垒，优化医养结合机构审批流程和市场准入环境。要继续认真贯彻落实《关于深入推进医养结合发展的若干意见》精神，《内蒙古自治区健康老龄化规划（2018—2020）》《内蒙古自治区医养结合实施方案》等政策措施，进一步深化简政放权、放管结

① 张伟涛．既要养得了更要养得好[N]．中国社会报，2021-11-23(001)．

合、优化服务改革，采取“居家医养＋医护巡诊”“社区医养＋智慧服务”、医疗机构开设养老床位、养老机构内设医务室、养老机构与卫生服务机构签订协议开辟绿色通道等方式加快推进医养结合发展①。其次，完善医疗保障缺口。深化医疗保障制度改革，基本医疗保障依法覆盖全民，探索基本医疗保险自治区级统筹，健全重特大疾病医疗保险和救助制度，加强基本医保、大病保险、医疗救助等制度衔接，完善异地就医直接结算服务。对于尚未实现医保定点的医养结合机构，要简政放权，只要是符合医保政策的机构，就应给予其医保定点资格，积极利用互联网技术，做到联网医保结算，降低医保定点准入门槛。可在事后进行评估监督，对不符合医保定点、不规范使用医保政策项目等不良行为给予警告、惩罚、取消资格等，重点在事中、事后监督，不应落脚在事前“一刀切”之上。最后，统一需求评估专业体系，上传老年人电子档案。有条件者可在入住前使用专业评估系统，利用 2021 年自治区民政厅颁发的《老年人能力评估规范》，对老年人进行专业评估，知晓老年人“缺陷”；亦可探索第三方评估主体，形成统一的评估程序、标准、方法，以保证评估的科学性和权威性。同时学习云南省民政厅做法，出台第三方评估机制详细要求，对评估主体机构、人数、资格等进行规范，旨在专业评估老年人各项需求，细化服务内容，评估服务内容达标率，提升服务质量。评估结束后及时建立老年人电子档案，方便不同医生、不同护理人员等快速了解老年人生活“痛点”与老年人建立帮扶关系，同时也便于老年人转出、转入机构等。

3. 在居家社区服务方面

首先，整合利用现有资源，推动居家养老服务协调发展。政府应对老龄化程度较高的区域着重关注，进行重点帮扶、补贴。鼓励住宅区利用空置房源、住宅区空地等地产资源，以租赁、换购等方式配备社区养老站点；全区全面推进具有综合性服务功能的社区养老站点成立，着重覆盖无养老站点的区域，打造多处“一刻钟养老便民圈”；与当地养老机构展开

① 自治区民政厅．对《关于加强对民营养老机构支持的建议》（第 047 号）的答复［EB/OL］．（2020－09－28）．http://mzt.nmg.gov.cn/zfxxgk/fdzdgknr/rdjy/202009/t20200928_1878465.html.

合作，为养老服务发展提供便利条件，邀请附近养老机构开展上门服务，为老年人提供打扫、洗浴等居家养老服务，可将社区日间照料中心、街道养老中心等委托给相关养老机构，让专业机构护理人员为社区老人提供照护。其次，政府与社区医院、社区诊所等医疗机构展开合作，城区的“老年人日间照料中心”由社区卫生服务机构托管运营；农村幸福院由村卫生室托管运营。所有社区卫生服务机构及村卫生室都要开展养老服务；[①] 积极探索利用医疗资源，建立“移动式卫生服务站”，基本医疗监测设备可根据社区需要移动借用，推动社区、家庭医生签约制，做到设备、医生均配置，满足辖区范围内老年人的急救需求。最后，各居委会牵头，为老年人营造尊老、爱老的社会环境，打造老年友好型社区。开展社区老年大学，实行老年教育，为老年人提供参与为老服务、义务讲解、乡村支教等志愿服务的渠道，借此融入社会、发挥余热，让老年人自觉“老年人仍然可以有所为”；定期开展文化演艺活动、棋艺比拼等文娱活动，满足老年人的文体娱乐需求；鼓励子女承担起老年照护任务，传播弘扬孝道文化，让老年人感受晚年幸福；提供老年照料培训、老年人自救培训等必备知识，增强老年人的安全感。

（二）重点关注老年人精神赡养问题

以往老年人精神赡养通常是单个家庭的问题，未得到重视，但老龄化社会的到来、老龄人口的急剧增多，老年人的问题不再单纯是家庭的问题，更是具有深远影响的社会问题。相比青年人来说，随着社会经济的发展，老年人的物质需求基本被满足，对物质性的需求欲望较小，老年人其实更需要精神需求的满足，如子女的关怀、社会的认可，等等。且精神需求的满足具有不可替代性，不同于物质需求容易被满足，精神赡养既要有家庭、子女的精神赡养，也要有社会大众的精神赡养；老年人既要在家里受到晚辈敬重，也要在社会上受到年轻人的尊敬、礼让。[②] 随着城市化进

① 朱孔来，朱孟斐，姜文华．对医养结合模式的实践探索和对策建议［J］．山东社会科学，2020，299（7）：132－137.

② 李瑞芬，童春林．中国老年人精神赡养问题［J］．中国老年学杂志，2006（12）：1754－1755.

程的加快，内蒙古自治区2010年以来，劳动力人口不断流失、人口流失率逐年增长，留守老人数量随之急剧增加，老年人的赡养问题成为外出子女的心头之患，目前，子女对老年人的赡养通常是以经济支持居多、精神赡养较少，然而对外出务工子女来说，对留守老人的经济支持和精神赡养之间不存在相互替代的关系，尤其是对留守老人的健康而言，子女的精神支持具有不可替代的作用，是决定留守老人晚年生活质量的关键因素。[①] 因此，作为子女要承担起家庭赡养的义务，多加关注老年人的心理问题，多和老年人通话，有条件的多探望老人，缓解老年人晚年的寂寞。

近年来尤其突出的养老服务诈骗问题，与老年人精神需求未被满足有密切关系，许多诈骗团伙专挑留守老人进行诱导，利用其感情空虚、无人关怀的心理，对其进行虚伪关心、虚假为其购买养老保险、虚假提供养老服务、虚假销售养老商品等，以此达到诈骗的目的。子女应对老年人多进行防骗教育，实时关注老年人的心理变化，而社会也不容忽视老年人的精神需求，担负起老年人精神赡养的义务责任，为其提供正当养老服务，加强宣传提高老年人识别防范能力，从源头上掐断老年人被诈骗的诱因，严厉打击假借养老之名，通过诈骗手段侵害老年人合法权益的各类犯罪行为，减少老年人的经济损失，缓解老年人的精神痛苦。

信息化社会的发展，让老年人有了“落伍”的感觉，政府应加快信息无障碍建设和改造，帮助老年人跨越数字鸿沟。信息部门应联合网络软件开发公司，设置老年人所需的老年软件，帮助老年人适应智能化生活：如微信“关怀模式”解决老人视力不佳看不清手机界面的问题，黑龙江齐齐哈尔市制作健康码卡片，让老人被“反向扫码”解决老人出入公共场所的难题，等等，自治区应贯彻落实国务院办公厅于2020年印发的《关于切实解决老年人运用智能技术困难的实施方案》，聚焦涉及老年人的高频事项和服务场景，坚持传统服务方式与智能化服务创新并行，切实解决老年人在运用智能技术方面遇到的突出困难，为老年人提供更周全、更贴心、

① 宋月萍．精神赡养还是经济支持：外出务工子女养老行为对农村留守老人健康影响探析[J]．人口与发展，2014，20(4)：37－44.

更直接的便利化服务。①

个人、家庭、社会群策群力，重点关注老年人突出的精神需求，从老年人精神需求方面入手，提高老年人的生活质量与品质，让其安享幸福晚年。

（三）加强人才队伍建设，吸纳专业化人才

当前，自治区护理人才队伍相关培养、培训较少，使得专职人员专业性不强、年龄分布较大，只能在工作经验中学习、改进，照护难以使老人满意，养护质量难以提升，加之养老事业工作辛苦，工作内容繁重，社会地位较低等原因造成现有人才转行转业，整体形成了“找不到、招不来、留不住”的人才困境，无论是养老机构、医养机构还是社区养老服务，诸多养老事业都紧缺相关性人员，人才困境成为阻碍自治区养老事业进一步发展的不利因素。需加快积累人力资本，主动对冲人口老龄化的不利影响。

1. 对于“找不到”

政府应鼓励高素质人才从事养老事业，如北京市对养老服务机构专职、从事养老服务工作的高素质毕业生给予一次性入职奖励，分别为本科及以上6万元、专科（高职）5万元、中职4万元；② 鼓励各单位、各机构自主开展职业技能培训，完善学历教育与培训并重的现代职业教育体系，加强对养老服务从业人员的职业技能培训，充实养老服务人才队伍。如上海市实施养老护理职业技能培训补贴，具有培训能力的企业经认定自主开展在岗养老护理员技能培训，缺乏培训能力的企业委托具备资质的各类院校或教育培训机构开展在岗养老护理员技能培训，可享受培训费补贴。用人单位对养老护理员开展企业新型学徒制培养且评价结果合格，可

① 国务院办公厅．关于切实解决老年人运用智能技术困难实施方案的通知[J]．中华人民共和国国务院公报，2020(34)：20－25.

② 北京市民政局，北京市教育委员会，北京市财政局，北京市人力资源和社会保障局，北京市卫生健康委员会．关于印发《北京市养老服务人才培养培训实施办法》的通知[J]．北京市人民政府公报，2021(19)：70－75.

享受学徒制培训补贴；[①] 高校、科研机构要结合实际，加快老龄科学研究，鼓励有条件的高校开设养老护理、养老医学等相关专业，培养专业研究人才，加大对基层全科医师的培养力度，提升老年人居家医疗服务水平；建立养老服务教育实践基地、教学科研基地，让在校学生能在教学实践中积累养老服务经验，提升教学质量，以便毕业后更好地投入岗位，同时，养老企业可以对优秀实习学员发放免试入职等证明，让学生毕业即入职，更大程度上招揽人才；加快养老服务职业经理人市场培育，形成优胜劣汰的用人环境，培养高质量管理人才。

2. 对于“招不来”

应从社会层面提升对养老服务行业的认可度，弘扬博爱文化、奉献文化，加强职业宣传，进行正确的舆论导向，树立行业标杆，摒弃养老人员社会地位低的陈旧传统观念，让大众对养老服务人才产生敬佩感，还应该对护理人员进行职业认知和职业道德培训，以增强自身的职业认同感；提高行业人员待遇，提高行业社会平均工资，以经济手段提升行业吸引力，同时考虑养老护理人员的职业规划，可考虑将养老护理纳入医疗体系进行整体规划管理，促进医、养、护人员的相互转换，提高养老护理人员社会地位的同时进一步完善其在卫生保健领域的职位晋升路径[②]；目前养老行业中多为中年人，不少年轻人认为该领域不适合年轻人工作，不愿入职，应加大对年轻人的招募，改善行业年龄结构。

3. 对于“留不住”

政府应鼓励专职人员考取护理资格证书等资质认证证书，如江苏省对取得一级/高级技师职业资格证书后，在养老机构护理岗位连续从业 2 年以上的人员，给予每人不少于 3000 元的一次性补贴；对取得二级/技师、三级/高级工、四级/中级工、五级/初级工职业资格证书后，在养老机构护

---

① 上海市人力资源和社会保障局，上海市民政局，等．上海市人力资源和社会保障局等九部门关于印发《关于加强养老护理员队伍建设提高养老护理水平的实施意见》的通知[EB/OL].（2020-10-10）.https://rsj.sh.gov.cn/tqtwj_17340/20201010/t0035_1394515.html.

② 丁雪萌，孙健．近二十年我国养老护理人员研究的现状与趋势[J]．江汉学术，2019，38（6）：26-34.

理岗位连续从业 2 年以上的人员，分别给予每人 3000 元、2000 元、1000 元、500 元的一次性补贴；[①] 选取优秀机构作为全区养老护理员培训基地，邀请专业人员进行护理知识培训，创造条件让各养老机构护理员参观学习、交流经验；建立绩效性岗位奖励政策，对优秀员工进行奖励，除实物性奖励、资金奖励以外，可学习济南市奖励办法：获评为齐鲁和谐使者（敬老使者）、齐鲁首席技师、泉城和谐使者（敬老使者）、泉城首席技师，且符合《济南市高层次人才分类目录》的 A、B、C、D 类人才规定的养老服务从业人员，可享受子女入学、医疗保健等绿色通道待遇。[②] 以多种方式对养老服务人员实行切实、急需、有效奖励。

（四）落实政府购买养老服务主体责任，监督管理测评责任

政府应承担起养老服务的主体责任，在"服务前""服务后"都应时刻清醒认知，端正自己的核心地位，指导其他行业、机构共同提供高质量的养老服务。

对于"服务前"，政府主要责任在于选择可信任、有资质的养老机构等进行服务委托。为降低、规避负面效应，政府应摆正身份，其不单是单纯的服务购买者，更是被老年人委托的服务鉴别人，要将老年人利益的最大化视为购买养老服务的价值选项。始终重视老年人的各类需求，依据不同需求选择合适的服务内容，如在老年人聚集多、慢性病患病率高的社区，政府就应委托具备医疗资质的养老服务提供方，而不是委托单纯的照料服务机构；监督、鉴别服务提供方服务质量，为老年人购买、选择最有益的养老服务内容，委托专业机构，打造优质的养老活动环境，这同时也要求政府鼓励各类机构、企业等民间资本活跃起来，入驻养老市场进行合理竞争，丰富政府的招标选择。

在服务后，对社会化养老服务体系的各个环节，无论是规划环节，资金使用环节，还是人才培养环节，都应当建立相应的评价体系与监督体

① 江苏省民政厅．江苏省启动养老服务人才三年培训计划[EB/OL]．（2020-07-14）．http://mzt.jiangsu.gov.cn/art/2020/7/14/art_54980_9305320.html.

② 济南市政府办公厅．济南市人民政府办公厅关于加快推进养老服务发展的实施意见[EB/OL]．（2020-04-30）．http://www.jinan.gov.cn/art/2020/4/30/art_2614_4319750.html? xxgkhide=1.

系。政府有条件可以成立专业监管小组，对各个环节进行有效监督，对于资金使用环节，要定期对资金的投入、使用与结余进行审计，确保用于提供养老服务的资金能够用于实处；对于人才培养环节，要加强从业人员的资质审核与培训机构的资质审核，防止无证上岗的现象出现；在提升服务质量的环节，要确保服务的安全性、经济性与专业性，加强定期检查与抽查，[①] 从而及时发现问题、解决问题。此外，依照民政部颁发的《关于探索建立社会组织第三方评估机制的指导意见》引入完全独立的第三方监督机制，形成客观、公开、透明的监督评估体系，对政府和养老服务提供者一同监督，监督政府购买服务是否合理、恰当，监督养老服务提供是否专业、及时。将老年人的评价值、满意度作为重要监督指标，将老年人放置在重要地位。

① 娜仁图雅，魏瑞清，杜金柱．内蒙古自治区社会保障发展报告(2016)[M]．北京:经济管理出版社，2017.

报告九　内蒙古卫生健康事业发展报告

苏　敏　李东旭　张天娇[①]

一、新冠感染疫情对卫生健康事业发展提出的新要求

2020年初，一场新冠疫情（COVID－19）给全球健康带来前所未有的挑战，我国各个省份均承担了重大的疫情防控职责。内蒙古地处北疆，国内与黑龙江、吉林等七个省份毗邻，北部同蒙古国和俄罗斯接壤，国境线长4200千米。内蒙古不仅面临防控国内疫情蔓延的压力，还存在境外输入病例的风险。自新冠感染疫情发生以来，内蒙古不断加强防控，设立疫情防控指挥部，制定精准管控、有序安全办公等严格的疫情防控措施，做好预案和应对等工作。然而此次新冠感染疫情传播速度快、波及范围广，给地域广阔的内蒙古疫情防控工作带来高标准、新要求。习近平总书记提出："只有构建起强大的公共卫生体系，健全预警响应机制，全面提升防控和救治能力，织密防护网、筑牢筑实隔离墙，才能切实为维护人民健康提供有力保障。"[②]有效防控新冠感染疫情、适应新冠感染疫情对卫生健康服务体系的新要求，是内蒙古卫生健康事业发展的新方向。

① 苏敏，内蒙古大学公共管理学院教授；李东旭，内蒙古大学公共管理学院博士研究生；张天娇，内蒙古大学公共管理学院博士研究生。

② 习近平．构建起强大的公共卫生体系　为维护人民健康提供有力保障［J］．求知，2020（10）：4－7.

（一）资源要求

1. 人才队伍建设要求

自2003年“非典”疫情之后，卫生健康人才尤其是突发公共卫生事件应急人才的培育问题备受关注。然而卫生健康人才培养没有受到精准且持续性的关注，这仍是此次新冠感染疫情中暴露出来的重要问题。首先是对于人才队伍建设数量的要求。内蒙古开设卫生健康专业的高校较少，招生数目远低于其他有关专业的数目，这导致生源严重不足。而在就医选择时，关于卫生健康这一领域的专业人才对工作前景不看好，部分人员选择换行换业或者继续提升学历。在内蒙古医院、卫生部门的人才引进和编制录取中，卫生健康相关专业有着较大的局限性，因此最终流向一线工作岗位的卫生健康人才少之又少。在此次新冠感染疫情中，内蒙古响应国家号召，不断加强疫情防控，然而疫情蔓延迅速，由于内蒙古地域辽阔，对于人力物力的需求也更为迫切，造成卫生健康人才严重缺乏，已有医务工作人员加班加点，工作压力较大等。其次是人才队伍建设质量的要求。卫生健康事业并非简单的无门槛工作，相反，它需要集领导能力、组织能力、信息搜集能力等于一体的综合能力。在新冠感染疫情中，人才队伍质量决定了疫情防控的效率和质量，只有加强人才队伍质量培养，才能达到事半功倍的效果。内蒙古本科类卫生健康类院校仅有内蒙古医科大学，且其他本科院校也未开设相关专业，学科建设较为落后。内蒙古卫生健康人才引进较为困难，卫生健康技术人员的待遇较低，影响了人才队伍储备，这也对内蒙古卫生健康人才建设提出了新要求。

2. 物力资源储备要求

和过往的疫情防控工作不同，在突如其来的新冠感染疫情背景下，物力资源的储备和损耗给卫生健康事业提出了前所未有的新要求。首先是物资资源的储备要求。新冠感染疫情涉及范围广且流动性强，在疫情前期，各盟市卫生健康物资储备均有所不足，且疫情在春节期间蔓延严重，不能及时复工复产，口罩、防护服等医疗用品处于短缺状态。加之动员的医疗卫生人员众多，我国对于医疗用品的需求量大，造成入不敷出的情况。在有限的资金拨款情况下，如何平衡日常开支和物资储备容量成为需要关注的问题。其次是硬件资源储备要求，内蒙古坚决落实国家政策，对疫情防控及医院床位和隔离处的要求更为严格，也对物资资源储备有了更高要求。然而内蒙古对于此类硬件设施储备并不充足，显然完全通过医疗卫生机构提供并不现实，更多的还是需要社会力量的支援，这对政府、医疗机构及卫生健康机构对于物力资源的储备能力和组织协调能力提出了考验。

3. 财力资源投入要求

卫生健康事业是需要长期维持和投入的事业，在波及范围更广的新冠感染疫情背景下，财力资源投入是重要的卫生健康问题。首先是对于卫生健康资源支持的要求。传染病轻预防、重治疗的问题，容易导致在新冠感染疫情中卫生健康事业受到强大冲击。因此，如何保持长期、合理、有效的财力资源投入是政府部门应着重考虑的问题。其次是社会力量的支持要求，相比于以前危害程度较低的公共卫生事件，此次新冠感染疫情更为复杂，仅仅依靠政府资金支持有所紧张，因此必须动员社会支持。而内蒙古尚未构建起一个良好的公私合作的卫生健康事业发展模式，这也导致政府和公立医疗机构面临更大的经济压力和防控压力。只有构建起由政府、社会、公众组成的资金支持网络，才能更大程度上提供财政资源保障。最后是对于财力资源的监督，由于财政制度不透明导致资金流向不明确等问题，容易引发公众信任危机，这为内蒙古的疫情防控提出了新要求。

4. 民族医药资源利用要求

在新冠感染疫情的防治中，民族医药发挥了重要作用。而作为内蒙古的特色治疗手段，蒙中医资源的利用是内蒙古疫情防控和卫生健康事业发展的重要环节。蒙中医药学是一个独立的、完整的且不同于中医、西医理论的医学体系。此外，由于内蒙古草原特殊的地理环境，如矿物质土壤、天然原生药草资源等因素，造就了蒙中药有效成分累积高、活性强；采取生味入药，药性强、药劲大，副作用小，这些都是蒙中医的特色优势。而在新冠感染疫情中，首先是对人员配置提出了新要求，内蒙古蒙中医方面有众多有经验、有能力的医务人员，如何在明确各自职责的基础上进行合理配置，发挥蒙中医专家的特长优势，加强蒙中医人力资源的利用是疫情协调安排的重点任务。其次是蒙中医医疗技术的运用要求，新冠病毒不断变异，为诊疗提出难题。蒙中医这一特色医学体系，不仅在养生保健的前期作用中有着对于内蒙古乃至全国人民的独特号召力，而且对于诊疗和护理已有病情发挥了越发重要的作用，如何实现各医学体系的完美融合，确保新冠感染疫情防治取得更好、更积极的成效，是对以蒙中医资源为代表的民族医药的一大新要求。

（二）组织要求

1. 应急管理协同机制要求

新冠感染疫情这一突发公共卫生事件带来的是突发性和不确定性持续增强。在以往的协同机制中，由政府主导逐渐加强了与社会组织的协同合作。而伴随信息化的发展和公民意识的觉醒，需要更充分地发挥基于知识交互形成的专家共同体、经由资源流动连接的企业共同体、通过观点和情绪表达强化的网民共同体作为结构性力量的作用，需要当前的应急管理体系做出整体性变革。这需要应急管理部门完善协同机制，部门协调指承担治理职能的各类部门基于分工，为实现共同履职目标开展跨部门合作，以实现汇聚分担力量、避免摩擦内耗、相互合作共为的应然性效应。此次新冠感染疫情暴发后，党中央及时成立了应对疫情工作领导小组，地方成立党委政府联防联控指挥部，实行分级负责、属地管理。职能性的卫生行政部门、医疗机构、疾病预防控制中心、卫生监督部门、应急管理部门需要在各自职权范围内承担相应职责。首先是横向合作。内蒙古各级政府部门需要在党的领导下，以政府为主导的模式下构建疫情联防机制。在卫生部门的牵头下，联合交通、教育部门共同贯彻实施。应急管理协同机制的保障和体系的建设与完善是长期化、系统化的过程，需要全社会的共同参与。在此模式下，统一调度、信息共享、资源互助成为横向部门协同是否有效的关键。其次是纵向协同。《中华人民共和国突发事件应对法》第四条明确规定，我国的应急管理体制为“统一领导、综合协调、分类管理、分级负责、属地管理为主”，这也对卫生健康事业发展提出新要求，即在疫情防控中，构建起从中央到基层的纵向应急管理部门协同体系，在高度统一的指挥体系下，发挥制度优势，从而更高效一致地进行疫情防控。

2. *农牧区卫生健康服务体系基础要求*

内蒙古政府高度重视农牧区的疫情防控工作。农牧区是内蒙古疫情防控中的重点和难点。2020 年 1 月 23 日内蒙古确诊首例病例后，25 日即启动内蒙古重大突发公共卫生事件 I 级响应，并将农村牧区作为疫情防控的工作重点。内蒙古地势由东北向西南斜伸，呈狭长形，地域辽阔却人口稀少。尤其在农牧区，卫生健康人员较少，提供卫生健康服务不便利，为疫情防控增添了诸多压力。在此次新冠感染疫情中，首先是信息传递要求，农牧区信息传递不便利，不能及时更新疫情防控状况，难以有效预防疫情扩散。建立良好的信息沟通渠道、构建信息联通网络是内蒙古疫情防控的新要求。其次是卫生健康事业的发展与普及要求。农村牧区卫生院、疾病预防控制中心较少，并且卫生健康人员少、任务重，在进行核酸检测和疫苗接种等方面都面临巨大的工作压力，这为疫情防控提出了挑战。还需要不断落实农牧区居民健康档案管理、健康教育等基本公共卫生服务工作，提升农牧区人民群众抵御应对重大公共卫生事件的素质与能力。此外，如何解决农牧区卫生健康人力资源问题，做好流动卫生健康服务是农牧区卫生健康事业发展的关键举措。

（三）行政要求

1. *法治建设要求*

卫生健康事业是一项复杂的社会系统工程，它涵盖面广、主体结构复杂，不仅涉及医药卫生领域，还包括农业、环保、财政等部门[①]。目前我国现有法律法规如《中国传染病防治法》《突发事件应对法》《突发公共卫生事件应急条例》等卫生健康相关法律法规。我国自“非典”疫情以来，不断加强法治建设，完善相关法律制度，然而新冠感染疫情波及范围

---

① 江宇，刘璇，岳和欣，等．新型冠状病毒肺炎疫情下的中国公共卫生体系改革建议与思考[J]．中华疾病控制杂志，2021，25（4）：472－477.

大、传播速度快，现有法律法规在某些情况下难以满足实际需求，对法治建设提出更高要求。首先是对于部门职能的法律规定的要求。与以往的公共卫生事件不同，新冠感染疫情牵涉范围广泛，如果缺少有效的协同机制，那么疫情防控将会步履维艰。然而协同机制的内在要义是各部门、机构与职责的统一部署，只有法律明确内蒙古各部门精准的职能定位，才能在法治建设下建立良好的分工协作机制，进而形成联动、有效的综合治理。其次是对于违规行为的管控。由于牵扯人员众多，各盟市情形、个人情况不一，如何在严格要求的法律规定下，制定统一且有适度缓冲空间的法律法规需要关注。最后是法律法规的更新与维稳。相比以往，新冠感染疫情变化多样，内蒙古各地在有无疫情和有无密切接触者的各个阶段切换，各个节点的防控重点也有所不同，法律法规的更新需根据实时情况，根据不同阶段的疫情程度及时变动防控任务，及时规范公众行为。只有制定执法必严、违法必究、行之有效的法律制度，加强法治建设，才能为疫情防控提供有力保障。

2. 监督体系构建要求

卫生健康服务范围广，服务机构工作量大，涉及人员众多，这为构建完善合理的监督体系提出了新要求。首先是卫生健康绩效监督方面，同其他的政府工作一样，卫生健康内容繁杂、目标相对模糊，并且不能简单地通过数量来衡量，因此不易对工作绩效进行考核监督。目前内蒙古各盟市方法各异、评价标准不一，容易导致卫生健康机构及人员为了应对监督考核而耗费大量人力、物力，但并未将真正的卫生健康服务落到实处。其次是对于执法管理人员的监督，在新冠感染疫情防控中，出现了诸多“假大空”、未严格按照要求执行管控措施等决策行为，造成了严重的安全危害和健康损失。此外，个人工作量和效率不易进行统计量化和评价，导致部分人员工作积极性不高，严重影响了卫生健康事业的发展。卫生健康事业环节多、链条长，各处各节都需要严格管控、落实到位，只有构建完整的卫生健康相关监督体系，才能实现科学、精准、稳慎、有效的监督，为疫情防控工作保驾护航。

3. 信息化建设要求

做好信息建设工作一直是我国卫生健康事业强调的重点，但突如其来的新冠感染疫情对以往的信息工作提出挑战。随着我国步入互联网大数据时代，信息化技术已成为国家治理和社会生活中的关键技术和核心设施，特别在本次抗击新冠感染疫情的战役中，数字技术的广泛及深度应用尤为突出。一方面是关于疫情进展的信息化传递。此次疫情中对于疫情的相关信息更新要求更为快速、精准，在对于感染、密接的统计和流调方面要求更为全面、准确，这为及时发现疫情和防止疫情蔓延提供了技术支持，也为提醒公众出行和快速应对提供了准备时间。然而，卫生健康机构作为信息综合处理司令部，可获得的有效数据却较少，形成了“信息孤岛”，导致很多工作无法有效对接和落实。因此，只有加强信息化建设才能实现疫情的智能化、精准化、高效化治理。另一方面是关于信息的保护。对在摸排调查中的个人信息调查和行程信息的保护是保障公众合理权益的重要内容，在庞大的信息洪流中，只有制定严格的信息保护机制和严厉的惩罚措施，才能助力卫生健康事业高质量发展。此外，在此次疫情中，部分公众对于疫情的发生出现恐慌反应，为重大公共卫生事件的防控增加了难度。这与之前关注度较小的公共卫生事件不同，新冠感染疫情更容易引起舆情讨论。在此次新冠感染疫情中，只有建立良好的信息传播机制，及时、准确地发布信息，才能提高内蒙古人民群众整体的信息素养，提升是非分辨能力，有效维持社会秩序。

二、内蒙古卫生健康事业发展概况

随着“健康中国”战略的实施，内蒙古积极推动从“以治病为中心”向“以人民健康为中心”健康理念转变，卫生健康服务体系日趋完善、治理能力显著提升。在自治区党委和政府的坚强领导下，全区强力推进健康内蒙古行动，医药卫生体制改革不断深化，健康脱贫攻坚战和新冠感染疫情阻击战取得重大成果，卫生健康事业发展取得显著成效，人民健康水平稳步提高。内蒙古适应全面建设社会主义现代化新阶段要求，把握全面深化改革基本方向，树立大卫生、大健康观念，把改革创新作为引领和推动卫生健康事业科学发展的第一动力，贯穿于发展的全过程和各领域，推动卫生健康发展和供给模式有效转变，实现高质量发展。

（一）内蒙古卫生健康资源概况

1. 医疗卫生和计划生育机构数量

2020 年末，自治区卫生计生机构 24605 个，比上年增加 41 个。其中，医院 777 个，基层医疗卫生机构 23334 个，专业公共卫生机构 433 个。与上年相比，医院减少 17 个，基层医疗卫生机构增加 96 个，专业公共卫生机构减少 33 个。

在医院中，公立医院 326 个，民营医院 451 个。医院按等级分：三级医院 87 个（其中：三级甲等医院 41 个），二级医院 312 个，一级医院 262 个，未定级医院 116 个。医院按床位数分：100 张床位以下的医院 463 个，100 ~ 199 张床位的医院 138 个，200 ~ 499 张床位的医院 108 个，500 ~ 799 张床位的医院 37 个，800 张及以上床位的医院 31 个。在基层医疗卫生机构中，社区卫生服务中心（站）1200 个，苏木（乡镇）卫生院 1257 个，诊所、卫生所和医务室 7202 个，嘎查（村）卫生室 13087 个。专业公共卫生机构中，疾病预防控制中心 120 个，其中：自治区级 1 个、盟市级 12 个、旗县（市、区）级 101 个，其他 6 个；妇幼保健机构 114 家，其中：自治区级 1 个，盟市级 11 个，旗县（市、区）级 101 个；卫生监督机构 116 个，其中：自治区级 1 个、盟市级 13 个、旗县（市、区）级 100 个。计划生育服务机构 2 个（见表 9 – 1）。

表 9 – 1　自治区医疗卫生机构数及床位数

机构分类	机构数/个		床位数/张	
	2020 年	2019 年	2020 年	2019 年
总计	24605	24564	162072	161128
医院	777	794	130166	128784
公立医院	326	339	106302	104558
民营医院	451	455	23864	24226
三级医院	87	88	63450	61706

续表

机构分类	机构数/个		床位数/张	
	2020 年	2019 年	2020 年	2019 年
二级医院	312	312	49849	49660
一级医院	262	282	10355	11353
基层医疗卫生机构	23334	23238	26769	27258
社区卫生服务中心（站）	1200	1197	5185	4893
政府办	328	332	3032	2697
乡镇卫生院	1257	1272	21481	22130
政府办	1256	1270	21469	22120
村卫生室	13087	13321	—	—
诊所、卫生所、医务室	7202	6981	—	—
专业公共卫生机构	433	466	4805	4754
疾病预防控制机构	120	119	—	—
专科疾病防治机构	29	43	372	391
妇幼保健机构	114	114	4433	4363
卫生监督机构	116	117	—	—
其他机构	61	66	332	332

资料来源：《2020 年内蒙古自治区卫生健康事业发展简报》。

2. 床位数

2020 年末，全区医疗卫生机构共有床位 162072 张，其中，医院 130166 张，基层医疗卫生机构 26769 张。医院中，公立医院床位占 82%，民营医院床位占 18%。与上年相比，床位增加 944 张，其中：医院床位增加 1382 张，基层医疗卫生机构床位减少 489 张。每千人口医疗卫生机构床位数由 2019 年的 6.34 张增加到 2020 年的 6.74 张。

3. 卫生计生人员数

2020 年末，全区卫生计生人员总数达 254843 人，比上年增加 5571 人（增长 2.23%）。2020 年末卫生计生人员总数中，卫生技术人员 202317 人，乡村医生和卫生员 15515 人，其他技术人员 11725 人，管理人员 12174 人，工薪技能人员 13040 人。卫生技术人员中，执业（助理）医师 80570 人，注册护士 83443 人。与上年相比，卫生技术人员增加 5910 人（增长3.01%）。

2020年末卫生计生人员机构分布：医院155581人（占61.05%），基层医疗卫生机构78094人（占30.64%），专业公共卫生机构20055人（占7.87%）。

2020年，每千人口执业（助理）医师3.35人，每千人口注册护士3.47人，每万人口全科医师2.51人，每万人口公共卫生人员8.34人（见表9－2、表9－3）。

表9－2　自治区卫生健康人员数　　单位：人

项目	2020年	2019年
卫生人员总数	254843	249272
卫生技术人员	202317	196407
执业（助理医师）	80570	78096
执业医师	68672	66186
注册护士	83443	80434
药师（士）	11224	11123
技师（士）	10200	10010
乡村医生和卫生员	15515	16396
其他技术人员	11725	11201
管理人员	12174	11889
工薪技能人员	13040	13379
每千人口执业（助理）医师	3.35	3.08
每千人口注册护士	3.47	3.17
每万人口全科医师	2.51	2.79
每万人口公共卫生人员	8.34	7.78

资料来源：《2020年内蒙古自治区卫生健康事业发展简报》。

表9－3　自治区各类医疗卫生机构人员数　　单位：人

机构分类	总人员数		卫生技术人员数	
	2020年	2019年	2020年	2019年
总计	254843	249272	202317	196407
医院	155581	152661	129097	126353
公立医院	136251	133824	113779	111357
民营医院	19330	18827	15318	14996

续表

机构分类	总人员数		卫生技术人员数	
	2020 年	2019 年	2020 年	2019 年
基层医疗卫生机构	78094	75794	56451	53531
社区卫生服务中心（站）	14790	14177	12609	12119
乡镇卫生院	22769	22033	19797	19005
专业公共卫生机构	20055	19770	16140	15931
疾病预防控制机构	5796	5511	4561	4365
卫生监督机构	2451	2399	2038	1991
其他机构	1113	1047	629	592

资料来源：《2020 年内蒙古自治区卫生健康事业发展简报》。

（二）内蒙古医疗服务概况

1. 门诊和住院量

2020 年，自治区医疗卫生机构总诊疗人次达 9612. 34 万人次，比上年减少 1089. 93 万人次。2020 年居民人均到医疗卫生机构就诊 4. 00 次。

2020 年总诊疗人次中，医院 4910. 59 万人次（占 51. 09%），基层医疗卫生机构 4310. 51 万人次（占 44. 84%），专业公共卫生机构 391. 19 万人次（占 4. 07%），其他医疗机构 0. 05 万人次（占 0. 00%）。与上年相比，医院诊疗人次减少 657. 42 万人次，基层医疗卫生机构诊疗人次减少 393. 09 万人次。

2020 年公立医院诊疗人次 4396. 59 万人次（占医院总数的 89. 53%），民营医院 514. 00 万人次（占医院总数的 10. 47%）。

2020 年苏木（乡镇）卫生院和社区卫生服务中心（站）诊疗量达 1730. 21 万人次，苏木（乡镇）卫生院诊疗量比上年减少 68. 37 万人次。苏木（乡镇）卫生院和社区卫生服务中心（站）门诊量占门诊总量的 18. 00%。

2020 年，自治区医疗卫生机构出院人数 294. 41 万人，比上年减少 66. 99 万人（降低 18. 54%）。

2020 年出院人数中，医院 260. 77 万人（占 88. 57%），基层医疗卫生机构 24. 28 万人（占 8. 25%），专业公共卫生机构 9. 33 万人（占

3.17%），其他医疗机构0.04万人（占0.01%）。与上年相比，医院出院减少61.46万人，基层医疗卫生机构出院减少3.12万人，其他医疗机构出院减少0.05万人。

2020年，公立医院出院人数236.74万人（占90.79%），民营医院出院人数24.03万人（占9.21%）（见表9－4）。

表9－4 全区医疗服务工作量

机构分类	诊疗人次数/万人次		出院人数/万人	
	2020年	2019年	2020年	2019年
总计	9612.34	10702.27	294.41	361.40
医院	4910.59	5568.00	260.77	322.22
公立医院	4396.59	5027.99	236.74	295.57
民营医院	514.00	540.02	24.03	26.66
三级医院	2701.68	3140.71	152.57	186.40
二级医院	1809.57	1973.71	91.73	117.08
一级医院	234.33	294.75	8.64	11.38
基层医疗卫生机构	4310.51	4703.60	24.28	27.39
社区卫生服务中心（站）	755.73	804.07	3.98	3.14
乡镇卫生院	974.48	1042.85	20.24	24.19
专业公共卫生机构	391.19	430.30	9.33	11.70
其他机构	0.05	0.37	0.04	0.09
总计中：非公医疗卫生机构	2280.07	2520.91	24.49	27.58

资料来源：《2020年内蒙古自治区卫生健康事业发展简报》。

2. 医院医师工作负荷

2020年，自治区医疗卫生机构中，医师日均担负诊疗4.50人次和住院1.10床日。医院医师日均担负诊疗4.40人次和住院1.60床日，公立医院医师日均担负诊疗4.50人次和住院1.70床日。基层医疗卫生机构医师日均担负诊疗4.60人次和住院0.20床日，社区卫生服务中心医师日均担负诊疗6.50人次和住院0.30床日，乡镇卫生院医师日均担负诊疗4.00人次和住院0.50床日（见表9－5）。

表 9-5　自治区医疗卫生机构工作负荷

机构分类	医师日均担负诊疗人次/人次		医师日均担负住院床日/日	
	2020 年	2019 年	2020 年	2019 年
总计	4.50	5.10	1.10	1.30
医院	4.40	5.10	1.60	2.00
公立医院	4.50	5.30	1.70	2.10
民营医院	3.80	4.10	1.10	1.30
三级医院	4.40	5.30	1.80	2.20
二级医院	4.50	5.00	1.50	1.80
一级医院	3.50	4.20	0.90	1.10
基层医疗卫生机构	4.60	5.20	0.20	0.30
社区卫生服务中心	6.50	6.80	0.30	0.30
乡镇卫生院	4.00	4.40	0.50	0.60

资料来源：《2020 年内蒙古自治区卫生健康事业发展简报》。

3. 病床使用

2020 年，自治区医院病床使用率达 58.80%，其中公立医院 64.09%。与上年相比，医院病床使用率降低了 12.64 个百分点（其中公立医院降低了 14.51 个百分点）。2020 年医院出院者平均住院日为 9.60 日（其中公立医院 9.80 日），比上年增加 0.30 日。基层医疗卫生机构病床使用率达 24.68%，出院者平均住院日为 6.60 日（见表 9-6）。

表 9-6　自治区医疗卫生机构病床使用情况

机构分类	病床使用率/%		出院者平均住院日/日	
	2020 年	2019 年	2020 年	2019 年
总计	52.54	63.54	9.20	9.00
医院	58.80	71.44	9.60	9.30
公立医院	64.09	78.60	9.80	9.40
民营医院	30.75	35.26	7.90	8.40
三级医院	71.50	87.38	10.30	10.00
二级医院	49.69	61.96	8.70	8.40
一级医院	30.45	33.55	7.80	8.00
基层医疗卫生机构	24.68	28.36	6.60	7.10
社区卫生服务中心（站）	16.85	22.18	5.00	8.90

续表

机构分类	病床使用率/%		出院者平均住院日/日	
	2020 年	2019 年	2020 年	2019 年
乡镇卫生院	26.51	29.69	6.90	6.90

资料来源：《2020 年内蒙古自治区卫生健康事业发展简报》。

（三）内蒙古健康教育概况

健康教育是有计划、有组织、有系统的社会教育活动，使人们自觉地采纳有益于健康的行为和生活方式，进而消除或减轻影响健康的危险因素，预防疾病，促进健康，提高生活质量，并对教育效果做出评价。健康教育的核心是教育人们树立健康意识，促使人们改变不健康的行为生活方式，养成良好的行为生活方式，以减少或消除影响健康的危险因素。

“十四五”期间内蒙古致力于建立全面覆盖、分工明确、功能完善、运转高效的健康促进与教育体系。全面推进健康教育专业机构建设，提升健康教育队伍服务能力，完善健康教育工作机制，健全健康影响因素监测与评价体系。创新健康教育模式方式，科学普及健康知识，做好健康信息发布，深入开展全民健康素养促进行动，提高健康教育的针对性、精准性和实效性，提升健康教育工作水平。国家及内蒙古开展健康主题活动，开展健康促进试点旗县建设，预计 2025 年覆盖旗县（市、区）总数的1/3。截至目前，内蒙古健康教育已有 198988 家单位和社区参加公益培训，受益人数达 2899888 人。

（四）内蒙古预防接种概况

预防接种是把疫苗接种在健康人的身体内，使人在不发病的情况下产生抗体，获得特异性免疫。例如，接种卡介苗、预防肺结核、种痘预防天花等。只有严格按照合理程序实施接种，才能充分发挥疫苗的免疫效果，才能获得并维持高度免疫水平，逐渐建立完善的免疫屏障，有效控制相应传染病的流行。

2022 年是我国实施免疫规划政策 44 周年。在人类历史上，曾经出现过多种造成巨大生命和财产损失的疫病，如天花、脊髓灰质炎等危害人类健康的传染病，在预防和消除这些传染性疾病的过程中，疫苗发挥了十分关键的作用。内蒙古已经实现消灭天花和脊髓灰质炎，白喉、乙肝、百日咳等传染病已经得到有效控制。内蒙古建议要规范接种二类疫苗，肺炎疫苗、水痘疫苗等可以预防严重危害儿童健康的传染病，成人也要按照疫苗免疫程序定期接种疫苗，如流感疫苗、肺炎疫苗、宫颈癌疫苗。目前在新冠感染疫情常态化背景下，截至2021年底，内蒙古已累计接种新冠病毒疫苗4481.64万剂次，3岁以上人群完成全程接种2010.97万人，占总人口的83.6%。

（五）内蒙古老年人健康管理概况

老年人健康管理服务是国家基本公共卫生服务的重要内容之一，具体内容是为老年人每年免费提供一次健康体检，帮助老年人尽早发现健康风险因素，早期发现疾病并进行针对性治疗。对患有高血压、糖尿病的老年人可免费提供健康指导和随访管理，以有效控制病情进展，监测治疗效果，降低疾病危害。

2020年全国第七次人口普查数据显示，“十三五”时期自治区60周岁以上的老年人口已达475.7万人，占全区总人口的19.78%，老龄化程度已高于全国平均水平。为了应对老龄化程度的不断提高，内蒙古采取了以下措施：进一步完备老年健康服务制度、标准、规范，增加老年健康服务机构数量，合理配置公共卫生资源，丰富卫生健康服务内容，进一步提升服务水平，全方位满足老年人的健康需求。到“十四五”完成之际，内蒙古老年人健康管理服务包括健康教育、预防保健、疾病诊治、康复护理、长期照护在内的综合连续、覆盖城乡的老年健康服务体系基本建立，高质量发展水平进一步提升，老年人健康获得感、幸福感、安全感明显提升。65周岁及以上老年人城乡社区规范健康管理服务率达到65%以上，二级及以上综合性医院设立老年医学科的比例达到60%以上。居家社区机构相协调、医养康养结合的养老服务体系基本形成。普惠型养老服务和互助型养老进一步发展，医养结合服务能力有效提升，居家社区养老服务覆盖率达到90%，养老机构护理型床位占比达到55%以上，力争到“十四五”末，每个旗县建有一所兜底保障养老机构，农村养老服务中心覆盖率总体达到50%①。

（六）内蒙古结核病患者健康管理概况

结核病是严重危害人民群众健康的重大传染病，内蒙古一直将结核病作为重大疾病予以重点防控。近年来，各地区、各有关部门认真贯彻党中央、国务院和自治区党委、政府决策部署，坚持以人民健康为中心，坚持预防为主、防治结合、依法防治、科学防治，认真落实结核病各项防控措施，防治工作取得显著进展。全区结核病疫情持续下降，报告发病率从2012年的67.4/10万下降到2018年的54.1/10万，成功治疗率保持在90%以上。但是，当前自治区结核病流行形势仍很严峻，每年新报告肺结核患者1.3万多例，居甲乙类传染病的前3位，部分地区疫情依然严重，学校聚集性疫情时有发生，耐药问题日益凸显，患者医疗负担较重，防治任务十分艰巨。

到2022年，自治区结核病防治工作取得积极进展。综合防治体系进一步健全，防治服务能力持续提升，重点人群、重点地区防治措施不断加强，规范化诊疗水平稳步提高，公众结核病防治知识水平明显上升，发病人数和死亡人数进一步减少，肺结核发病率降至55/10万以下，死亡率维持在较低水平（3/10万以下）②。

（七）内蒙古蒙中医药健康管理概况

“十四五”时期是深入贯彻落实习近平总书记关于中医药的重要指示批示精神和党中央、国务院发展中医药的决策部署，全面推进蒙中医药振兴发展的关键时期。内蒙古蒙中医药进入传承创新发展的新阶段，发展基础更加稳固，发展面临的形势和问题更加复杂，发展机遇与挑战并存。随着国家一系列促进中医药传承创新发展政策的深入实施，蒙中医药高质量

---

① 资料来源：内蒙古自治区人民政府办公厅关于印发自治区“十四五”老龄事业发展规划的通知［EB/OL］.（2022－03－16）. http://wjw.bynr.gov.cn/html/xxgk/gknr/ghjh/202203/16_52511.html.

② 资料来源：内蒙古自治区落实遏制结核病行动计划实施方案（2020—2022年）［EB/OL］.（2021－05－14）. http://wjw.nmg.gov.cn/zfxxgk/fdzzgknr/gfxwj/202105/t20210514_1498120.html.

发展迎来多重机遇，特别是为激发和释放中医药（蒙医药）医疗、经济、科技、文化、生态资源优势创造了更加广阔的空间①。

自治区拥有中医（蒙医）医院235所，其中，公立医院117所，三级甲等医院13所，三级乙等及三级医院13所，二级甲等医院57所。蒙中医药医疗机构床位41797张，达每千人口1.273张。各级各类蒙中医药医疗机构年诊疗量1916.3万人次，年出院人数60.68万人次。在新冠感染疫情防控中，蒙中医药参与治疗率达99%以上。自治区建成基层医疗卫生机构“中医馆（蒙医馆）”1266个，98.4%的社区卫生服务中心和97%的苏木（乡镇）卫生院、90.1%的社区卫生服务站和71.5%的嘎查（村）卫生室能够提供蒙中医药服务。65周岁以上老年人蒙中医药健康管理服务覆盖率达到45.32%，0~3周岁儿童覆盖率达到58.02%。自治区共有蒙中医药医养结合机构34个、蒙中医药养老康复旅游休闲基地3个，从业人员近7000人，主要提供灸疗、按摩、推拿、松解疏通、康复、敷疗、拔罐、熏蒸、药浴、刮痧等蒙中医药健康服务项目。全区建有蒙医药博物馆3个、国家及自治区级中医药（蒙医药）文化宣教基地7个，重点推广普及蒙中医药健康生活理念和养生保健方法，公民蒙中医药健康文化素养水平达到13.6%。蒙中医药人才结构更加合理，传承创新基础更加牢固。全区蒙中医药从业人员22449人，其中蒙中医药执业（助理）医师17578人，平均每千人口0.73人。

三、内蒙古卫生健康事业面临的问题与挑战

卫生健康事业的发展是内蒙古经济社会高质量发展的基础，是人民健康水平提高的根本保证。卫生健康事业以保障和促进公众健康为宗旨，通过国家与社会的共同努力进而实现疾病防治、延长寿命和促进健康等实践事务。随着国家社会的不断发展，卫生健康事业成为人民生活质量提升与社会和谐发展的重要环节。内蒙古在优化卫生健康事业的过程中采取了诸

① 资料来源：内蒙古自治区卫生健康委关于印发内蒙古自治区“十四五”中医药（蒙医药）规划的通知[EB/OL].（2022-05-01）. http://www.jnq.gov.cn/information/jnqzfw11705/msg2167358526204.html.

多行之有效的措施，积累了十分宝贵的经验，但也存在不少问题和短板亟须补齐，发展使命仍任重而道远。此部分内容基于卫生系统宏观模型的理论分析框架，并结合新冠感染疫情对卫生健康事业发展提出的新要求，试图从资源、组织以及行政三个层面来明晰内蒙古卫生健康事业发展中存在的问题（见图 9－1），具体表现为以下几点：

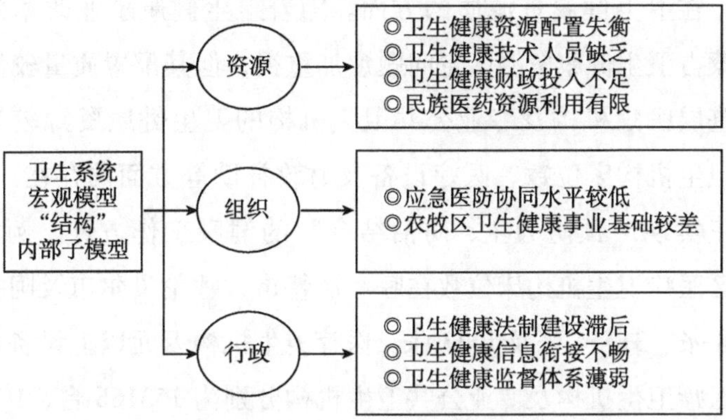

图 9－1　卫生系统宏观模型

（一）卫生健康资源配置失衡

从宏观上整合卫生健康资源并将有限的资源纳入全区的总体规划中，是政府对卫生健康事业统筹协调的重要表现。首先，在卫生健康资源量的方面。《内蒙古卫生健康统计年鉴》（2021）显示，内蒙古医疗卫生机构由 2015 年的 23885 所增加到 2020 年的 24605 所，其中医院由 702 所增加到 777 所；基层医疗机构由 22420 所增加到 23334 所；专业公共卫生机构由 664 所减少到 433 所。就医院和基层医疗机构而言，赤峰市分别有 101 所医院和 4520 所基层医疗机构，呼和浩特市分别为 102 所和 2197 所，巴彦淖尔市分别为 54 所和 1619 所，阿拉善盟分别为 18 所和 300 所，乌海市仅有 25 所和 288 所。[①] 就专业公共卫生机构而言，疾病预防控制中心（防疫站）：呼和浩特市、包头市及乌兰察布市皆有 12 个，兴安盟有 7 个，乌海

① 资料来源：内蒙古卫生健康统计年鉴（2021）[EB/OL].（2021－08－31）. http://wjw.nmg.gov.cn/zfxxgk/fdzzgknr/tjxx/tjnj/202108/t20210831_1868495.html.

市仅有4个；妇幼保健院（所、站）：呼伦贝尔市有15个，锡林郭勒盟有14个，赤峰市有13个，阿拉善盟仅有3个。[①]；基本公共卫生服务项目医疗机构：呼和浩特市有1269所，赤峰市有2603所，包头市有732所，阿拉善盟仅有59所。[②] 可见，自治区卫生健康资源数量偏少，分配不均，存在配置失衡等问题。

其次，在卫生健康资源质的方面。随着卫生健康事业改革的不断深入，对内蒙古卫生健康资源配置问题愈加重视，但其配置质量较低。[③]相比于医院，基层医疗机构及专业公共卫生机构的卫生健康资源较为单薄贫乏，医疗卫生机构床位数、医疗设备及财政补助等方面均存在一定差异，并没有真正实现"预防为主、防治结合"的健康工作方针。例如，2020年，自治区医疗卫生机构床位数在呼和浩特市、呼伦贝尔市及阿拉善盟分别为21314张、31554张及1433张；医疗卫生机构万元以上设备台数在医院、基层医疗卫生机构及专业公共卫生机构分别为153166台、19945台和25871台；医疗卫生机构财政拨款收入在医院、基层医疗机构及专业公共卫生机构分别为1292399万元、415831万元及419926万元。[④] 可见，内蒙古卫生健康资源配置质量有待提升。

（二）卫生健康技术人员缺乏

兼备理论知识和实践技能的卫生技术人员是提高卫生健康服务能力的核心力量，也是卫生健康服务体系中的重要组成部分。首先，在卫生健康技术人员量的方面。自治区卫生健康机构普遍存在人员不足、人员年龄结构老化等问题，当前卫生技术人员的数量并不能满足自治区人民日益增长的健康需求。截至2019年底，全国卫生人员数为1292.8万人，西部地区

① 资料来源：内蒙古卫生健康统计年鉴（2021）［EB/OL］.（2021－08－31）. http://wjw.nmg.gov.cn/zfxxgk/fdzzgknr/tjxx/tjnj/202108/t20210831_1868495.html.

② 资料来源：内蒙古自治区卫生健康委员会官网，http://wjw.nmg.gov.cn/dataservice/wjw/index.action。

③ 段莉敏，范艳存，杜惠峰，等．内蒙古自治区70年卫生事业发展历程和成就［J］. 中国卫生经济，2019，38（9）：5－11.

④ 资料来源：内蒙古卫生健康统计年鉴（2021）［EB/OL］.（2021－08－31）. http://wjw.nmg.gov.cn/zfxxgk/fdzzgknr/tjxx/tjnj/202108/t20210831_1868495.html.

为361.7万人，内蒙古为24.9万人；全国执业（助理）医师数为386.7万人，西部地区为98.9万人，内蒙古为7.8万人；全国医院技术人员为648.7万人，西部地区为177.8万人，内蒙古为12.6万人；全国基层医疗卫生机构技术人员数为292.1万人，西部地区为81.9万人，内蒙古为5.4万人；全国专业公共卫生机构人员为88.7万人，西部地区为26.6万人，内蒙古为2.0万人，可见，内蒙古卫生健康人员数量有所不足。

其次，在卫生健康技术人员质的方面。自治区的卫生健康人员学历水平较低，综合素质及专业能力也相对偏低。2020年，内蒙古卫生健康技术人员学历大专以下占比为65.19%，副高级以上职称人员占比为12.28%。其中，执业（助理）医师45周岁以上人员占比为54.22%，执业医师占比达到55.31%，均超过半数，大专及以下学历占比为50.34%（执业医师为45.34%）。此外，临床类别与中医类别的执业医师数为72084人（占89.47%），口腔类别与公共卫生类别仅占10.53%。其中，医院人员大专学历以下人数占比为57.8%，获得博士学位的仅占1.43%；社区服务中心（站）人员大专以下学历占比为84.27%；乡镇卫生院人员大专及以下学历占比为82.26%；妇幼保健院（所、站）人员45周岁以上人员占比为42.40%，学历硕士仅占2.09%，专业技术资格正高级仅占3.72%；疾病预防控制中心人员45周岁以上占比为62.45%，学历硕士仅占4.78%，专业技术资格正高级仅占5.49%。[①] 可见，自治区卫生健康技术人员质量水平参差不齐，给卫生健康事业可持续发展带来一定程度的不良影响。

（三）卫生健康财政投入不足

在贯彻落实《"健康中国2030"规划纲要》的过程中强调，政府对健康卫生事业的财政补偿至关重要。首先，在卫生健康财政投入方面。政府卫生健康投入力度不足直接会影响卫生健康服务的质量，进而影响到人民对卫生健康服务的满意度与相关政策的推行和落实。2017—2019年，内蒙古政府卫生支出占财政总支出由7.36%下降到6.72%，占卫生总费用比重

① 资料来源：内蒙古卫生健康统计年鉴（2021）[EB/OL].（2021-08-31）.http://wjw.nmg.gov.cn/zfxxgk/fdzzgknr/tjxx/tjnj/202108/t20210831_1868495 html.

由32.97%下降到29.30%，[①] 需进一步加大卫生健康的财政投入比例。

其次，在卫生健康财政投入质的方面。自治区医疗卫生健康相关机构经费财政分配质量存在不合理、不均衡的现象。2020年，呼和浩特市卫生健康财政支出比例为7.3%，通辽市为9.1%，阿拉善盟为6.2%。其中，在公共卫生机构的财政补助中，基本支出占绝大比重，2020年内蒙古专业公共卫生机构支出中有人员经费为224622万元，单位管理费为86574万元，二者占总支出529942万元中的58.55%，基础支出比例过半，活动经费使用不足，尤其妇幼保健院（所、站）这一问题尤为突出。妇幼保健院（所、站）在2020年的总收入为256771万元，总费用支出为232604万元，其中单位管理费为41145万元，人员经费为106099万元，二者达到总费用支出的80.16%，[②] 为业务活动费留有的可用空间较小，需要持续改善卫生健康的财政投入及分配质量。

（四）民族医药资源利用有限

在深化医疗改革时期，自治区民族医药，即蒙中医药事业政策体系不断完善，特色和优势日益彰显，对卫生健康事业进步、人民群众健康水平促进作用均有所增强，但仍面临一定挑战。首先，在民族医药资源量的方面。自治区民族医药资源在医院数量、医务人员及服务方面表现为：2020年，内蒙古民族医院共有96所，相较综合医院、专科医院数量偏少；蒙医中医药从业人员总数为22449人，与综合医院从业人员总数83436人相比有较大差距；蒙医中医总诊疗量由2019年的2149.5万人次下降到2020年的1916.3万人次，服务水平亟待提升。此外，在民族医药资源开发利用方面表现为：目前蒙中药材生产、基地建设技术和管理水平落后于现代市场，蒙中医药资源总量不足，大量药用资源尚待挖掘，药材的生产数量难以保障。[③]

其次，在民族医药资源质的方面。自治区面临蒙中医药疗效质量欠

---

①② 资料来源：内蒙古卫生健康统计年鉴（2021）[EB/OL].（2021-08-31）.http://wjw.nmg.gov.cn/zfxxgk/fdzzgknr/tjxx/tjnj/202108/t20210831_1868495.html.

③ 易娜．内蒙古蒙药材产业发展存在的问题及对策[J]．现代农业科技，2022(6)：218-221.

优、应用范围受限等难题，需要长效化、动态化、快速化推进蒙中医药振兴发展，稳步提升民族医药发展质量。例如，在此次新冠肺炎疫情中，蒙医作为内蒙古独特的卫生健康资源发挥了特色优势。对于本土新冠感染患者的临床治疗，内蒙古民族大学附属医院第一时间以蒙医药予以介入，诊疗患者17例，取得了较为良好的效果。但治疗人员较少，蒙中医参与突发公共卫生事件救治过程只限于本区，优势作用发挥不足，应用领域推广范围受限，疗效质量仍有待提升，没有形成常态化、普惠性、高质量的卫生健康发展模式。

（五）应急医防协同水平较低

“十四五”时期，卫生健康风险防控难度日益加大，内蒙古医防协同应急管理工作依然面临严峻挑战。首先，医防协同机制不完善。自治区医防协同机制有待健全，医疗机构与公共卫生机构联动不畅。例如，自治区医防协同机制难以指导卫生健康机构协同治理，医院等疾病救治机构快速发展，但对于公共卫生专科等干预防治机构缺乏重视，建设缓慢，疾病治疗与健康教育科普、公共卫生安全等有所脱节，缺乏系统科学的指导体系。其中，自治区专业的健康教育机构较少，财政拨款收入仅占总专业公共机构财政收入的0.58%。① 另外，居民健康素养和疾病健康科普渠道尚未全覆盖，居民常见病、传染病的预防知识缺乏，遇见重大公共卫生事件时，极易造成社会恐慌。

其次，医防协同效率较低。自治区现行卫生健康管理体系存在扁平化、分割式的弊端。在卫生健康事业中，医院侧重于研究疾病的发病机理和病理过程，公共卫生机构侧重于预防控制和常态治理，政府侧重于统筹与监督等，医防结合不紧密、各主体分散办公将会影响卫生健康服务体系的可持续发展。例如，在此次新冠感染疫情事件应急管理中，自治区政府部门负责卫生应急管理的政策制定与信息发布、卫生行政部门负责监督管理、医院负责收治研究、疾病预防控制部门负责流行病学调

① 资料来源：内蒙古卫生健康统计年鉴（2021）[EB/OL].（2021-08-31）. http://wjw.nmg.gov.cn/zfxxgk/fdzzgknr/tjxx/tjnj/202108/t20210831_1868495.html.

查与现场处置等技术工作，看似权责清晰，实际上医防协同效率低，疫情相关信息数据共享和应用不充分，存在职能交叉、资源分散、管理低效等诸多障碍。

（六）农牧区卫生健康事业基础较差

农牧区是内蒙古卫生健康事业的薄弱环节，是受传染病、地方病、慢性病威胁最大的受众地区，也是卫生健康事业的重点难点。首先，农牧区卫生健康财政投入、保障水平等相比于城市地区均较为落后。自治区卫生健康事业经费投入主要集中在大中城市，2020 年，自治区旗县属及以下农牧区专业公共卫生机构公共卫生投入仅占 18.29%。[①] 从内蒙古卫生总费用的流向构成来看，卫生总费用由 2010 年的 31.92% 下降到 2019 年的 29.30%，2020 年乡镇卫生院卫生费用为 43.20 万元，占卫生总费用（机构法）的比重为 6.8%。

其次，农牧区基本卫生健康技术人员配备不足，卫生健康服务能力较低。因受牧区自然环境、人口稀少、卫生健康工作环境艰苦、筹资待遇低等因素的影响，存在技术人员较少、服务水平不足等问题。2020 年，自治区乡村医生和卫生员仅占卫生人员总数的 6.09%，其中卫生技术人员为 98998 人，而城市为 103319 人。另外，由于农村三级医疗服务网薄弱，个别欠发达地区婴儿和 5 周岁以下儿童死亡率下降幅度缓慢，2020 年农村孕产妇死亡率为 15.13%，较之 2019 年的 13.20% 有所增加，[②] 农牧区卫生健康相关问题亟待改善。

（七）卫生健康法治建设滞后

自治区卫生健康法治建设遵循“以人民健康为中心”的理念，按照立法修法与体制机制改革同步推进的思路进行统筹规划，但仍有待深入发展。首先，卫生健康法治建设滞后。例如在公共卫生方面，2003 年“非典”疫情结束后，自治区先后制订了《内蒙古突发公共事件总体应急预

---

①② 资料来源：内蒙古卫生健康统计年鉴（2021）[EB/OL].（2021－08－31）. http://wjw.nmg.gov.cn/zfxxgk/fdzzgknr/tjxx/tjnj/202108/t20210831_1868495.html.

案》《内蒙古鼠疫控制应急预案》等预案。[①] 但目前内蒙古突发公共卫生事件应急管理工作主要根据《中华人民共和国突发事件应对法》《中华人民共和国传染病防治法》等开展。又如，内蒙古卫生厅于 2002 年对全区的 6 部地方性法规和 1960—2005 年的 14365 份文件进行了清理并做出修改，[②] 后续跟进迟缓。可见，自治区健康卫生事业发展过程中存在政策法规与相关标准制定、反应、更新滞后等问题。

其次，卫生健康法治行政能力有待提升。需将法治思维和法治手段贯穿到卫生健康事业发展的全过程。自治区在现存卫生健康法治的制定与执行中存在上下“一般粗”的现象，即下级部门原样照搬照抄上级预案的情况，没有统一专门的法律指导流程。一些盟市、旗县预案没有体现其卫生健康管理的主体职能责任，对卫生健康事业处置的专业性法治实施不够充分，对卫生健康事业法治建设涵盖内容不够全面。

（八）卫生健康信息衔接不畅

内蒙古信息化水平整体较低，各级各类卫生健康机构的信息系统没有实现有效互联互通，这些因素均会影响自治区卫生健康事业的发展。首先，卫生健康信息化平台建设较为落后。例如，自治区突发公共卫生事件应急管理信息平台建设有所不足，针对事前预警、事中处置功能不够完善、信息获取和报送不够及时，更多侧重的是事后管理和记录。其中，预警系统和数据分析研判系统的信息化平台也需进一步优化，当前具体工作中更依赖传统方法和人为判断。

其次，卫生健康信息共享互通不畅。自治区疾病预防控制机构的信息尚未与医疗机构、政府、卫健委及相关主体实现互联互通，导致信息转化比较落后，数据应用较为滞后，预警预报时效有所延后，居民卫生健康信息尚未实现广泛化、高效化、便民化应用。例如，在此次突发公共卫生事件中，在机制和技术上没有很好地实现对信息数据的统筹管理和互通互

---

① 杨阳．内蒙古突发公共卫生事件应急管理研究[D]．呼和浩特市：内蒙古大学，2020.

② 资料来源：内蒙古自治区地方志办公室．卫生法制建设（截至 2005 年）[EB/OL]．(2020－02－21)．http://www.nmgqq.com.cn/quqinggailan/shehuibolan/yiliaoweisheng/2020－02－21/18385.html.

享。不同部门与单位间，尤其是基层登记的防控数据不能实现高效的上下联动，居民卫生健康信息无法及时流通，有时还需要通过手工填报或者将其他应用中积累的数据导出的方式报送数据，导致信息共享阻滞，工作效率低下。

（九）卫生健康监督体系薄弱

首先，内蒙古及地方政府部门协调联动监督机制实际作用发挥有限。目前，全区共有117个卫生健康监督机构，政府有关部门主动参与卫生健康综合监管制度建设责任意识有待进一步加强，常态化的风险管控措施不到位，监管工作缺乏系统性、连续性。此外，部门间以及部门内部统筹安排、综合协调、相互衔接、协同配合的高效监管协同机制尚未实现有效运转，监管信息没有实现及时、全面、准确的互通共享，监督执法机构规范化建设水平较低，尤其对医疗卫生机构未形成监管协力，仍然存在各自为政、重复交叉执法检查现象，一定程度上影响了自治区卫生健康事业的进步。

其次，卫生执法监管机制和监管手段创新性不够。地方政府对医疗卫生行业综合监管机制还缺乏深入研究，综合监管的方式有待创新。另外，医疗卫生服务行业秩序监管联防联控机制尚未充分实现，监管工作存在碎片化、陈旧化现象，监管手段无法满足对新产业、新业态、新模式领域的监管需求。

四、内蒙古卫生健康事业发展的对策建议

新时代内蒙古卫生健康事业的发展需适应当前社会主要矛盾的变化，聚焦老难题和新挑战，迎难碰硬，破题立新，进而实现高质量、高水平、高效率的可持续发展。近年来，全区卫生健康事业始终坚决贯彻落实习近平总书记的重要指示精神和党中央各项部署的要求，不断加强党的领导，大力推进卫生健康改革发展，抓重点、攻难点、补短板、强弱项，把发展卫生医疗事业摆上了重要议事日程，经受住了众多考验。内蒙古各级党委政府自觉把卫生健康工作置于全区事业发展全局中统筹谋划，不断推进卫

生健康事业的持续发展，未来仍需从以下几个方面努力：

（一）合理配置卫生健康资源

一方面，加大卫生健康资源投入力度。内蒙古各级政府应积极履行政府责任，在大力发展地区经济的同时，建立长效投入机制，增加对卫生健康资源的投入，实现卫生健康资源合理配置的目标。例如可以从疾病控制中心、专科疾病防治院（所、站）、健康教育所（站、中心）、妇幼保健院（所、站）、急救中心（站）、卫生监督所（中心）等机构的千人口床位数、服务人口、两周患病率、病床使用率等指标综合研判，进而加强规划统筹与财政投入，提升其服务范围及能力。另外，对各盟市医院、基层医疗机构、专业公共卫生机构等健康卫生机构的投入应与其绩效挂钩，以功能完善程度和服务提供能力作为资源投入的重要标准之一。

另一方面，提升卫生健康资源配置质量。构建与内蒙古资源禀赋和居民健康需求相适应、体系完整、功能互补、密切协作的高效卫生健康资源配置体系，通过持续投入和资源整合提升服务质量和效能。在保障服务可及的前提下，合理调整卫生健康“防”与“治”的资源布局，更好地体现“坚持预防为主”“均衡城乡配置质量”“以农牧区为重点”等原则的卫生健康资源配置格局，探索卫生健康服务优质供给创新模式，提升自治区卫生健康资源配置质效。

（二）加强卫生健康人员队伍建设

一方面，扩充卫生健康人员数量。建立完善有利于卫生健康人员培养使用的制度、评价及激励机制，提高卫生健康技术人员的待遇，提升其就业意愿，进而扩大卫生健康人员的规模。此外，加强对卫生健康人才的政策支持力度，大力培养培训全科、应急、精神卫生、公共卫生、母婴专科等急需紧缺专业人员，扩充卫生健康人才队伍。例如，在加强基层卫生健康机构人员队伍建设中，每个社区卫生服务中心、苏木（乡镇）卫生院及嘎查（村）卫生室至少配备一名合格的执业（助理）医师、全科医师或专业公共卫生技术人员，最大限度地满足人民日益增长的卫生健康需求。

另一方面，加强卫生健康人员队伍综合素质建设。创新人才培育机制，加强卫生健康相关学科建设，培养引进一批在国内卫生健康领域有一定影响的优秀学科带头人，优化高层次人才队伍结构，提升卫生健康人才综合素质。此外，按照国家部署，探索薪酬制度改革，加快构建适应卫生健康人才职业特点的薪酬制度体系，健全卫生健康技术人员全方位、多层次的科学培养使用机制，提升卫生健康技术人员的能力。再者，根据自治区卫生健康服务事业建设工作实际，重点支持卫生健康人员开展具备实际效益的研究成果及应用项目，提高卫生健康技术人员综合素质的稳定性、专业性与实战性。

（三）加大卫生健康财政投入

一方面，加大卫生健康财政投入力度。于政府而言，需进一步完善政府主导、稳定、多元化的卫生健康投入机制，强化政府在卫生健康事业的投入责任，建立以中央财政和省级财政为主导，以县乡财政为辅助系统的卫生健康财政支出体系，健全长效可持续的投入机制，加大财政投入力度。于其他主体而言，需不断优化政策环境，丰富社会资本提供卫生健康服务的项目，投资发展相对薄弱且需求潜力大的非营利性的专科机构。鼓励社会办医，以社会资本发展提供儿科、康复、老年护理和精神卫生等基本健康服务的机构，并积极引导社会资金参与卫生健康事业发展建设，构建多方筹资新格局。

另一方面，合理分配卫生健康财政投入。根据国家卫生健康服务体系改革要求，依法依规加强地方卫生健康服务体系事权事项经费的统筹规划、核定分配，确保财政投入能保障政府公益性职能的有效发挥，提升政府卫生健康服务的有效供给。第一，自治区财政主要针对区内相对贫困地区的转移支付，用于卫生健康投入；盟市、旗县政府将资源配置的重点转移到农村牧区苏木（乡镇）、嘎查（村）两级卫生健康服务体系建设中，分级配置，均衡覆盖。第二，全力克服由于地区和城乡间财政能力差异而导致卫生健康服务均等化不足等系列问题，实现卫生健康财政资源在地区间和城乡间的合理投入，优化财政分配布局。

（四）发挥民族医药特色

一方面，加大民族医药的资源投入数量。在民族医院量、医务人员量、资源开发利用方面加强投入。具体而言，增加蒙中医疾病防治机构、临床创新研究基地等数量，支持蒙中医医院牵头组建重大公共卫生事件防控中心，充分发挥蒙中医院在卫生健康事业发展中的重要作用；扩充蒙中医药专业人才队伍，提升其综合服务能力，使其以标准化、专业化、可推广的形式参与到卫生健康事业的各领域中；更新民族医药资源开发技术，拓展其应用规模，以规范化开发模式加大量产，提升其资源利用效率。

另一方面，提升民族蒙中医药质的成效。提升蒙中医治疗疗效及质量、提升蒙中医药的服务能力、拓宽自治区民族医药的卫生健康事业发展边界。具体而言，加强对蒙中医药的药效研究以及对临床研究基地建设和重大疑难疾病蒙医药的攻关，支持蒙药新药研发，加快蒙医药标准化工作步伐，提升其疗效公信力与科学性；完善蒙中医药基础设施建设，提升其服务水平，加快建设符合蒙中医药特点的循证证据转化平台、蒙中医药传染疾病诊疗技术评估和标准化技术平台等，增加门诊及住院等医疗服务量；将蒙中医药全面纳入突发公共卫生应急管理体系、常见病救治等体系之中，拓宽蒙中医药的应用领域，充分发挥蒙中医药在自治区健康卫生事业中的积极作用。

（五）提升应急医防协同水平

一方面，健全医防协同机制。从理论层面探索三级卫生健康管理运行机制，从实践层面完善规模设置、基础设施、资源配备、救治流程、协同运行、考核评价等。[①] 逐步构建集综合医院、卫生行政部门、疾病预防控制机构及其他应急联动单位等通过临床中心为一体的高效协同、联防联控的卫生健康管理机制。完善从临床中心到综合医院再到基层医疗服务机构的三级应急管理网络卫生健康治理的顶层设计，形成一个权责统一、紧密合作、上下联动的组织架构，建立健全医防协同机制，织密卫生健康事业

① 丁得勇．我国公共卫生事业管理存在的问题与应对措施［J］．世界最新医学信息文摘，2019，19（31）：215－216.

的防护网。

另一方面，提升医防协同效率。重视医防融合发展，创新预防协作机制，完善形成统一的“综合医疗机构—公共卫生机构—基层医疗机构”卫生健康事业一体化组织架构，优化技术提升机制。实行统一管理、统一流程、技术帮扶、资金支持、资源共享、信息互通的工作形式，充分结合内蒙古的实际和特点，逐步实现全区“上下一体化、大小一体化、城乡一体化”的标准化卫生健康协作机制，提升医防协同治理效率。

（六）完善农牧区卫生健康服务体系

一方面，完善农牧区卫生健康投入的长效运行机制。各级政府需层层把关、各司其职关注农牧区的卫生健康投入。在县、乡政府对农村卫生投入不足的情况下，自治区政府需有责任针对农村卫生健康事业进行转移支付，以保证农村牧区卫生健康服务的有效供给，逐步满足农牧民多样化的卫生健康服务，增强服务的可及性与惠民性。

另一方面，完善农牧区卫生健康服务体系，提升农牧区卫生健康服务能力。建立完善的农村牧区卫生健康服务体系是提升服务能力的基础，也是保障边远地区散居农牧民公平享有健康权利和分享社会进步成果的重要社会问题。各级政府及相关部门应加强联动，优化制度顶层设计，分步、有序地推进农村牧区卫生健康服务体系建设。并且出台适宜、激励的人才政策，提升卫生技术人员的综合能力，使其在农牧区防疫防病、健康教育和营养及生活习惯干预等方面发挥积极作用，提高卫生健康机构的工作效率与服务能力。[①]

（七）健全卫生健康法律法规

一方面，加快构建并完善具有自治区特色的卫生健康法律法规。强大的卫生健康服务体系离不开法治的有力支撑，构建系统完备、科学规范、运行高效的卫生健康法律法规体系是保障人民生命安全和身体健康，维护社会稳定的迫切需要。因此，全区需要进一步优化卫生健康法治的理论研

---

① 王瑾．内蒙古农村牧区公共卫生服务体系建设研究［D］．呼和浩特市：内蒙古大学，2018.

究和实践探索的框架体系，构建并完善针对卫生健康服务、医疗保障、健康促进、医疗监督、公共卫生危机管理和国际卫生健康等在内的“多维一体”的卫生健康法律法规体系。

另一方面，加强卫生法治建设，优化制度设计。第一，统筹推进卫生健康领域法治政府建设各项任务，加快自治区卫生健康法治建设。第二，深化“放管服”改革，优化营商环境，推进卫生健康领域政务服务和管理标准化，落实市场准入负面清单制度、公平竞争审查制度，推进政务服务“一网办”“掌上办”“一次办”等服务优化，推进本领域电子证照对接应用、政务服务数据共享与“跨省通办”。第三，坚持“立改废释”并举，健全内在协调、结构严密、门类齐全、运行有效的制度设计，明确相应职权范围和有关要求，从而高效灵活地应对卫生健康事业的发展，机动灵活采取措施，规避法律制度滞后、内容条例模糊带来的风险。

（八）整合卫生健康信息技术

一方面，完善信息平台建设。在完善自治区、盟市两级全民健康信息化平台和规范基础数据库建设的基础上，重点发展卫生健康业务协同和应用。在信息平台的管理中，充分利用信息化手段，实现优化流程、压缩环节、精准管理、提高效率、规范科学的目标；在平台服务的提供中，普及应用远程医疗系统，解决优质医疗资源短缺、基层服务供给不可及的问题；在平台技术的应用中，推广应用居民电子健康码，一码多用，满足健康咨询、健康管理等便民惠民需求，同时健全健康医疗数据安全保障机制，整合卫生健康信息技术。

另一方面，完善信息共享协调机制。持续推进“科卫协同”机制，以科技为抓手，畅通信息共享渠道，赋能自治区卫生健康事业发展。从顶层设计加强信息的互通共享，坚持统一开发项目、统一部署运行，推动全区信息化建设取得实效。例如，围绕鼠疫和新冠感染等重点传染病、布鲁氏菌病等人畜共患病、地方病慢性非传染性疾病、常见大病及特殊病种等开展防控研究，共享最新研究成果，以领先学科建设为抓手，提升内蒙古卫生健康的信息技术服务质效。

（九）推动监督体系联动建设

一方面，充分发挥卫生健康监督体系的作用。充分认识改革完善卫生健康事业综合监管制度的重要意义，认真学习习近平总书记关于卫生健康工作的重要论述，压实政府主导责任。开展全区卫生健康监管督察，督促各级政府、部门落实综合监管职责，同时建立社会监督和新闻监督系统，调动社会力量，畅通人民参与渠道。另外，加强统筹协调，充分发挥综合监管联席会议制度作用，各部门、各盟市、各主体加强组织领导，明确责任任务，各司其职、齐抓共管、协同配合，将全市卫生健康事业综合监管工作向纵深推进。

另一方面，完善卫生执法监管机制，整合创新监管手段。自治区需要卫生健康多个业务相近的执法机构，优化丰富监管手段，提升综合执法效率。高度重视和加强规划实施的监督评估工作，紧盯规划目标和重点任务，适时对各盟市卫生健康综合监管制度建设情况和整改情况开展联合督查，实施定点跟踪督导，动态完善行政处罚裁量基准制度，规范创新执法行为。例如自治区制定了新制修订 6 部法律法规设定的 28 项行政处罚的《自治区卫生健康领域行政处罚自由裁量基准（2021 年补充版）》予以规制。此外，监督机构应将除医疗机构和妇幼卫生监督以外的职能，如公共卫生、学校卫生、职业卫生和餐饮具消毒等纳入市场监督管理局职能当中，减少执法重叠、缺位、错位等问题，真正让卫生健康监督执法切入社会实际与要害，持续提升监管效能。

参考文献

[1]白维军．如何理解高质量的社会保障[J]．中国人力资源社会保障，2022(6):61-62.

[2]齐红倩，杨燕．人口老龄化、养老保障水平与我国养老保险基金结余[J]．南京社会科学，2020(8):11-21.

[3]安华．消费养老模式实践与探索——以内蒙古为例[J]．中国人力资源社会保障，2021(8):39-40.

[4]席恒．全球新冠肺炎疫情、超级老龄化、新型就业三重挑战下的中国社会保障[J]．社会保障评论，2022，6(1):35-46.

[5]董克用．养老金发展现状、挑战与趋势研判——以城镇职工基本养老保险制度为例[J]．人民论坛，2019(26):92-94.

[6]董捷，赵宇．加快推动我国企业年金发展的对策研究[J]．上海保险，2022(6):34-39.

[7]吴秀梅．企业年金的扩面困境及其解决对策[J]．商展经济，2021(14):97-99.

[8]董克用，施文凯．加快建设中国特色第三支柱个人养老金制度：理论探讨与政策选择[J]．社会保障研究，2020(2):3-12.

[9]韩宋辉，梁银妍．三支柱协同发力　擘画未来养老蓝图[N]．上海证券报，2022-03-09(004).

[10]彭蓉．第三支柱养老保险制度研究[D]．中国财政科学研究院，2020.

[1]董克用，郑垚．国有资本划转与城镇职工基本养老保险降费[J]．宏

观经济研究,2020(1):141－151.

[12]何晓琴. 阿拉善盟提前3个月完成基本医疗保险扩面目标任务[N]. 阿拉善日报,2017－11－03.

[13]杜惠峰,薛清元,范艳存. 内蒙古城乡居民医保整合经验总结[J]. 中国卫生经济,2019(2):34－36.

[14]韩华为. 个体医疗需求行为研究综述[J]. 经济评论,2010(4):146－153.

[15]陈心广,饶克勤,魏晟. 中国农村基本医疗服务需求弹性经济学模型研究[J]. 中国卫生事业管理,1996(3):150－153.

[16]王梅. 基本医疗研究系列报告之二——从经济学看基本医疗需求[J]. 中国社会保障,1997(7):20－25.

[17]于彩霞. 完善医疗保障体系　降低居民卫生负担[J]. 中国卫生经济,2019(12):13－17.

[18]陈江芸,邓立新,胡良志,等. 北疆农牧民卫生服务现状调查[J]. 中国卫生资源,2016(19):242－247.

[19]褚福灵. 中国医疗保障制度现状与改革方略[J]. 北京劳动保障职业学院学报,2019(4):3－13.

[20]袁涛. 医保省级统筹的目标价值和实践路径[J]. 中国社会保障,2022(3):52－53.

[21]仇雨临. 医保与“三医”联动:纽带、杠杆和调控阀[J]. 探索,2017(5):65－71.

[22]程惠霞. 失业保险制度促进就业功能的发挥及递进研究[J]. 社会保障评论,2018,2(4):85－98.

[23]郑大松,李芸慧. 新中国70年社会保障事业发展基本历程与取向[J]. 改革,2019(9):5－18.

[24]丁煜. 我国失业保险制度的演变、评估与发展建议[J]. 中国软科学,2005(4):30－36.

[25]耿俊茂,张瑞. 西南民族地区大学生失业群体就业保障机制探究[J]. 山东社会科学,2015(S2):230－232.

[26]侯艺．保就业背景下青年就业现状研究[J]．中国青年研究,2020(9):107－112.

[27]胡珀．我国失业保险中促进再就业法律制度的完善[J]．江西社会科学,2016,36(9):171－177.

[28]孔庆景,翟路萍．产业转型升级背景下失业人员再就业对策研究——以河北省为例[J]．智库时代,2018(40):239－240.

[29]赖德胜,孟大虎．专用性人力资本、劳动力转移与区域经济发展[J]. 中国人口科学,2006(1):60－68,96.

[30]李珍,王怡欢,张楚．中国失业保险制度改革方向:纳入社会救助——基于历史背景与功能定位的分析[J]．社会保障研究,2020(2):68－75.

[31]李敏．供给侧改革对社会保障制度影响几何[J]．人民论坛,2017(29):64－65.

[32]刘军强．政策的漂移、转化和重叠——中国失业保险结余形成机制研究[J]．管理世界,2022,38(6):101－117.

[33]刘亚丽．老龄化背景下中高龄劳动者失业再就业研究——基于企业用工偏好的数据分析[J]．社会科学家,2018(7):62－67.

[34]孟繁锦,王玉霞,王琦．疫情期扶持中小微企业发展与保障就业研究[J]．工业技术经济,2020,39(10):15－20.

[35]孟颖颖,李慧丽．改革开放以来我国失业保险制度的政策回顾与述评[J]．社会保障研究,2015(5):73－81.

[36]王显勇．回归与变革:我国失业保险法律制度的完善之路[J]．四川大学学报(哲学社会科学版),2017(5):138－149.

[37]杨胜利,邵盼盼．疫情冲击下农民工失业状况及影响因素研究[J]. 西北人口,2021,42(5):42－54.

[38]俞庭瑶．我国失业保险运行现状与对策研究[J]．投资与创业,2021,32(20):222－225.

[39]于立,于左．资源枯竭型城市产业转型与社会稳定的关联度[J]. 改革,2009(1):37－42.

[40]张盈华，张占力，郑秉文．新中国失业保险70年：历史变迁、问题分析与完善建议[J]．社会保障研究，2019(6)：3－15.

[41]信长星．失业保险[M]．北京：中国劳动社会保障出版社，2011.

[42]郑功成．社会保障学[M]．北京：中国劳动社会保障出版社，2005.

[43]张开云，吕惠琴，许国祥．农民工工伤保险制度：现实困境与发展策略[J]．广西民族大学学报（哲学社会科学版），2011，33(1)：49－56.

[44]李志明，章洁，康玉梅．中国工伤保险存在的问题及其对策分析[J]．理论界，2004(5)：211－212.

[45]郑功成．中国社会保障发展报告（2018）[M]．北京：中国劳动社会保障出版社，2019.

[46]娜仁图雅，魏瑞清，杜金柱．内蒙古自治区社会保障发展报告（2016）[M]．北京：经济管理出版社，2017.

[47]孙树菡，朱丽敏．中国工伤保险制度30年：制度变迁与绩效分析[J]．甘肃社会科学，2009(3)：59－65.

[48]孙树菡，朱丽敏．新中国工伤保险制度六十年的发展变迁[J]．河北学刊，2009，29(6)：1－6.

[49]蒋美华，彭颖．三孩政策背景下完善生育保险制度的思考[J]．南方论刊，2022(4)：60－61，74.

[50]赵姣．我国生育保险制度研究综述[J]．经济研究导刊，2015(9)：66－67.

[51]安妮，张晓蕾，周绿林，等．生育保险与职工基本医疗保险合并实施试点的现状及问题分析[J]．中国卫生经济，2019，38(3)：31－34.

[52]段美枝．"全面二孩"政策目标下生育保障制度改革研究[J]．卫生经济研究，2018(4)：20－22.

[53]房旭平，郑浩．生育保险和基本医疗保险合并实施问题研究[J]．内蒙古科技与经济，2017(10)：46，49.

[54]董玉婷．西部地区人口和计划生育公共服务水平与效率研究[D]．呼和浩特市：内蒙古大学，2018.

[55]韩锐，王威．内蒙古社会保障水平与经济发展的协调性研究[J]．

内蒙古科技与经济,2022(2):7 -9.

[56]何文炯,杨一心,王璐莎,等. 中国生育保障制度改革研究[J]. 浙江大学学报(人文社会科学版),2014,44(4):5 -18.

[57]苏文,阿娜尔. 内蒙古社会保障服务问题研究[J]. 北方经济,2016(8):59 -61.

[58]虞雅琴. 完善我国生育保险制度,促进女性就业平等[J]. 纳税,2017(15):44.

[59]张永英,李线玲. 新形势下进一步改革完善生育保险制度探讨[J]. 妇女研究论丛,2015(6):41 -46.

[60]林海鑫. 我国生育保险制度改革问题研究[J]. 经济研究导刊,2021(11):76 -78.

[61]覃成菊,张一名. 我国生育保险制度的演变与政府责任[J]. 中国软科学,2011(8):14 -20.

[62]马可. 我国生育保险制度现状与完善路径分析[J]. 中外企业家,2018(18):237.

[63]李涛,何静. 我国脱贫攻坚战略转向:相对贫困研究热点综述[J]. 财会月刊,2022(12):154 -160.

[64]向德平,向凯. 多元与发展:相对贫困的内涵及治理[J]. 华中科技大学学报(社会科学版),2020,34(2):31 -38.

[65]林闽钢. 相对贫困的理论与政策聚焦——兼论建立我国相对贫困的治理体系[J]. 社会保障评论,2020,4(1):85 -92.

[66]王太明,王丹. 后脱贫时代相对贫困的类型划分及治理机制[J]. 求实,2021(2).

[67]易刚. 论相对贫困的意蕴、困境及其应对[J]. 农村经济,2021(2):59 -67.

[68]内蒙古自治区人民政府办公厅. 关于进一步完善社会救助和保障标准与物价上涨挂钩联动机制的通知[J]. 内蒙古自治区人民政府公报,2017(8):34 -35,1.

[69]社会救助暂行办法[N]. 人民日报,2014 (008).

[70]自治区党委办公厅,人民政府办公厅. 关于改革完善社会救助制度的实施措施[Z]. 2021.

[71]内蒙古扎实推进教育脱贫攻坚各项工作[N]. 呼和浩特日报,2021-01-27.

[72]通辽市危房改造"主附房连建模式"在全国推广[N]. 通辽日报,2020.

[73]沈卫华. 我国农村社会救助制度的研究[J]. 商,2015(22):85.

[74]娜仁图雅, 魏瑞清, 杜金柱. 内蒙古自治区社会保障发展报告(2016)[M]. 北京:经济管理出版社, 2017.

[75]中华人民共和国民政部. 中国民政统计年鉴(2021)[M]. 北京:中国社会出版社,2021.

[76]林闽钢,王锴. 劳动与社会保障专业及其人才培养情况的调查分析[J]. 中国大学教学,2018(8):75-79.

[77]上海市民政局. 上海社会救助发展报告[M]. 上海:格致出版社,2019.

[78]中共中央办公厅,国务院办公厅. 关于改革完善社会救助制度的意见[J]. 中国民政,2020(16):14-17.

[79]李建国,崔德新. 内蒙古 攻坚克难 全面打赢饮水安全脱贫攻坚战[J]. 中国水利,2020(24):134-137.

[80]萨仁花. 内蒙古金融支持脱贫攻坚与乡村振兴有效衔接探讨[J]. 山西农经,2021(17):188-189.

[81]魏后凯,闫坤. 中国农村发展报告(2018):新时代乡村全面振兴之路[M]. 北京:中国社会科学出版社,2018.

[82]宿小妹. 中华农耕文化在乡村振兴中的现实意义[J]. 农村·农业·农民(A版),2022(3):59-61.

[83]马晓昀,刘斌. 2022年内蒙古农牧业形势分析与展望[J]. 北方经济,2022(1):21-23.

[84]吴雨星. 实行乡村振兴战略的重大意义及现实路径——以城乡融合视角解读[J]. 中国农业文摘—农业工程,2019,31(3):50-51.

[85]张荣梅,李芬. 对实行乡村振兴战略打赢脱贫攻坚战意义的研究[J]. 时代报告,2021(4):96-97.

[86]秦辉. 推动脱贫攻坚与乡村振兴有效衔接的路径[J]. 乡村科技,2021,12(2):12-13.

[87]马子琪. 新时代脱贫攻坚与乡村振兴的有效衔接及协同推进[J]. 观察与思考,2021(9):101-110.

[88]卢黎歌,武星星. 后扶贫时期推进脱贫攻坚与乡村振兴有机衔接的学理阐释[J]. 当代世界与社会主义,2020(2):89-96.

[89]李丽丽. 脱贫攻坚与乡村振兴有机衔接的战略意义[J]. 商展经济,2021(20):134-136.

[90]李兴洲,侯小雨,赵陶然. 从"脱贫攻坚"到"乡村振兴":过渡阶段的关键问题与应对策略[J]. 教育与经济,2021,37(6):3-9.

[91]姜正君. 脱贫攻坚与乡村振兴的衔接贯通:逻辑、难题与路径[J]. 西南民族大学学报(人文社会科学版),2020,41(12):107-113.

[92]甘文华. 论巩固拓展脱贫攻坚成果同乡村振兴的有效衔接[J]. 中共南京市委党校学报,2022(1):69-75.

[93]叶敬忠,陈诺. 脱贫攻坚与乡村振兴的有效衔接:顶层谋划、基层实践与学理诠释[J]. 中国农业大学学报(社会科学版),2021,38(5):5-16.

[94]杨臣华. 接续推进全面脱贫与乡村振兴有效衔接[J]. 北方经济,2020(5):18-21.

[95]颜德如,张玉强. 脱贫攻坚与乡村振兴的逻辑关系及其衔接[J]. 社会科学战线,2021(8):167-175.

[96]习近平. 在决战决胜脱贫攻坚座谈会上的讲话[N]. 人民日报,2020-03-07(2).

[97]左停. 脱贫攻坚与乡村振兴有效衔接的现实难题与应对策略[J]. 贵州社会科学,2020(1):7-10.

[98]岳国芳. 脱贫攻坚与乡村振兴的衔接机制构建[J]. 经济问题,2020(8):107-113.

[99]张明皓,叶敬忠．脱贫攻坚与乡村振兴有效衔接的机制构建和政策体系研究[J]．经济学家,2021(10):110－118.

[100]白永秀,宁启．巩固拓展脱贫攻坚成果同乡村振兴有效衔接的提出、研究进展及深化研究的重点[J]．西北大学学报(哲学社会科学版),2021,51(5):5－14.

[101]高强,曾恒源．巩固拓展脱贫攻坚成果同乡村振兴有效衔接:进展、问题与建议[J]．改革,2022(4):99－109.

[102]张鑫．脱贫攻坚与乡村振兴有效衔接:意义、境遇与路径[J]．新乡学院学报,2022,39(1):15－20.

[103]尹成杰．巩固拓展脱贫攻坚成果同乡村振兴有效衔接的长效机制与政策研究[J]．华中师范大学学报(人文社会科学版),2022,61(1):25－30.

[104]陈显友,宋雯,靳延安．湖北省人口老龄化发展现状、影响及对策研究——基于第七次全国人口普查数据的统计分析[J]．湖北社会科学,2022(3):59－69.

[105]吴伟迪，孙文婧，李月．失能老人社会照护研究的现状[J]．中国保健营养,2019(4).

[106]焦克源,孔倩文．农村空巢老人的养老现状、问题与出路——基于内蒙古卓资县的调查[J]．广东农业科学,2011,38(15):190－193.

[107]任闻新．贝壳发布《2021社区居家养老现状与未来趋势报告》[N]．经济参考报,2021－12－16(007).

[108]党俊武．老龄蓝皮书:中国城乡老年人生活状况调查报告(2018)[M]．北京:社会科学文献出版社, 2018.

[109]党俊武，李晶，张秋霞，等．中国老年人生活质量发展报告(2019)[M]．北京:社会科学文献出版社, 2019.

[110]石慧军,张聪颖．医养结合呵护“夕阳红”[N]．乌兰察布日报,2020－09－27(003).

[111]内蒙古锡林郭勒盟行政公署．锡林郭勒盟:创新牧区养老服务模式[J]．社会福利, 2015(8):2.

[112]梅刚．我区三部门联合发文加强社区养老服务设施规划建设[N]．内蒙古日报(汉),2021-07-29(002).

[113]杨婷．我区下拨6797万元 推进居家社区养老服务设施建设[N]．内蒙古日报(汉),2021-10-26(006).

[114]田北海,王彩云．城乡老年人社会养老服务需求特征及其影响因素——基于对家庭养老替代机制的分析[J]．中国农村观察,2014(4):2-17,95.

[115]李琬予,寇彧,李贞．城市中年子女赡养的孝道行为标准与观念[J]．社会学研究,2014,29(3):216-240,245-246.

[116]刘英男．呼和浩特市敬老院护工现状的调查与研究[D]．呼和浩特市:内蒙古师范大学,2015.

[117]王向前．有岗无人,养老护理谁在干[N]．河南日报,2022-01-24(003).

[118]阳义南．社会保障支持衔接机构型医养结合服务及其“梗阻”破除[J]．华中科技大学学报(社会科学版),2021,35(5):19-26.

[119]张晓杰．医养结合养老创新的逻辑、瓶颈与政策选择[J]．西北人口,2016,37(1):105-111.

[120]成秋娴,冯泽永,冯婧,等．我国发展社区医养结合的必要性、可行性、困境及建议[J]．中国卫生事业管理,2016,33(5):334-336,380.

[121]冯丹,冯泽永,王霞,等．对医养结合型养老机构的思考[J]．医学与哲学(A),2015,36(4):25-28.

[122]张伟涛．既要养得了更要养得好[N]．中国社会报,2021-11-23(001).

[123]朱孔来,朱孟斐,姜文华．对医养结合模式的实践探索和对策建议[J]．山东社会科学,2020,299(7):132-137.

[124]李瑞芬,童春林．中国老年人精神赡养问题[J]．中国老年学杂志,2006(12):1754-1755.

[125]宋月萍．精神赡养还是经济支持:外出务工子女养老行为对农村留守老人健康影响探析[J]．人口与发展,2014,20(4):37-44.

［126］国务院办公厅．关于切实解决老年人运用智能技术困难实施方案的通知［J］．中华人民共和国国务院公报，2020（34）：20－25.

［127］北京市民政局，北京市教育委员会，北京市财政局，北京市人力资源和社会保障局，北京市卫生健康委员会关于印发《北京市养老服务人才培养培训实施办法》的通知［J］．北京市人民政府公报，2021（19）：70－75.

［128］丁雪萌，孙健．近二十年我国养老护理人员研究的现状与趋势［J］．江汉学术，2019，38（6）：26－34.

［119］习近平．构建起强大的公共卫生体系　为维护人民健康提供有力保障［J］．求知，2020（10）：4－7.

［130］江宇，刘璇，岳和欣，等．新型冠状病毒肺炎疫情下的中国公共卫生体系改革建议与思考［J］．中华疾病控制杂志，2021，25（4）：472－477.

［131］段莉敏，范艳存，杜惠峰，等．内蒙古自治区 70 年卫生事业发展历程和成就［J］．中国卫生经济，2019，38（9）：5－11.

［132］易娜．内蒙古蒙药材产业发展存在的问题及对策［J］．现代农业科技，2022（6）：218－221.

［133］杨阳．内蒙古突发公共卫生事件应急管理研究［D］．呼和浩特市：内蒙古大学，2020.

［134］丁得勇．我国公共卫生事业管理存在的问题与应对措施［J］．世界最新医学信息文摘，2019，19（31）：215－216.

［135］王瑾．内蒙古农村牧区公共卫生服务体系建设研究［D］．呼和浩特市：内蒙古大学，2018.